T0366297

Relembrando-A Velha Literatura de Cordel e a Voz dos Poetas

Mark J. Curran

Professor Emeritus
Arizona State University

Order this book online at www.trafford.com
or email orders@trafford.com

Most Trafford titles are also available at major online book retailers.

© Copyright 2014 Mark J. Curran.
All rights reserved. No part of this publication may be reproduced, stored in a retrieval system, or transmitted, in any form or by any means, electronic, mechanical, photocopying, recording, or otherwise, without the written prior permission of the author.

Printed in the United States of America.

ISBN: 978-1-4907-4580-0 (sc)
ISBN: 978-1-4907-4606-7 (e)

Because of the dynamic nature of the Internet, any web addresses or links contained in this book may have changed since publication and may no longer be valid. The views expressed in this work are solely those of the author and do not necessarily reflect the views of the publisher, and the publisher hereby disclaims any responsibility for them.

Any people depicted in stock imagery provided by Thinkstock are models, and such images are being used for illustrative purposes only.
Certain stock imagery © Thinkstock.

Trafford rev. 09/23/2014

 www.trafford.com

North America & international
toll-free: 1 888 232 4444 (USA & Canada)
fax: 812 355 4082

Uma Vida de Cordel

Sumário

Capítulo Segundo: Os Temas da Literatura de Cordel segundo a Voz dos Poetas

LISTA DE IMAGENS

Nota do Autor: Todas as Imagens são de fotos tiradas pelo autor, de xilógrafos, poetas e editores de cordel e de capas de folhetos de cordel. "All reasonable steps have been taken to contact copyright holders of materials in this book. The author takes all responsibility and would be pleased to make suitable arrangements with any whom it has not been possible to reach."

1. Manoel Camilo dos Santos, Poeta e Editor de Cordel, Campina Grande, Paraíba
2. João José dos Santos, "Azulão", Cantador, Poeta e Editor de Cordel, Feira de São Cristóvão, Rio de Janeiro, 1967.
3. "Peleja de João Atayde com Leandro Gomes"
4. "A Prisão de Oliveiros"
5. Leandro Gomes de Barros, Poeta Pioneiro do Cordel
6. "A Força do Amor", 1907, Leandro Gomes de Barros
7. José Costa Leite, Poeta, Xilógrafo, Poeta e Editor de Cordel, João Pessoa, 2005
8. Manoel Camilo dos Santos, Poeta e Editor de Cordel, Campina Grande, Paraíba, 1966
9. Manoel Caboclo e Silva, Astrólogo e Editor e Escritor de Cordel, Juazeiro do Norte, 1966
10. Rodolfo Coelho Cavalcante, Poeta e Editor de Cordel, Jornalista, Salvador da Bahia
11. Trabalhadores de Eito no Engenho da Família Lins do Rego, Paraíba, 1966
12. Foto de Jorge Amado, Romancista, na Sua Casa em Rio Vermelho, Salvador, 1980
13. Ariano Suassuna em Casa, 1978
14. "A Prisão de Oliveiros"
15. "O Pavão Misterioso"

PREFÁCIO

Com o passar dos anos e levando em conta todas as mudanças e evolução da "velha" literatura de cordel desde quando comecei a pesquisa nos anos 1960, e ainda mais, as mudanças no Brasil de hoje em dia, acho importante voltar ao tema. A tese de doutoramento nos EUA chegou a um público muito pequeno, e, desejo e espero que um novo público tome conhecimento da realidade que descrevi tempos atrás. Este empreendimento será cumprido com o texto completo da pesquisa em Parte I deste livro. Ao rever o manuscrito original me tentou "trazer ao dia" o dito, coisa realmente já feita em outros estudos editados depois da tese. Mas, lembrei-me que o motivo deste livro é de arquivo e registro histórico daquela época, melhor "deixe estar"!

A Parte II do livro, matéria feita em pesquisa posterior à tese doutoral, será uma série de entrevistas de outra pesquisa do fim dos anos 1970 que resultou em uma olhada à verdadeira voz dos poetas do cordel de então. Verdade é que estas vozes também desapareceram em grande parte do "moderno" Brasil, mas vendo o que falaram estas vozes preenche um espaço importante histórico que está ausente do registro importante da "poesia do povo" pelos "poetas do povo." Marca a situação do cordel, mas ainda mais importante revela uma verdadeira cosmovisão do povo nordestino. Por isso, entro na labuta esta.

Uma grande preocupação daqueles anos era o "desaparecimento da literatura de cordel." Óbvio é que não desapareceu, e, de fato, anda muito viva hoje em dia em 2014. Mas, é diferente, como deve ser. Os tempos mudaram; a maneira de escrever, editar e espalhar os folhetos a um novo público mudou, e atitudes e mores sociais evoluíram também. Deixo aos novos estudiosos comentarem e julgarem o conteúdo e o lugar do cordel de hoje em dia. Mas, o que sim desapareceu foi o papel dos folhetos e romances de cordel de ser a fonte **principal** de diversão, informação e ensino para o velho público do sertão e as cidades costeiras do nordeste e também os migrantes nordestinos no Rio de Janeiro e São Paulo.

De fato, o cordel hoje é "moda" para a maior parte dos Brasileiros que se interessam nele. Verdade que o alcance do cordel é enorme, hoje nas escolas primárias, colégios e faculdades, e presente nas bancas de jornal em muitas partes do país e na Internet. O cordel de hoje ainda cumpre com as funções de épocas passadas, mas, só até certo ponto, e só para um público diferente. Não podemos voltar ao passado e não devemos. Mas, um registro para o público de hoje em dia ajuda a "preencher" espaços perdidos. A minha esperança é que este livro contribua em parte a incentivar a memória dos Brasileiros de hoje em dia a apreciar as raízes e especialmente compreender a "maneira de ser" dos bardos de uns anos atrás.

O leitor que conhece meus livros "História do Brasil em Cordel," "Retrato do Brasil em Cordel," e "Portrait of Brazil in the Twentieth Century – The Universe of the 'Literatura de Cordel'" se dará conta que a base, em parte, destas labutas mais recentes é o revelado neste livro.

Anos atrás quando comecei a escrever sobre o cordel, o pessoal comentava sobre a minha tese de doutoramento, dizendo que era breve demais e perguntando por que não escrevia mais. Novato, expliquei eu, "não tive mais a dizer." Mesmo assim, tinha na tese original um capítulo "mandado a colocar" por um dos orientadores, homem do alto mundo da crítica literária. Queria que tratasse o cordel como se fosse poesia **lírica erudita** empregando um enfoque ligado a esta. Nunca chegou o orientador muito inteligente a entender que o cordel era **poesia popular e folclórica**, outro mundo aparte da poesia erudita lírica. Pois, fiz o capítulo, mas, nunca tentei publicá-lo, e não se inclui neste livro. Mesmo assim, cuidado com o que quiser ou pedir, até hoje em dia tenho treze livros feitos sobre o cordel e temas relacionados, com uns milhares de páginas de texto. Chega!

Lamento que este livro saia só agora em 2014 e não anos antes quando fazia a pesquisa de campo. Havia um compromisso com uma editora, mas, evaporou com os tempos. Muitos dos participantes provavelmente não chegarão a ver o fruto de sua participação. Gostaria de dizer que, com o passar dos anos, tive bons momentos com vários dos poetas e editores aqui apresentados. Até fiz livros sobre uns deles. Mesmo assim, como os sonhos, muito desapareceu, culpa de ninguém.

Há uns casos de outros poetas que nunca tive a oportunidade de conhecer pessoalmente que vêm à tona aqui. Especialmente significante é o caso de Paulo Nunes Batista que deveria ter gasto dias se não semanas a responder em forma tão completa ao questionário. Seu depoimento escrito é uma verdadeira "joia" que preenche muitos espaços em nossa odisseia de pesquisa através os anos sobre o cordel. Quem me dera sentar com ele e o irmão Sebastião Nunes Batista, grande amigo, colega de pesquisa na Casa de Rui Barbosa no Rio e meu cicerone à cultura folclórica no Rio de Janeiro, a bater um bom papo sobre o cordel e a vida.

Ainda melhor seria uma reunião com todos eles, tomando um gostoso cafezinho ou um chope gelado e compartilhando as nossas vidas e o entusiasmo que todos nós tivemos e ainda temos pela literatura popular em verso, ou seja, a literatura de cordel.

E, antes de terminar, é hora de confessar que os estudos que fiz através os anos sobre "a influência da literatura de cordel na literatura erudita brasileira", entre eles, obras sobre Ariano Suassuna, Jorge Amado e até João Guimarães Rosa, me parecem um tanto "secas" em termos de criar entusiasmo no leitor. Talvez a palavra certa seja "acadêmicas", sei lá. Mas, quando falo dos poetas mesmos e suas vidas, e melhor, ouço a voz deles, como no caso de muito deste livro, então realmente acredito no cordel. E o cordel me ajuda a acreditar em Deus.

Fecho este prefácio e introdução a repetir: são as palavras e as vozes dos poetas que valem mais nesta labuta. E nelas se vê a verdadeira cosmovisão do povo.

PARTE I. A Realidade da Literatura de Cordel nos Anos 1960

Capítulo Primeiro: Introdução à Literatura de Cordel - uma Olhada Atrás aos Anos 1960[1]

[1]   A pesquisa para a Parte I foi feita através de uma Bolsa Fulbright ao Brasil em 1966 e 1967. As andanças do pesquisador "gringo" se contam em outro livro: "Peripécias de um Pesquisador 'Gringo' no Brasil dos Anos 60" (Trafford Publishing, USA, 2010). O fruto do estágio e da pesquisa foi a tese de doutoramento que traduzo e apresento aqui.

1. Origem do Folheto de Cordel[2]

O folheto da literatura de cordel no Brasil é, em parte, uma extensão da tradição literária popular de Portugal e outros países latinos da Europa, mas, também representa o desenvolvimento e evolução da tradição oral já existente no Brasil há tempo. Finalmente, é a criação poética original dos poetas de cordel que ainda hoje mantêm estas duas tradições, escrita e oral. Para apreciar o poeta Leandro Gomes de Barros e os outros poetas apresentados nas entrevistas em Capítulo III é preciso explicar algo deste pequeno gênero e o porquê de sua existência no Brasil.

A literatura de cordel é impressa nas gráficas pequenas, e, às vezes, nas máquinas impressoras nas casas pobres dos poetas que vivem no interior do Nordeste, em grandes cidades litorais como o Recife, Natal, Fortaleza, João Pessoa, Maceió, Aracaju, Salvador da Bahia, e, hoje em dia, em gráficas no Rio de Janeiro e São Paulo, e, em nível menor, em Brasília. Nas vilas e cidades pequenas do interior do Nordeste o folheto é vendido na feira, nas mesmas casas ou pequenas gráficas onde se imprime, e nas pequenas bancas e barracas dos poetas em Mercados, ou por eles mesmos ou agentes deles chamados "folheteiros." Nas cidades maiores é vendida nas praças, nos mercados ou nas feiras especiais como o Mercado São José no Recife, o Mercado Modelo em Salvador ou a Feira do Nordestino em São Cristóvão, no Rio de Janeiro.

A sua origem literária pode ser delineada em duas fontes: o movimento espontâneo dos poetas populares a escrever e vender poesia antes comunicada de maneira oral,[3] e a adaptação à poesia das histórias em prosa que vieram de Portugal e da Espanha ao Brasil

---

[2]   A perspectiva esta é dos anos 1966-1967.

[3]   Entrevista com o escritor Orígenes Lessa, 12 de março de 1967.

na segunda metade do século XIX. É preciso explicar esta evolução da poesia porque a sua existência no Brasil, até hoje, em si mesma, é fenômeno extraordinário.[4]

No seu livro <u>Cinco Livros do Povo</u>, Luís da Câmara Cascudo, estudioso do folclore brasileiro, falando do desenvolvimento do folheto em Portugal, nota que o termo "Literatura de Cordel" foi utilizado "porque esses livrinhos eram expostos à venda cavalgando um barbante".[5] A literatura chamava-se "Literatura de Cego" em Portugal por causa da lei promulgada pelo Rei Dom João V em 1789, a qual deu o direito de vender essa literatura a "Irmandade do Menino de Jesus dos Homens Cegos de Lisboa". Poesia semelhante vendida na França era "Littérature de Colportage" e na Espanha "Pliegos Sueltos". Os folhetos foram levados ao Brasil e vendidos por agentes como a Livraria Garnier no Rio de Janeiro. A maioria dos livrinhos era escrita em prosa, e os exemplares chegaram ao Nordeste e foram lidos até nas fazendas e sítios do sertão, o caso mais famoso sendo aquele de "Carlos Magno e os Doze Pares da França". "A poesia tradicional sertaneja tem nos romances um dos mais altos elementos. Recebidos de Portugal em prosa ou verso, todos foram vertidos para as sextilhas habituais e cantados nas feiras, nos pátios, nas latadas das fazendas". [6]

Cascudo explica melhor o fenômeno quando descreve o "Famoso cantador Silvino Pirauá Lima, 1848 – 1931, Paraibano. Silvino Pirauá foi a primeiro a escrever romances em verso, isto é, levando-os da prosa citadina para as sextilhas sertanejas na fórmula usual do ABCBDB; era autor de "Zezinho e Mariquina, Vingança do Sultão".[7]

Assim é que a origem do folheto e sua evolução no Brasil podem ser atribuídas à presença dos folhetos vindos de Portugal e a rapidez do cantador[8] - poeta popular em adaptá-los ao verso e vende-los nas feiras. Assim é que histórias famosas como "A Donzela Teodora,

---

[4]   Luís da Câmara Cascudo, <u>Cinco Livros do Povo</u>. Rio de Janeiro, José Olympio Editora, 1953, p. 4.

[5]   Cascudo, op. cit., p, 447.

[6]   Cascudo, <u>Vaqueiros e Cantadores</u>. Porto Alegre, Editora Globo, 1939, p. 16

[7]   Cascudo, <u>Cinco Livros do Povo</u>, p. 447.

[8]   O cantador é o poeta que improvisa verso oral, e, o canta nas feiras do Nordeste. Existia como fenômeno folclórico antes do poeta popular ou de bancada. Ainda hoje praticam sua arte muitos dos cantadores.

"A Imperatriz Porcina", "Roberto do Diabo", "A Princesa Magalona", e muitos outros dos "clássicos" ficaram entre os primeiros folhetos da Literatura de Cordel no Brasil.[9]

Orígenes Lessa, outro dos estudiosos do folheto, tem razão em acreditar que a Literatura de Cordel também deve muito aos poetas que escreveram em folhetos a poesia oral, desde que muitos deles também eram cantadores e representavam a tradição oral tão fortemente estabelecida no Nordeste.[10] A opinião de Lessa é também aceita por Renato Carneiro Campos no seu "Ideologia dos Poetas Populares do Nordeste":

Morto o cantador, o que ficava dos seus repentes, dos seus desafios, da sua fama? Raros os Romanos e os Inácio da Catingueira que tinham os seus nomes conhecidos fora das fronteiras dos seus Estados, os seus versos repetidos por outros cantadores. Foi nascendo da necessidade de estender-se a outros a fama, o desejo de industrializar os seus repentes. Poderiam, assim, adquirir um lucro certo da sua veia poética, sem precisar correr mundo, rebentar a goela e estourar os pulmões. Poderiam também satisfazer a vaidade de ver seus versos em letras de forma, lidos em muitos estados. [11]

---

[9]   Cascudo, <u>Cinco Livros do Povo</u>, p. 12.

[10] Orígenes Lessa, entrevista com o autor.

[11] Renato Carneiro Campos, <u>Ideologia dos Poetas Populares do Nordeste</u>. Recife, Centro Regional de Pesquisas Educacionais, 1959, p. 29.

2. Descrição do Folheto de Cordel

O folheto é um livrinho de tamanho aproximadamente de 4.5 por 6 polegadas e é impresso originalmente em papel barato e frágil de jornal, facilmente dilacerável. A capa serve também de folha de rosto e leva o nome do autor e editor junto com o lugar e data de publicação.[12] A feição mais notável do folheto é a foto-clichê ou, mais recentemente, a xilogravura utilizada para embelezar ou ilustrar o poema. Todo este plano de capa é importante porque representa para o vendedor um instrumento útil para a propaganda. Há casos raros quando o clichê ou a gravura não tem nada a ver com o conteúdo do poema; serve meramente para chamar a atenção do comprador, que é muitas vezes semianalfabeto ou analfabeto. Não é raro ver o clichê de uma estrela do cinema de Hollywood, ou dependendo do conteúdo do folheto, uma grande figura da política como JFK (John Fitzgerald Kennedy), e, o conteúdo do folheto pode ser outra coisa completamente distinta.[13] As mudanças no estilo das gravuras refletem as preferências variáveis dos artesãos e do freguês.

Um fenômeno importante foi a reprodução das fotografias das revistas de cinema, em forma de clichê, a qual devido ao preço mais barato, isso, e os poetas pedirem as originais dos jornais que as usaram como propaganda nas folhas dos diários na página de diversões. Também o preço alto limitava o uso da gravura somente aos poetas que tinham mais

---

[12] Sob circunstâncias ideais, desde que um ou todos os elementos mencionados podem faltar, segundo o desejo do editor.

[13] Já foram feitos vários estudos sobre a gravura popular e o valor dela é reconhecido por artistas como Gilvan Samico do Recife que foi influenciado pela arte popular em suas próprias gravuras. A atração da gravura ao comprador de folhetos está explicada num folhetim de Abelardo Rodrigues: "Xilogravura," Recife, Departamento de Turismo, 1965. Um estudo bom do uso e as mudanças de estilo da gravura popular saiu no "Suplemento Literário do Estado de São Paulo," São Paulo, 24 de junho, 1965, de autoria de Marcius Frederico Cortez.

sucesso econômico. A escassez de artesãos que sabiam fazer as gravuras contribuia bastante à situação.

A paginação do folheto varia segundo o tipo e tema, mas geralmente é de 8 páginas (ou 16 nas edições antigas do começo do cordel no século 19). O "livro" grande, chamado de "romance" ou "história" normalmente é de 32 páginas, mas pode ser de 64 em casos raros. [14]

Em geral, a primeira página repete o título do poema, mas em forma mais comprida do que na capa. Por exemplo, na capa de um romance diz "Os Martírios da Ceguinha", que, dentro na primeira página é aumentado para "Os Martírios da Ceguinha e os Três Monstros Cruéis," poema de Manoel Camilo dos Santos, Campina Grande, 1960. Uma característica de alguns poetas é fazer seguir ao título uma breve introdução em prosa que, ou introduz o assunto ou tema a seguir, ou resume o conteúdo da história a seguir, uma espécie de "trailer cinemático" adaptado ao cordel:

OSCAR E AURORA

Linda história de dois corações que se amam. A mais interessante comédia realizada na vida de um preto africano, que, tangido pela pobreza, imigrou de seu país indo arranjar fortuna em outra região, casou-se com uma linda francesa de 14 anos, que também imigrara de sua pátria deixando abandonado seu noivo para mais tarde vir matar de raiva o preto, com truques e palhaçadas. [15]

O nome do autor deve aparecer na primeira página, assim como o do editor (que compra os direitos do poema ao autor), mas isto também varia conforme o caso. Em muitos livrinhos embora não apareça na capa o nome do autor, um acróstico na última estrofe do poema revelará seu nome. Nos anos 1940 e 1950 e até o começo dos anos 1960, foi comum o caso do editor que mudou ou até suprimiu o acróstico, isto por motivos óbvios (para não pagar

---

[14]   De uns 850 folhetos e romances colecionados por este escritor em 1966 e 1967, quase a metade é de 8 páginas, uma quinta parte de 16, uma quinta parte de 32, e o resto de número variável. Daqueles anos para hoje em dia, 1979, temos colecionado uns 1200 mais, a grande parte sendo de 8 páginas.

[15]   Fernando Sales. Oscar e Aurora. Recife, s.d.

direitos autorais ou para reclamar a autoria para si mesmo). Em anos mais recentes esta prática é muito menos usada devido a reclamações dos poetas, à vigilância maior por parte de todos, e a um sentido mais alto de honor e dignidade por todos na profissão. Afinal, o poema começa imediatamente depois do título e introdução.

A contracapa do folheto é reservada para a propaganda do editor, ou às vezes para qualquer motivo de profissão: uma ameaça aos outros editores acusados de roubar poemas deste, propaganda de astrologia (interesse comum de alguns dos editores), e o tal. As informações nas contracapas são de muita importância para o interessado que colecione a poesia porque revelam os endereços de alguns dos mais importantes editores e também, às vezes, são a única fonte indicadora do local de moradia do poeta. Um dos melhores exemplos do falado é outra vez da autoria de Manoel Camilo dos Santos:

Manoel Camilo dos Santos, Poeta e Editor de Cordel, Campina Grande, Paraíba, 1966

Tendo ciência de que indivíduos indecentes e inescrupulosos vêm publicando livros de minha propriedade, (aliás, um dos atos costumeiros dos seus baixos e mesquinhos caráteres), quero ainda, pela última vez, avisar a esses trapaceiros, esses "poetachos," que são a sujeira, o suborno e a vergonha da classe poética, que: -- Toda a minha propriedade litera-poética está registrada no departamento de direitos autorais, na Biblioteca Nacional do Rio de Janeiro; e que minha firma: A Estrela de Poesia, despõe de advogados competentes e, os quais, já tendo em mãos alguns dos referidos impressos e nomes do fraudulosos acham-se de atalaia aguardando as minhas decisões, e dado os contínuos abusos desses revezos, não uzarei jamais de tolerância.[16]

A citação revela a mentalidade do poeta-editor assim como a linguagem que ele emprega. Tais declarações são comuns e têm muita aplicação no caso de Leandro Gomes de Barros, a ser discutido mais tarde neste estudo. O roubo de livros inteiros influi muito na situação de certos poetas da velha literatura de cordel. Temos um estudo sobre o fenômeno da contracapa na <u>Revista Brasileira de Folclore</u>, Rio de Janeiro, 12:32, jan. abril, 1972.[17]

---

[16]   Cícero Vieira. <u>A Filha de um Pirata</u>. Campina Grande, Manoel Camilo dos Santos, editor, s.d.

[17]   Sebastião Nunes Batista em "O Seu a Seu Dono", artigo no Jornal <u>Encontro com o Folclore</u>, Rio de Janeiro, abril de 1965, mostra conclusivamente pela comparação de acrósticos em alguns dos poemas atribuídos a João Martins de Ataíde, que são realmente originais de Leandro Gomes de Barros. Quer dizer que quando edições alteradas pelo editor saem durante muito tempo, a autoria original é perdida e a poesia passa a ser parte de poesia folclórica na tradição escrita da literatura de cordel.

3. Autoria do Folheto de Cordel

Em toda poesia popular, ou poesia popular com características folclóricas, a autoria é um grande problema. As coleções de qualquer autor particular, e mesmo as coleções da poesia em geral, são poucas vezes completas. Por isso, o estudo de qualquer autor ou grupo de autores tem de ser limitado. É especialmente o caso da Literatura de Cordel. Falando especificamente de Leandro Gomes de Barros, discutir-se-á o problema no segundo capítulo da primeira parte deste livro.

O poeta popular é geralmente semianalfabeto, quer dizer, pode ler e escrever e provavelmente tem alguma educação formal, mas raramente mais que uns poucos anos. Esta situação está em processo de mudar. Ver a segunda parte do livro. Orígenes Lessa comenta: "Essa literatura singular, produzida por homens quase analfabetos, de leitura escassa, muitos dos quais não frequentaram sequer a escola primária...".[18]

Os poetas estão espalhados pelo Nordeste inteiro, e as migrações de sertanejos têm levados muitos tão longe como ao Rio e a São Paulo, no Sul; a Brasília, Goiás, e Mato Grosso, no Centro e no Oeste; e a Belém e Manaus, no Norte. Agentes viajantes ou folheteiros visitam esporadicamente as regiões situadas longe do centro do Nordeste; por exemplo, o Vale do São Francisco em Minas Gerais e a Bahia. Bom Jesus da Lapa quase sempre tem folheteiros em dia de festa.

Muitos dos poetas populares antes eram poetas "orais", ou seja, cantadores, e até hoje continuam na arte do desafio, do verso improvisado. O desafio é uma das formas tradicionais do cantador. Daí, muitos dos atributos do cantador também poderiam ser aplicados ao poeta popular;

---

[18] Orígenes Lessa. Literatura Popular em Versos. Anhembi, São Paulo, dezembro de 1955, pp. 67-71.

Tem ele todo orgulho de seu estado. Sabe que é uma marca de superioridade ambiental, um sinal de elevação de supremacia, de predomínio. Paupérrimo, andrajoso, semi-faminto, errante, ostenta, num diapasão inculto e brav0, mas senhora de si, reverenciada e dominadora.[19]

Ambos os poetas, o cantador e o poeta popular, como parte da tradição poética do povo, têm atitudes e opiniões semelhantes. O que os diferencia é, antes e mais, a composição dos versos, uma vez que há uma distinção entre a poesia improvisada e escrita. Também, é lógico, diferem na representação do verso e a maneira de recompensa feita. Um exemplo do orgulho do poeta é visto nesse trecho da contracapa de outro folheto de Manoel Camilo:

Esta folhetaria é uma estrela candente que esparge seu foco luminoso no grande mundo poético, desde as cidades aos mais longínquos rincões; dando ao apologista culto e esclarecido a realidade do que é poesia genuinamente pura, e o satisfazendo plenamente com a perfeição, o encanto e a maviosidade das suas rimas. E para o semianalfabeto, é uma Via-Láctea nebulosa, que em pouco descerra-lhe as trevas alfabéticas, pela facilidade compreensiva, suavidade e ardidez das suas belíssimas histórias e versos.

É uma voz pregoeira que há 15 anos alegra e contenta indivíduos, famílias e lares, bradando pela moralidade, pela ordem e progresso familiar e patriótico; portanto leiam os folhetos e romances da Tipografia e Folhetaria Santos. [20]

Orígenes Lessa já disse que hoje a maioria dos poetas ganha o pão somente da obra poética, numa fase ou outra de sua produção. Nem sempre era assim. No século 19 o cantador era pequeno agricultor, trabalhador de eito, mendigo ou coisa semelhante, vivendo esporadicamente da poesia.[21] Mudou a situação do cantador que foi de feira em feira, de casa grande em casa grande, recitando e improvisando seus versos nas fazendas, povoados e cidades pequenas do Nordeste; hoje temos o menos móvel autor de folhetos. Este pode

---

[19]   Cascudo, Vaqueiros e Cantadores, p. 89.

[20]   Manoel Camilo dos Santos. A Sofredora do Bosque ou uma Noiva Perdida. Campina Grande, Manoel Camilo dos Santos, s.d., p. 1.

[21]   Cascudo, Vaqueiros e Cantadores, p. 89.

ficar em um lugar a maior parte do tempo, desde que suas poesias podem ser vendidas por agentes chamados folheteiros, que viajam vendendo folhetos. A natureza da poesia escrita permite "o poeta em casa" que, por meio de vendas, estabelece sua própria tipografia e emprega os outros para viajarem e venderem os poemas do agora poeta-editor e de outros poetas que lhe vendem os direitos às suas composições poéticas. Este processo trouxe a organização de vendas e a relação que existe ainda hoje entre poetas, editores e vendedores. O atual autor de folhetos pode caber em uma das seguintes categorias:

1. O autor que, por falta de dinheiro ou outra razão, escolhe não imprimir seus próprios folhetos. Ele então tem de vender seus poemas a um editor que os imprimirá e, ou comprará os direitos, pagando em cruzeiros, ou fará pagamento com exemplares do folheto a serem vendidos pelo autor.

2. O poeta que tem sucesso e faz sua própria tipografia, tornando-se editor. Pode continuar a escrever ou não, dependendo da quantidade de poesia vendida. Se vender, os poetas de sua autoria terão na capa o seu nome seguido de "Autor – Proprietário", e não, "proprietário" somente.

3. O agente ou vendedor de folhetos é chamado folheteiro. Pode ser que escreva também.

Este processo ou variações dele existem hoje (para uma declaração mais atualizada, para os anos 1978 e 1979, ver a PARTE II deste livro). Um conhecimento dele é necessário para explicar o problema de autoria, especialmente o da autoria dos folhetos de Leandro Gomes de Barros, o poeta que escolhemos para exemplificar todo o cordel como fenômeno literário popular.

4. O Público do Cordel

A quantidade de folhetos vendidos e a sua importância são mais bem entendidos quando se considera para quem são escritos. Orígenes Lessa, falando do público do folheto, diz da Literatura de Cordel: "Tem uma repercussão na massa de leitores a que se destina, pobre gente descalça e maltrapilha, sertanejos rudes de alpargatas e chapéu de couro, jamais igualada pela outra literatura, a de colarinho e gravata nos meios mais cultos".[22]

Que a poesia é sempre acessível às massas (ao povo) é facilmente visto depois de ver a quantidade vendida. Além disso, Renato Carneiro Campos notou determinado tipo de leitor de folhetos na sua Ideologia de Poetas Populares: "De um 20 anos para cá ressalta a importância dos folhetos populares como uma das principais distrações – e talvez mais que simples distração – do trabalhador de engenho. Podemos dizer que constituem sua única leitura." [23]

Ele prossegue dizendo que para o operário ou trabalhador de engenho o folheto é simultaneamente jornal e romance. Serve para aliviar o tédio de vida rural, para aliviar a miséria do pobre do interior que se identifica dentro do folheto com o personagem do herói. Para Campos o folheto constitui um:

> Verdadeiro documentário de costumes de nossa gente rural.... É a maneira de ver e analisar os fatos sociais, políticos e religiosos da gente rude o interior nordestino, fotografada nas páginas dos folhetos, denunciando costumes, atitudes, preferências e julgamentos. Valiosas informações de interesse histórico, etnográfico

---

[22]   Lessa, op. cit., p. 67-71.

[23]   Campos, op. cit., p. 9.

e sociológico são fixadas nesse cada dia mais influente meio de comunicação, tão estimado pela nossa gente. [24]

Este escritor viajou e pesquisou no Norte e Nordeste do Brasil, e também na capital e no mercado nordestino no Rio, nos anos de 1966 e 1967, e a importância do folheto não é exagerado pelos estudiosos. No Nordeste, no interior às cidades principais da zona litoral, o folheto ainda está presente, talvez mais em algumas regiões do que seria de esperar. Juazeiro do Norte, no interior do Estado de Ceará, é grande centro para a divulgação da poesia, assim como Campina Grande, Caruaru, Itabaiana, Feira de Santana e outras cidades do agreste. Cidades litorâneas como Natal, João Pessoa, Maceió, Salvador e especialmente o Recife, têm grandes mercados para a poesia. Porém, é evidente que uma região possa perder nas suas vendas devido à perda de um poeta muito ativo, mas, também pode ganha-las de novo por outra circunstância qualquer. Os poetas são móveis, por isso tais flutuações existem. Um caso desses é Salvador, na Bahia, que era centro de divulgação de folhetos quando lá escreviam Cuíca de Santo Amaro e Rodolfo Coelho Cavalcante, mas depois da morte do primeiro e a mudança do outro para o interior, a cidade é menos importante. Mais uma vez, para a situação de uns dez anos depois da primeira versão deste livro, ver a Parte II para uma atualização importante do cordel.

Depois de ver as declarações de Orígenes Lessa, Luís da Câmara Cascudo e Renato Carneiro Campos, chega-se à evidência de que a pessoa que compra folhetos poder ser do campo ou da cidade, mas quase sempre é da classe pobre. A própria experiência deste escritor, baseada na observação dos fregueses em muitos mercados e feiras, em conversações com operários, com estudantes do interior e do Recife, com estudiosos do folclore e finalmente com os próprios poetas, nos conduziu a certas conclusões: É geralmente o indivíduo pobre de pouca ou nenhuma educação formal que compra o folheto, porque simplesmente gosta da história que o autor narra, e, em parte, porque só tem dinheiro para comprar este tipo de literatura. É de notar, porém, que o migrante rural, quer dizer, aquele que vem do interior ao Recife, por exemplo, possivelmente não admite que leia ou goste do folheto, porque não quer ser associado à classe rural e pobre de antes. Os estudantes se dividem entre os que consideram o folheto simples folclore e curiosidade do povo, e aqueles, em quantidade menor, que creem

---

[24]   Campos, op. cit., p. 9

que o folheto tem valor real como expressão dos valores do povo e como exemplo da criação artística do povo. Ver as mudanças em Parte II.

Pela vasta quantidade vendida é fácil compreender a significação do folheto. Devido à combinação de poeta-editor-vendedor já detalhada, a novos modos de comunicação e ao correio, milhares de exemplares de um folheto podem ser difundidos dentro de relativamente pouco tempo. Orígenes Lessa observou vendas de muitos folhetos com edições de cem mil, e cita um caso quando 70.000 de um folheto sobre a morte de Getúlio Vargas foram vendidos em dois dias.[25] Poetas populares, em resposta a um questionário deste escritor, proclamam vendas ate de 300.000 exemplares de um folheto.[26] A venda de "clássicos", poemas escritos anos atrás mas ainda impressos e vendidos, como no caso de alguns folhetos de Leandro Gomes de Barros, é formidável, mesmo levando em conta certos exageros dos poetas. Do "Cachorro dos Mortos", romance escrito por Leandro, estima-se ter vendido de sua aparição até agora, perto de um milhão de exemplares![27]

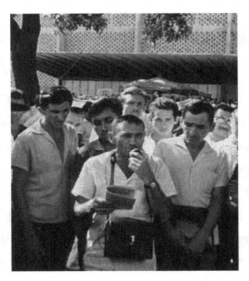

João José dos Santos, "Azulão", Cantador, Poeta e Editor de
Cordel, Feira de São Cristóvão, Rio de Janeiro, 1967

---

[25]   Lessa, op. cit. pp. 67 -71.

[26]   Ver as informações dadas pelos poetas nas entrevistas, Capítulo III.

[27]   Lessa, op. cit., pp. 67-71.

Um dos mais notáveis aspectos dos folhetos é o método de vendê-los nas feiras e nos mercados das cidades. O vendedor, frequentemente o próprio poeta, trabalha cedo de manhã. Leva os folhetos em uma mala às vezes velha e rota devido aos anos de serviço e a experiência do poeta. Também leva uma espécie de estante portátil, ou banca, para exibir a mercadoria, dispostos os folhetos e romances na forma de cartas de baralho. (Desta pequena banca vem o nome usado pelos poetas mesmos, "poeta de bancada"). "Poeta de cordel" ou, mesmo, a "Literatura de Cordel" são termos utilizados pelos estudiosos nos seus livros sobre o assunto, uso legítimo derivado da literatura de cordel e suas origens em Portugal. Os fregueses, atraídos pela exposição dos livrinhos, começam a se congregar, e assim que chegar a quantidade esperada pelo poeta, ele anuncia que vai "cantar" tal e tal folheto.

Começa, naturalmente, com um poema que ofereça elementos de humor, drama, ou talvez uma vingança (conforme o conteúdo), mas com muita ação ou "movimento". A melodia da voz é tradicional, a mesma usada para todos os poemas de semelhante métrica. O tom da voz é alto, há pouca variação e assim o "canto" é quase monocromo. Muitas vezes o poeta não é fiel à melodia, mas a beleza da voz e fidelidade ao tom não são importantes, pois o ritmo e o conteúdo são o essencial. Este método de cantar é semelhante àquele utilizado pelo cantador no seu repente ou desafio.

Quase sempre, em pouco tempo, se junta muita gente; para o poeta, tanto melhor, pois sua execução melhora conforme o tamanho do público. Nota-se que todos são homens. De vez em quando, o poeta deixa de cantar para comentar os acontecimentos do poema, mais comumente de maneira engraçada. Há uma troca de comentários entre ele e os mais ousados da plateia. Acontece, às vezes, que o poeta canta quase até o fim da história e recusa-se a termina-la: "Se quiserem saber o fim, então o comprem".

Repete-se esta cena em todo o Nordeste, na grande feira do nordestino no Rio de Janeiro, e na Praça da República em São Paulo, com variações, dependendo da habilidade do poeta. Há vendedores que declamam, lendo o verso, e não cantando; e outros que não fazem nem uma coisa nem outra. Talvez os mais eficazes deles sejas os vendedores, entre eles José João dos Santos ("Azulão"), poeta de muito sucesso na Feira de São Cristóvão no Rio de

Janeiro, que vendem empregando microfone e amplificador (aparelho que segundo alguns dos poetas é imoral, não natural, segundo outros é indispensável!).[28] Porém, de qualquer maneira que se utilize, este é o método mais direto e interessante de vender. É importante para compreender o elemento oral da poesia de cordel e o uso da métrica no folheto. Porém, deve ser compreendido que muitos folhetos, e talvez a maioria, compram-se em bancas permanentes nas feiras, nos mercados, nas livrarias do povo e nas pequenas bancas nas esquinas de ruas, nas praças, nos pontos de ônibus e centros de transporte público.

---

[28]   Ver a entrevista com o poeta-astrólogo Manoel Caboclo e Silva a continuar em outro capítulo.

5. O Conteúdo do Folheto

A Literatura de Cordel é poesia popular, e o significado deste termo é mais bem visto na introdução ao catálogo de folhetos publicado pela Fundação Casa de Rui Barbosa, sob a direção do crítico Manuel Cavalcanti Proença: "A popular, a que se transmite pelo uso de meios técnicos (no caso a impressão), que está sujeita à moda ou voga, que não é anônima, mas possui intrinsecamente as características da poesia folclórica". [29]

É preciso diferenciar o folheto da literatura de cordel da poesia folclórica, e também de notar as suas semelhanças com ela. A poesia folclórica tem quatro características: é velha, persistente, anônima e oral. A Literatura de Cordel, embora com muitos dos traços da poesia folclórica, é somente semelhante, não igual a ela. O caso é que a poesia folclórica é popular, mas nem toda poesia popular é folclórica.[30] O importante para este estudo é que, devido às características particulares de venda e às ações de alguns editores, um folheto "clássico" pode chegar a ser uma parte da poesia sempre lida ou conhecida pelo povo. Tal é o caso do "Pavão Misterioso", cujo autor está há muito tempo esquecido na mente do povo.

Como já foi visto no folheto de Manoel Camilo dos Santos, os editores e autores sempre defendem sua obra e são conscientes do perigo de tê-lo roubada ou plagiada. O sistema de vendas é responsável por esta situação. Quando um poeta "vende" seu poema a um editor, aquele renuncia a todos os direitos sobre o poema. (Note-se que o exemplo de Manoel Camilo é de reclamação ñão devida à autoria, mas sim causada por uma compra anterior dos direitos). Embora teoricamente o nome do autor deva aparecer na capa e na

---

[29]   Manuel Cavalcanti Proença, Ed. Literatura Popular em Verso. Catálogo I. Rio de Janeiro, M.E.C., 1962, p. 1.

[30]   Cascudo. Literatura Oral. V. 2 da História da Literatura Brasileira. Rio de Janeiro, José Olympio, 1953, p. 19-20.

primeira página do folheto impresso, frequentemente acontece o oposto. Lembre-se que a situação vai mudar bastante nos anos entre 1967 e 1979. Muito mais frequente é o caso em que o nome do editor aparece sozinho na capa, e o leitor naturalmente supõe que o nome impresso seja o do verdadeiro autor. Há uma multiplicação do problema quando muitos folhetos da produção total de um autor, como no caso de Leandro, vendem-se a um editor que os vende de novo. O resultado mais notável, quando se considera toda a Literatura de Cordel, é o processo de mudança, pois o autor verdadeiro pode ser esquecido e depois de algum tempo, seu folheto já forma parte da poesia folclórica.

Quando se trata de classificar a Literatura de Cordel em ciclos temáticos, um novo e complexo problema aparece. Dizer quais temas são de tradição oral, escrita ou popular, é uma tarefa dificílima e quase se fim. Um folheto pode assemelhar-se a outro por terem, os dois, temas comuns. Uma indicação da extensão formidável dos temas desta literatura vê-se no livro de Luís da Câmara Cascudo, quando ele diz:

> Os assuntos são infinitos.... Há o registro dos acontecimentos sociais, grandes caçadas ou pescarias, enchentes, incêndios, lutas, festas, monstruosidades, milagres, crimes, vitórias eleitorais. Há a série permanente ao redor dos temas que têm devotos, odisseia de cangaceiros, milagres de santos, prisão e bandidos famosos, fugas espetaculares, sonhos, visões ligadas ao 'meu padrinho Padre Cícero de Juazeiro', Cícero Romão Batista, 1844 – 1934, que continua fornecendo motivo a uma tonelada anual de folhetos.[31]

Cascudo acrescenta que temas semelhantes veem-se nas histórias reimpressas, mas originais, dos poetas, nas adaptações de filmes, romances, artigos de jornal, etc. Tratamos a questão de classificações de cordel e a temática contemporânea na segunda parte deste livro.

A linguagem empregada no folheto é, sem dúvida, popular. Vocabulário regional, e até a pronúncia do rústico, são registrados, com evidência documentária da fala do nordestino, e, em particular, do autor de folhetos, seja da cidade ou do sertão. M. Cavalcanti Proença

---

[31]   Cascudo, <u>Cinco Livros do Povo</u>, p. 11.

estudou o aspecto linguístico dos folhetos de cordel na sua introdução ao <u>Moleque Ricardo</u> de José Lins do Rego, este sendo um dos grandes narradores e "parente não muito distante" do poeta popular. A linguagem de cordel se evolui como veremos no Capítulo Dois da Parte II.

6.   O Aspecto Oral do Folheto de Cordel

A dívida da Literatura de Cordel para com a poesia oral, especificamente a do cantador, é importante, se o interessado quer entender bem a poesia popular. Como já foi mencionado, muitos dos poetas populares ainda são cantadores, ou já o foram em tempos passados. Desde os dias mais longínquos da colonização, o Português trouxe consigo poesias na forma do romance oral. Estas poesias foram cantadas e levadas anos afora ao povo do Nordeste. A situação, ou seja, o ambiente no Brasil, influía muito nas pessoas que cantavam as poesias velhas, e assim criavam novas poesias de conteúdo mais "brasileiro". Foi assim, segundo Gustavo Barroso, que o poeta,

> Perpetuou em versos os primeiros obstáculos vencidos e as primeiras lutas, as festas religiosas e profanas, as terríveis misérias das crises climáticas, a vida aventurosa dos vaqueiros, as proezas dos novilhos barbatões, e das onças devastadores dos rebanhos.[32]

Muitas formas poéticas se empregavam, e uma classificação completa delas aparece no mesmo livro de Barroso.

O poeta oral, o cantador, existia naquele tempo, e sua presença nas festas, casamentos e vaquejadas era essencial. Cantava poesias, a "obra feita", poesias compostas ou decoradas, de sua autoria ou da tradição oral de romances e outras formas poéticas, e, improvisava poesia, que hoje é o documentário da época.[33] Luís da Câmara Cascudo descreve o tipo de poesia cantada: os ciclos de gado, dos cangaceiros, etc. Temas, métrica e ideias do poeta

---

[32]   Gustavo Barroso. <u>Ao Som da Viola</u>. Rio de Janeiro, Departamento de Imprensa Nacional, 1949, p. 10.

[33]   Cascudo, <u>Vaqueiros e Cantadores</u>, p. 12.

oral todos eram uma parte da tradição que posteriormente foi cair nas mãos do poeta popular.

Talvez, de todas as formas da poesia oral, a mais comum na Literatura de Cordel é o desafio, o duelo de cantadores em versos improvisados, e, em parte, decorados. Nele se encontram muitos dos temas da poesia oral e a maioria das formas métricas que vão se utilizar mais tarde no folheto da Literatura de Cordel. Leonardo Mota dedicou mito de sua vida à coleta da poesia, anedotas e informações sobre os cantadores, e foi ele quem colecionou alguns dos desafios mais célebres. O desafio tem antecedentes medievais, e, os duelos dos pastores na poesia de Teócrito na velha Grécia são certamente alguns dos antepassados poéticos do desafio brasileiro. Sua forma no Brasil é imprescindível ao estudioso da Literatura de Cordel, porque versificação, temas e estrutura dos folhetos muitas vezes se originam do desafio.

"Peleja de João Atayde com Leandro Gomes"

Os desafios mais velhos eram em quadras, ou no linguajar sertanejo, em "versos de quatro pés", quer dizer, uma estrofe de quatro versos com sete sílabas em cada linha de verso. A quadra, porém, foi substituída pela sextilha de seis linhas de verso de sete sílabas, a forma mais comum no folheto de hoje. A rima da sextilha geralmente é consoante, ABCBDB. Outras formas métricas do desafio são a septilha, a décima com muitas variações, o quadrão de oito versos, e muitas outras formas.

Muitos dos verdadeiros desafios (os históricos) foram anotados pelos populares e alguns são clássicos no gênero,

> Algumas dessas cantorias ficam famosas e são, às vezes, recompostas depois, como qualquer poesia de composição. Ora é um dos cantadores que tomaram parte na cantoria o autor da "peleja", ora outro. E acontece mesmo que uma peleja seja inteiramente imaginária. [34]

Também acontece que o cantador, uma vez ou outra, lê um desafio composto por poeta popular e, depois de decorá-lo, o canta na praça.

Tentativas dos estudiosos de averiguarem quais desafios são baseados em fato histórico, ou a proporção em que sejam verdadeiros, tem confundido a questão. O que é certo é que os poetas populares têm muita imaginação e criaram seus próprios desafios que são, às vezes, melhores do que os originais. Um exemplo é a "Peleja de João Ataíde com Leandro Gomes de Barros", produto da imaginação de Ataíde.[35] É fácil compreender este caso, desde que a reputação de Ataíde não podia sofrer nada, antes pelo contrário, pelo fato de "derrubar" um poeta como Leandro. Mas, alguns dos melhores folhetos de cordel são desafios: "Peleja de Serrador e Carneiro", "Peleja de Manoel Riachão com o Diabo", "Peleja de Ventania com Pedra Azul", "Peleja de Patrício com Inácio da Catingueira" e outros.

A relação entre o poeta popular de bancada e o cantador deve ser enfatizada, pois cada um reflete o outro. Temos visto a tradição do cantador adaptada às poesias do poeta popular, mas o oposto também acontece:

> Leandro Gomes de Barros e Francisco das Chagas Batista, falando apenas da "dupla" mais ilustre, publicaram milhares de sextilhas descrevendo batalhas entre

---

[34]   Ariano Suassuna. Uma Coletânea da Poesia Popular. <u>Deca</u>, Recife, 1962, p. 20.

[35]   Segundo a declaração do próprio Leandro Gomes de Barros.

cantadores tradicionais ou imaginários. Essa produção articulou-se na corrente geral e dela faz parte, indissoluvelmente. Confundiu-se. Os cantadores dizem versos de Leandro ou Chagas de mistura com versos antigos. A convergência explica igualmente os ciclos. O verso dedicado a um herói vai servindo para outro, desde que diminua a impressão inicial. A influência do poeta letrado é desta forma, vasta, mas de fronteiras demarcáveis. É de notar a deformação da inteligência sertaneja adaptando o verso às exigências de sua mentalidade. [36]

---

[36] Cascudo, op. cit. p. 12.

7. A Tradição Literária Popular do Folheto de Cordel

Do ponto de vista histórico, talvez o aspecto mais importante da Literatura de Cordel seja sua relação com a poesia escrita já vinda de Portugal. Por tradição literária entende-se aqui a dívida da Literatura de Cordel para com folhetos ou livros escritos, às vezes em poesia, mas quase sempre em prosa, quer vieram do continente no século XIX. Um mundo de temas comuns à poesia europeia foi adaptado à Literatura de Cordel:

> Esses romances trouxeram as figuras clássicas do tradicionalismo medieval. Cavaleiros andantes, paladinos cristãos, virgens fieis, esposas heroicas, ensinaram as perpétuas lições da palavra cumprida, a unção do testemunho, a valia da coragem, o desprezo pela morte, a santidade dos lares. O folclore, santificando sempre os humildes, premiando os bons, os insultados castigando inexoravelmente o orgulho, a soberbia, a riqueza inútil... empresta às suas personagens a finalidade ética de apólogos que passam para o fabulário como termos de comparação e referência.[37]

---

[37] Cascudo.

"A Prisão de Oliveiros"

Assim é que se veem, em versos brasileiros os folhetos "A Batalha de Oliveiros com Ferrabrás", "A História da Donzela Teodora", "A Prisão de Oliveiros", "Pedro Malasartes" e outros temas europeios. A origem destas histórias na Europa, muitas vezes baseadas em temas orientais, faz delas parte de uma tradição agora literária, antes oral. Este elo com o passado é importante em si mesmo, mas igualmente notável é a evolução de temas básicos, topoi, já vistos na Literatura de Cordel. A adaptação de personagens pelos poetas rústicos, adaptações destinadas a conformá-los à situação do povo e a sociedade nordestina, é interessante e importante como fenômeno literário. Renato Carneiro Campos fala disso quando conta do dono de engenho de açúcar substituindo o rei cruel e do sertanejo valente substituindo o filho menor do rei.[38] O cavaleiro-andante cujas qualidades se veem no "bom" cangaceiro, Antônio Silvino, é outro exemplo do mesmo processo. [39]

---

[38] Campos, op. cit., p. 67.

[39] Cascudo. Flor dos Romances Trágicos. Rio de Janeiro: Editora do Autor, 1966, p. 23-7.

8.   O Valor do Folheto da Literatura de Cordel em Relação à Literatura Erudita

Além de seu valor intrínseco como manifestação de cultura popular, a Literatura de Cordel é absolutamente necessária para entender o espírito e a inspiração de boa parte da "literatura grande" do Brasil, em particular, da Literatura Nordestina. Ariano Suassuna, um escritor contemporâneo que assimila matéria folclórica na sua obra, escreveu a propósito da poesia popular e de sua enorme influência nas letras, que, ao procurar uma literatura nacional,

> Viu-se de súbito necessariamente diante da grande lição da literatura popular. O fato pode ser notado em todo o país, ao que parece, mas no Nordeste é mais significativo. Uma literatura erudita, paralela às qualidades da popular, começa a surgir, não mais imposta por teorias ou programas, mas naturalmente, por amor e identificação. E os artistas nordestinos descobriram, e repente, que a solução de seus problemas e divisões já tinha sido achada, há muito tempo pela literatura popular. [40]

Basta ler alguns escritores da Literatura Brasileira como o próprio Suassuna, Jorge Amado, Raquel de Queiróz, Antônio Callado, Alfredo Dias Gomes, João Guimarães Rosa e os novos do Movimento Armorial dos anos 1970 para ver que Suassuna está correto em sua análise e predição. Outro capítulo deste livro tratará a relação entre a Literatura de Cordel e tais escritores. Antes disso, porém, deve-se falar do poeta mesmo, e o melhor exemplo dentre os maiores é Leandro Gomes de Barros! O valor do poeta popular somente pode ser compreendido quando se entende que,

---

[40]   Suassuna, op. cit., p. 12-13.

Nenhum cronista, poeta, historiador, ensaísta conseguiu esta simpatia popular através do tempo. Nenhum resistiu tanto e se manteve na predileção exclusivamente popular negado pelo letrado, esquecido professor, ironizado pelo viajante que encontrava nessa literatura um índice pejorativo de gosto e de atraso cultural.... Uma pesquisa sobre estes folhetos, legítimas expressões da Novelística Brasileira por naturalização, com as características e permanências psicológicas de ação intelectual, justifica-se pela necessidade de situar ao alcance do estudioso da cultura coletiva no Brasil alguns elementos perfeitos e duráveis na alma do povo. [41]

---

[41]   Cascudo, <u>Cinco Livros do Povo</u>, p. 13.

Capítulo Segundo: um Exemplo do Poeta Popular – Leandro Gomes de Barros

Leandro Gomes de Barros, Poeta Pioneiro do Cordel

Leandro Gomes de Barros foi escolhido como exemplo do poeta popular em virtude de seu papel importante como um dos iniciadores da Literatura de Cordel, de sua produção vasta e especialmente por sua originalidade e pela qualidade artística de sua poesia. Como já foi mencionado, provavelmente o primeiro poeta a adaptar as novelas ao verso e imprimi-las foi Silvino Pirauá Lima, um contemporâneo de Leandro na Paraíba.[42] Mas, a qualidade de poemas adaptados à métrica nordestina ou compostos por ele não é conhecida, e

---

[42]   40 Luís da Câmara Cascudo. <u>Cinco Livros do Povo</u>. Rio de Janeiro, José Olympio, 1953, p. 12.

poucos aparecem no estudo de Câmara Cascudo. Isto fica em contraste com os folhetos e romances em verso atribuídos a Leandro, muitos dos quais ainda vendidos hoje em dia nas feiras. Para ter uma ideia de sua produção basta dizer-se que se avalia ter ele escrito cerca de mil folhetos diferentes com dez mil reedições.[43] Uma estrofe de um poema publicado em Recife, em 1907, revela sua longa dedicação à poesia:

> Leitores peço desculpa
> Se a obra não for de agrado
> Sou um poeta sem força
> O tempo me tem estragado
> Escrevo há 18 anos
> Tenho razão de estar cansado. [44]

"A Força do Amor", 1907, Leandro Gomes de Barro

---

[43]   Cascudo, op. cit., p. 12.

[44]   Sebastião Nunes Batista. Notas Biográficas sobre os Autores. In: <u>Literatura Popular em Verso</u>. Antologia I. Rio de Janeiro, M.E.C., 1964, P. 574.

1. Sua vida

Nasceu no Município de Pombal, Estado da Paraíba, em 1868. É de notar que esta zona da Paraíba era o centro de atividade dos mais conhecidos cantadores do Nordeste no século XIX. Agostinho Nunes da Costa, 1791-1858, morou perto da Serra de Teixeira. Seus filhos, Nicandro e Ugolino, e Bernardo Nogueira eram bem conhecidos com "mestres" da profissão, e todos cantavam naquela região. Quer dizer que o ambiente poético era muito presente ao jovem Leandro. Até a idade de 15 anos, Leandro morava em Teixeira, mas logo se mudou para Vitória de Santo Antão perto do Recife. Na Vitória começou a publicar folhetos e continuou a fazê-lo até sua morte em 1918. Francisco das Chagas Batista, também bom poeta e autor dos primeiros estudos sobre os cantadores e os poetas populares, chama Leandro de "fundador da Literatura de Cordel". [45]

Mais tarde Leandro mudou-se para Jaboatão, agora subúrbio do Recife, e logo para o Recife mesmo. Ao que se sabe, vivia somente da sua poesia, e de sua folhetaria, sendo, talvez, o primeiro poeta popular a fazê-lo. Como diz Orígenes Lessa, isto foi formidável, pois mesmo os escritores eruditos não conseguiram fazê-lo. [46]

Uma vez Leandro fez uma caricatura em verso de si mesmo:

> A cabeça um tanto grande e bem redonda
> O nariz afilado e um pouco grosso
> As orelhas não são muito pequenas
> Beiços finos e não tem quase pescoço

---

[45] Francisco das Chagas Batista. Cantadores e Poetas Populares. Paraíba, Tipografia Popular Editora, 1929, p. 114.

[46] Orígenes Lessa. Literatura Popular em Versos. Anhembi, São Paulo, dezembro de 1955.

A fala um pouco fina, a voz sem som
De cor branca e altura regular
Pouca barba, bigode fino e loiro
Cambaleia um tanto ou quanto no andar
Olhos grandes bem azuis de cor do mar
Corpo mole não é tipo esquisito
Todo mundo acha ele muito feio
A mãe dele quando viu achou-o bonito. [47]

O tom deste autorretrato é muito semelhante às descrições satíricas de outras figuras espalhadas por sua poesia. A caricatura literária dos traços físicos coincide com o humor do homem.

Estre os poetas populares do Nordeste, sempre existiu certo senso de camaradagem profissional; isso está hoje ainda mais acentuado, em vista de organizações existentes para o benefício dos poetas.[48] Leandro, como muitos dos seus amigos, foi mais visto naqueles lugares onde era mais provável a oportunidade de recitar e vender suas poesias: "Seu quartel-geral eram os botequins, ou melhor, as tabernas e cafés do Largo das Cinco Pontas, por ficarem perto da estação do mesmo nome e onde partiam os trens da antiga Estação de Ferro Sul de Pernambuco". [49]

Leandro, em alguns folhetos satíricos, meteu à bulha os Ingleses que, originariamente, administraram a Estação (A Great Western). Ao visitar o Recife, vê-se que não era estranho o poeta estar em tais lugares, visto que, ainda hoje, folheteiros se encontram com a mala rota cheia da mercadoria, perto dos lugares de transporte público, estações de trem e ônibus, pontos de ônibus, as pontes que ligam o centro do Recife com o cais, e o Mercado de São José. A situação é semelhante em todo o Nordeste. No Rio de Janeiro encontram-se folheteiros na feira nordestina de São Cristóvão; é ali que as artérias

---

[47] Sebastião Batista. Ainda o Seu a Seu Dono. Encontro com o Folclore, Rio de Janeiro, outubro de 1955, p. 1.

[48] Como a Associação Brasileira de Trovadores que organiza reuniões, congressos e concursos para os poetas, chefiando muitos o poeta Rodolfo Coelho Cavalcante.

[49] Eustórgio Wanderly. Tipos Populares do Recife Antigo. Recife, Editora Colégio Moderno, 1954, p. 43.

principais de transporte do Norte entram ao Rio. Há um ciclo de poemas do cordel que trata do sertanejo flagelado que foge do Norte e migra para o Sul,[50] procurando serviço nas fazendas de açúcar e café, ou nas fábricas do Rio ou de São Paulo. Muitos destes folhetos vendem-se na estação ferroviário do Rio.

Os bares e cafés, pelo menos no caso de Leandro, são importantes porque uma parte de sua melhor poesia satírica louva as boas qualidades da cachaça: "Leandro Gomes entregava-se ao vício do álcool, e dizem que, quanto mais embriagado estava, mais inspirado ficava, brotando-lhe os versos com espantosa fluência". Sebastião Batista contava o caso que depois de uma noite de festa e farra, Leandro voltou à casa, mas erradamente, entrando na casa do vizinho o próprio Francisco das Chagas Batista. De todos os modos, tratamos o melhor da poesia satírica de Leandro a seguir neste capítulo. Leandro não era a exceção à regra, como testemunha Chagas Batista: "O glosador inspira-se bebendo cachaça como o cantador inspira-se tocando a viola".[51] Muitos dos cantadores e poetas populares gostam da cachaça para "animar" o desafio. Presenciando vários desafios, este escritor encontrou ainda hoje as mesmas "condições de trabalho". Que todos bebessem, que os que bebiam sempre bebessem demais? Claro que não. Mas o tema da cachaça é um dos mais presentes no cordel.

O autor de folhetos, a não ser que fosse muito estabelecido com agentes ou folheteiros (como o caso do "empresário" de cordel, João Martins Ataíde anos depois) ou um amigo que os tivesse, tinha que viajar para vender seus folhetos. Foi o caso de Leandro, embora próspero (levando em conta que era poeta), "Era ele o próprio editor e distribuidor dos seus livros de poesias, viajando nos trens da já citada Estrada de Ferro, entre o Recife e Palmares e no prolongamento de Palmares a Garanhuns". [52]

As viagens davam-lhe a oportunidade de saber das novidades do interior – do cangaceiro Antônio Silvino, de um nascimento estranho, etc. O folheto circunstancial, de novidades ou sucessos do dia, era muito bem recebido, e assim foi que, para os poetas, as novidades

---

[50]   Wanderly, op. cit. p. 43.

[51]   Chagas Batista, op. cit., p. 30.

[52]   Wanderley, op cit., p. 46.

obtidas em viagens ao interior muitas vezes davam o tema do próximo folheto. Lembrando as palavras de Renato Carneiro Campos, vê-se outra razão para as viagens: muitos dos fregueses ficavam no interior, e a única maneira de vender ali era encontrada na viagem do agente ou do próprio poeta.

Um exemplo dos pequenos acontecimentos do interior que, de vez em quando, causam sensação no mundo do poeta foi o caso do "Vaqueiro que Deu a Luz no Sertão Alagoano".[53] O folheto trata de uma moça que vive numa fazenda bem no interior. Ela foi criada como rapaz, por vontade materna; chegou a ser vaqueiro, mas de repente, deu a luz! Um pouco por brincadeira, um pouco por credulidade e também por sensacionalismo, começaram a espalhar que um homem tinha dado a luz, e o sucesso, dentro de pouco tempo, passou a ser tema das poesias improvisadas e dos folhetos da região. Dentro de uma semana imprimiram-se folhetos sobre caso, e, se venderam aos milhares no Recife e em outras partes do Nordeste. Um poeta popular, autor de vários folhetos, escreveu outro, dirigido diretamente aos vaqueiros alagoanos, recomendando cuidado com os colegas para que não lhes acontecesse fato igual. Foi faqueado dias depois. Os jornais e até as revistas nacionais e a TV noticiaram o caso. Mas o importante é que a novidade fosse espalhada pelos poetas, e os jornais fossem substituídos pelo jornal do povo – o folheto.

Uma olhada final ao caráter de Leandro tem neste retrato poético:

> Um cachaceiro, já velho
> Tomava muito aguardente,
> Devido a tomar demais
> Caiu um dia, doente,
> E diz consigo: Eu vou mal,
> Deixo o mundo, certamente.
> Punha-se a pensar,
> Dizendo: Eu me acabo
> De tanto beber.
> Mas nem o diabo

---

[53]　José Bento da Silva. <u>O Vaqueiro que Deu a Luz no Sertão Alagoano</u>. Recife, 1966.

> Me obriga a deixar.
>
> Posso me acabar
>
> Na morte tirana,
>
> A mulher se dana,
>
> Minha sogra briga,
>
> Prefiro uma intriga,
>
> Mas, não deixo a cana. [54]

Na poesia de Leandro, vê-se a menção frequente da cachaça, e esta sátira do poeta indica algo de seu caráter prazenteiro e sua presteza em mexer com alguns dos valores aceitos pela sociedade, louvando o que é contrário a eles. Uma leitura de suas poesias demonstra, sem dúvida, o talento e humor do homem, qualidades vistas particularmente na poesia satírica, a melhor de Leandro.

---

[54]   Wanderly, op. cit., p. 12.

2.   A Obra Poética de Leandro Gomes de Barros

Dada a natureza dos folhetos, é difícil compilar uma lista da obra completa de qualquer autor, especialmente dos escritores antigos. Este problema é mais bem explicado por Ariano Suassuna em sua "Coletânea da Poesia Popular", na revista DECA: "O grande inimigo desta literatura, porém, são as dificuldades de permanência causadas pela precariedade dos meios materiais. Um romance editado perde-se quase sempre, depois de esgotada a edição, constituída de folhetos frágeis, facilmente dilaceráveis". [55]

Suassuna nota a exceção à regra – os folhetos "clássicos", muitos dos quais escritos por Leandro. Mas o problema especialmente sério para uma primeira edição, e, é complicado pelos negócios entre os poetas. Como já foi dito, estima-se que Leandro escreveu mil folhetos com quase dez mil reedições. Mas como vamos ver, mudanças de autoria pelos editores são comuns, e podem significar a eventual perda de conhecimento da autoria original. No caso de Leandro, dada sua fama e a pesquisa séria de alguns estudiosos, uma bibliografia existe, embora não completo.[56] O estudioso Sebastião Nunes Batista é o mais árduo nesta tarefa de descobrir a autoria certa dos velhos folhetos de cordel, e, no seu livro Bibliografia Prévia de Leandro Gomes de Barros, resolve muitas dúvidas sobre a produção do poeta.

Por causa da época em que vivia Leandro, é difícil averiguar exatamente a extensão do mercado para seus folhetos, mas sua própria tipografia, no Recife, a de Antônio Batista Guedes em Guarabira, a Guajarina em Belém do Pará, a de Benjamin Cardozo em Manaus, a de Francisco das Chagas Batista e outros agentes em Caruaru, Pesqueira, Pombal e Santa Luzia foram os principais negociantes ligados a ele. E cada um destes tinha agentes que

---

[55]   Ariano Suassuna. Uma Coletânea da Poesia Popular. DECA, Recife, n. 5, p. 12.

[56]   A bibliografia aparece no volume Literatura Popular em Verso. Antologia I. Rio de Janeiro, M.E.C., 1964.

viajavam na região. Assim é que parece que quase todo o Nordeste oferecia folhetos de Leandro. Porém graças a transações às vezes não muito éticas, mas felizes para aqueles que se interessam hoje pela poesia popular, muitos dos poemas de Leandro ainda hoje se vendem nos mercados.

Como acontece frequentemente entre poetas e editores de folhetos, divergências sobre autor, título e posse, são comuns. Talvez o caso mais conhecido seja o de Leandro. Tais pormenores têm de ser mencionados para se compreender a qualidade "viva" da Literatura de Cordel e para estabelecer a autoria certa, nem sempre tarefa fácil.

Depois da morte se Leandro, seu genro, Pedro Baptista, reclamou posse de sua obra inteira e o direito de publicá-lo. O procedimento comum em tais casos é a declaração na contracapa do folheto impresso, destinada a provar os direitos da declarante. "O Cachorro dos Mortos", impresso por Baptista, em 1919, um ano depois da morte de Leandro, segue este processo:

> Tendo falecido o poeta Leandro Gomes de Barros, passou a meu pertencer a propriedade material de toda a sua obra literária. Só a mim, pois, cabe o direito de reprodução dos folhetos do dito poeta, achando-me habilitado a agir dentro da lei contra quem cometer o crime de reprodução de ditos folhetos. Previno as pessoas que negociam com folhetos que tenho em depósito todos os que o poeta escreveu e que vendo-os pelos preços mais resumidos possíveis dando boa comissão.[57]

Não haveria surgido nenhuma complicação se João Martins de Ataíde, poeta e editor com sua própria obra e sortimento, não tivesse assinado contrato com a viúva de Leandro, em 1921 em Jaboatão, comprando os direitos à obra completa do poeta morto.[58] O resultado foi que Ataíde começou a publicar aqueles folhetos que tinha obtido da viúva, e teve muito sucesso com grandes vendas. A única dificuldade, e é importante para o estudioso do assunto, é que só casualmente Ataíde indicava a autoria de Leandro.[59] Alguns anos depois,

---

[57]   Leandro Gomes de Barros. <u>O Cachorro dos Mortos</u>. Guarabira, Pedro Baptista e Cia., 1917, p. 47.

[58]   O contrato é assinado por Ataíde, a viúva Barros, e testemunhas.

[59]   Ver a nota 15 do Primeiro Capítulo.

um editor no interior de Ceará comprou o sortimento inteiro de Ataíde, ainda assunto complexo para aqueles metidos no negócio, e o processo se repetiu. Hoje a tipografia do Cearense José Bernardo da Silva faz propaganda de ter a maior folhetaria no Nordeste. Ele já imprimiu a maioria dos folhetos com a mesma capa utilizada por Ataíde, dando, assim, a impressão que Ataíde fosse o autor. Mais tarde, dispensou as velhas capas e passou a fazer outras, usando somente o seu nome sem indicação nem de autor nem de editor.

O processo, repetido muitas vezes e ainda corrente entre os poetas, hoje, foi notado no artigo de Orígenes Lessa. Ele disse que os poetas-editores realmente acreditam que têm o direito de fazer qualquer mudança desde que compraram os direitos e os registraram. Assim eles creem que estão com todos os direitos dos autores, como se realmente fossem os mesmos. O importante para este estudo é que este processo é o instrumento que facilita a mudança do folheto da Literatura de Cordel para uma parte essencial da poesia folclórica do Brasil. É o caso de muitos dos folhetos de Leandro pelo fato de que o autor original é esquecido e a poesia, agora anônima e sem dono, é uma parte verdadeira da cultura e massas.

Um exemplo é "O Cachorro dos Mortos". As novas edições deste folheto não trazem o nome de Leandro, isso nos anos 1960. É um dos clássicos da Literatura de Cordel e já vendeu, segundo um estudo, quase um milhão de exemplares! Porém, poucos dos compradores sabem o nome de seu autor. Deve ser notado, também, que um editor de São Paulo, poucos anos atrás, começou a reeditar e publicar no Sul os folhetos comprados ou obtidos de folhetarias no Nordeste, mas muitas vezes sem indicação de autoria.[60] E não é o único caso. Este escritor achou exemplares idênticos de "Donzela Teodora", de "Panellas

---

[60] O Editorial Prelúdio, hoje a Luzeiro, de São Paulo obteve muitos folhetos clássicos do Nordeste e começou a publicá-los no Sul para vender lá e também no Norte. Os exemplares, às vezes, contêm dois ou três folhetos, quebra-cabeças, e outros relatos como o "Manuel de Boas Maneiras" em uma edição. Estas publicações são mais coloridas e mais caras do que os folhetos tradicionais do Nordeste. Os poetas do Nordeste, exceto alguns que vendem versos à Prelúdio, não gostam desta intrusão no seu mercado tradicional.

que Muitos Mexem", e do "Sinais das Mulheres", todos da autoria de Leandro, mas sem indicação de autor, em outras cidades do Norte e no Amazonas.[61]

O acróstico, no fim do poema, quando não suprimido ou alterado pelo editor, é, às vezes, útil na pesquisa do autor verdadeiro do poema. Leandro o utilizava, e agora é procedimento usual de muitos escritores. Um exemplo do Leandro é o seguinte:

> Levamos a uma análise
> Então veremos aonde vai
> A soberba é abatida
> No abismo tudo cai
> Deus torna o grande em pequeno
> Reduz fogo em sereno
> O Grande do nada sai. [62]

Sebastião Nunes Batista, filho do editor paraíbano e pesquisador da Literatura de Cordel, já escreveu sobre casos em que poemas de autoria de Leandro com acróstico no fim foram mudados para alterar ou suprimir o nome do autor. O resultado de tal pesquisa é o aumento da bibliografia conhecida de Leandro. Mais poemas se identificam. Sebastião e os outros pesquisadores da Casa de Rui Barbosa fizeram um trabalho formidável sobre este problema do cordel.

---

[61] A Donzela Teodora, cópia exata do original de Leandro Gomes de Barros, foi encontrada em Belém de Pará, sem indicação de autor. Panellas que Muitos Mexem e Sinais das Mulheres, imitações dos originais, foram comprados em Juazeiro do Ceará.

[62] Leandro Gomes de Barros. A Força do Amor. Recife, 1907, p. 40.

3. Conteúdo e Classificação da Poesia de Leandro Gomes de Barros

Uma classificação da poesia de Leandro é tão difícil como a de toda a Literatura de Cordel antiga, porque na obra dele aparecem quase todos os tipos de verso. A Parte II deste livro tratará detalhadamente o problema das classificações e oferecerá um estudo temático do cordel dos fins dos anos 1970. Existem já nos anos 1960 várias classificações, inclusive as de Gustavo Barroso, Luís da Câmara Cascudo e outros, mas Ariano Suassuna fez uma simplificação das outras que é suficiente para nosso propósito:

	Formas	Romance Peleja ABCe's Canções
Grupos de Poesia de Composição	Estrofes	Família da Sextilha Família da Décima Outras Estrofes
	Ciclos	O Heroico Do Maravilhoso Religioso e de Moralidade Cômico, Satírico e Picaresco Histórico e Circunstancial De Amor e Fidelidade[63]

---

[63]   Suassuna, op. cit., p. 28.

Alguns exemplos de como, segundo Suassuna, os folhetos de Leandro poderiam ser classificados são os seguintes:

1. Do Ciclo Heroico: As histórias do cangaceiro Antônio Silvino, "A Batalha de Oliveiros", "A Prisão de Oliveiros"

2. Do Maravilhoso: "História do Reino Pedra Fina", "Branca de Neve e o Soldado Guerreiro", "História da Princesa Magalona"

3. Do Religioso ou Moral: "O Milagroso do Beberibe:, "Os Martírios de Cristo"

4. Do Satírico: "O Dinheiro"

5. Do Histórico: "As Misérias da Época", "As Afflicões da Guerra na Europa", "Affonso Pena"

6. Do Ciclo de Amor: "A Força do Amor ou Alonso e Marinha", "A História de Mariana e o Capitão de Navio"

Leandro escreveu muitas poesias, mas talvez, como já foi dito, as que ainda hoje mais atraem a atenção do leitor são as satíricas. Um estudioso já disse que a qualidade mais interessante da Literatura de Cordel é a sátira:

> Nenhuma sátira mais terrível de que a dos sertanejos nordestinos. Talvez por ser sua vida verdadeira epopeia de resistência e dor. Com ironia percuciente, com uma finura que transparece através dos rudes versos de seus cantadores, zomba dos governos e dos homens, mete à bulha a vacina obrigatória, o imposto, o serviço militar, todas as medidas administrativas que lhe chegam em casa restringir sua imensa liberdade, único tesouro que possui numa região assolada de secas periódicas, sem estradas, sem escolas, sem justiça. Mas, nas cantigas a propósito dos tributos que lhe são cobrados, os motejos assumem ainda maiores proporções. Nunca houve povo que gostasse de pagar impostos e o matuto não faz exceção à regra geral. [64]

---

[64]   Gustavo Barroso. <u>Ao Som da Viola</u>. Rio de Janeiro, Departamento de Imprensa Nacional, 1949, p. 43.

Os temas que Barroso menciona são exatamente os de Leandro, e, de fato, os melhores exemplos citados por Barroso são da autoria de Leandro: "O Sorteio Militar" e "Debate de um Ministro Nova-Seita com um Urubú". É a originalidade, o gênio, e especialmente a crítica de Leandro que fazem deles obras-primas da Literatura de Cordel. Como disse Francisco da Chagas Batista em seu Cantadores e Poetas Populares de 1929, Leandro foi,

> O maior poeta popular de seu tempo, o que mais contribuiu para o "folk-lore" nordestino.... Espírito jocoso, sabia como ninguém traduzir os anseios populares e satirizar em versos, como um Gregório de Matos sem gramática, os preconceitos e mazelas sociais, reinantes em sua época. Os versos de Leandro não envelhecem. Todos eles estão cheios de uma profunda filosofia popular. [65]

Leandro, geralmente, tem uma atitude muito leve e jocosa, mas às vezes afia a língua até o ponto do sarcasmo, que é uma espécie de "papo-amarelo" na sua mão. É a crítica social que representa o melhor de sua obra. Como muitos dos poetas, ele sentiu certa responsabilidade e até obrigação, como "representante do povo" de criticar as injustiças da sociedade e oferecer soluções, embora pessoais, para elas.

As seguintes páginas revelarão o dito. Voltemos a vista para trás ao que escrevíamos tempos antes, agora assinalando a mestria deste grande pioneiro e líder entre os poetas de cordel.

---

[65] Francisco das Chagas Batista, op. cit., p. 114-115. Há certa razão para uma comparação entre a sátira de um escritor erudito como Gregório de Matos e o poeta popular Leandro Gomes de Barros. Os dois eram tipos boêmios, insatisfeitos com a sociedade de sua época, e, empregavam a sátira como arma principal para descrever a corrupção da sociedade. Há de notar, Gregório de Matos era repentista e era mestre na mesma arte de improvisação que praticava Leandro Gomes de Barros. A caricatura que fez Gregório de Matos do governador da Bahia pode de muito bom grado ser comparada àquele autorretrato usado por Leandro já visto. Para uma base de comparação, ver Ebion de Lima. Lições da Literatura Brasileira. São Paulo, 1963, p. 91-97.

4. Seu "Forte:" a Sátira

Vamos ver agora os temas principais na obra de Leandro e conhecer o humor e a filosofia do Nordeste através dos olhos de um de seus mais aptos escritores. [66]

Os temas vistos são:

1. Os Tempos Difíceis

2. Os Estrangeiros no Brasil

3. O Governo, a Política e a Guerra

4. A Mulher, o Casamento e a Sogra

5. O Jogo do Bicho

6. A Religião

7. A Cachaça e a Aguardente

8. O Cangaço e Antônio Silvino.

---

[66] Esta parte do livro repete em parte outros estudos feitos através os anos por este autor em várias ocasiões. Chegou a hora de juntar o feito no livro presente que tem motivo de "olhar para trás" e lembrar o feito.

1. Os Tempos Difíceis

Tema constante na Literatura de Cordel há meio século na época de Leandro, ou mesmo hoje em dia, é a queixa pelo poeta dos tempos difíceis. Neste ciclo da poesia popular, é expresso, por meio de seu comentarista o poeta popular, a ansiedade sentida pelo povo antes as dificuldades na vida. Não há nenhum limite temático, mas sim uma preocupação da moralidade da época. Parece que cada poeta está lamentando, como os pastores de Teócrito ou Dom Quixote no seu discurso com os cabreiros, ou mesmo os políticos de hoje em dia, a perda dos tempos passados de paz e amizade. Todos desejam uma vida mais simples, mais cômoda, sem tantas preocupações, aquela vida lendária e idealizada da "Idade de Ouro".

Assim é que o poeta popular se queixa da miséria, da carestia na vida, da opressão, mas especialmente da falta de moral, ou seja, "moral fibre". A universalidade deste tema da Literatura de Cordel se indica por sua semelhança a outros folclores, como, por exemplo, os "corridos " (espécie de romance cantado) mexicanos com títulos como "De la Miseria, De la Pobreza", e, "De los Oprimidos". O protesto do poeta é visto em vários métodos poéticos, alguns mais artísticos que outros. Evidente é o simples protesto sem nenhum artifício literário. Mas, o que nos interessa, especialmente na poesia de Leandro, é o artifício, neste caso a sátira que embeleza o poema.

Uma técnica, bem empregada por Leandro e ainda muito usada, é a de fingir surpresa ante as mudanças de sua época. Um exemplo da poesia de Leandro é esta seleção do folheto "O Mundo às Avessas", onde diz o poeta que o mundo era bom, mas agora já não é mais. Há doença e morte por toda a parte:

> Tudo hoje me faz crer
> Que este mundo está mudado,
> Porque têm se dado cousas

De que fico admirado.

Um dia deste um fiscal,

Queixou-se que foi multado. [67]

Ariano Suassuna aproveitou esta técnica de surpresa fingida no seu "Auto da Compadecida" quando Chicó disse quatro vezes, "Não me admiro mais". No poema citado Leandro queixa-se do fiscal, o vilão no mercado livre. A exacerbação de sua queixa, os impostos sobre os pobres, fazem do poema uma sátira interessante.

O poeta, ao mesmo tempo em que se queixa dos acontecimentos de sua época, lembra um período mais feliz, o passado. Aí entra o lirismo, a estética do poeta-comentarista. Este belo exemplo, do folheto "A Guerra, a Crise e o Imposto, Lembranças do Passado", demonstra como eram as coisas antes da Primeira Guerra Mundial e as mudanças que trouxe ao Brasil:

Era um mundo de delícias

Celeste, meigo, e risonho

Porém passou como as nuvens

Como a ilusão de um sonho

Nos deixando em seu lugar

O pesadelo tristonho. [68]

Este tom nostálgico se também no folheto "As Cousas Mudadas" quando Leandro lembra os velhos costumes da vida tradicional no interior do Nordeste: rebela-se contra a moderna vida urbana e as mudanças que ela traz para o povo. Neste folheto o poeta está empregando, inconscientemente, uma técnica satírica tão velha como a civilização ocidental. Ele diz que na cidade as mulheres vestem-se de homem, e que dentro em pouco os homens vão vestir calças e camisas enfeitadas com renda. As mulheres trabalham para

---

[67]   Barros, Leandro Gomes de. O Mundo às Avessas. In: Barros, Leandro Gomes de. "O Mundo às Avessas. O Povo na Cruz. A Caravana Democrática em Ação". Parahyba, F. C. Baptista Irmão, Typ. Da Popular Ed., s.d., p. 2-3.

[68]   Barros, Leandro Gomes de. "A Guerra, a Crise e o Imposto, Lembranças do Passado" (2.a Edição da "Guerra Geral") Recife [L. G. de Barros] s.d., p8.

manter os homens que ficam em casa fazendo serviço de mulher.[69] É a técnica chamada "impossibilia" pelo escritor Ernst Robert Curtius em seu excelente livro, "European Literature and the Latin Middle Ages". Curtius fala do tópico literário do "mundo virado" que tem, como ele explica, sua origem grega. O aspecto básico deste tema é o queixar-se dos tempos por relatar e exagerar os acontecimentos inverossímeis, "impossibilia", que caracterizam a época.[70] Desde que a exageração é técnica muito empregada pelo poeta satírico, este uso de "impossibilia" lhe convém. Existe, não só na poesia de Leandro, mas também, atualmente, na poesia do ciclo moral.[71] Excelente exemplo é o folheto de Manoel Camilo dos Santos "Por Que É Que o Mundo Está Assim Tão Atrapalhado", onde diz,

> Mulheres imitando homens
> em o lugar de "choufés"
> homens em lugar de mulheres
> trabalhando nos hotéis,
> em lugar de cozinheiras
> e as mulheres pelas feiras
> de calças, blusas e bonés.[72]

Rodolfo Coelho Cavalcante está dizendo a mesma coisa quando escreve "O Modernismo de Hoje em Dia":

> O pai não respeita filho,
> Filho não respeita o pai.
> A moça com o namorado
> Para toda parte vai...

---

[69] Barros, Leandro Gomes de. "As Cousas Mudadas" In: Barros, Leandro Gomes de. "As Cousas Mudadas. História de João da Cruz". (4º Volume) [Recife, L. G. de Barros] Typ. Moderna, s.d.

[70] Curtius, Ernst Robert, "European Literature and the Latin Middle Ages". Trans. By Willard R. Trask. New York, Harper and Row, 1963.

[71] Vejam um exemplo no folheto: Cristo Rei, João de. Pseud.. [Quinto Sobrinho, João] "Tudo É Desgosto na Vida". Juazeiro, s. ed., s.d.

[72] Santos, Manoel Camilo dos. "Porque É que o Mundo Está Assim tão Atrapalhado". Campina Grande [M. Camilo dos Santos] s.d.

Bota os costumes de fora
Perde o brilho e tudo cai!... [73]

Um exemplo final de poesia deste tema é o folheto "Os Filhos do Rei Miséria". Nele Leandro emprega figuras alegóricas para delinear a fonte da miséria no mundo. Depois de fazer a gênese original, o poeta aponta os descendentes do Rei Miséria, todos os tipos da sociedade que molestam a ele ou ao povo.

Os filhos do rei miséria
Foram: Azar, e Desgraçado,
Depois nasceram mais dous.
Sem Sorte, e Desconsoldado
Depois nasceu a Derrota
Casou com Mal Aditado.
Desse desditoso par
Foi que veio a geração
De oficial de justiça
Juiz de órfão, e escrivão
Fiscal, e condutor de trem
Coletor e sacristão. [74]

---

[73]   Cavalcante, Rodolfo Coelho. "O Modernismo Hoje em Dia". 1ª edição, Salvador. [R.C. Cavalcante] 1966, p. 3.

[74]   Barros, Leandro Gomes de. "Os Filhos do Rei Miséria". p. 1. [Exemplar sem capa e contracapa. Do folheto constam: "Os Filhos do Rei Miséria, A Creação da Aguardente e Concluzão do Reino da Pedra Fina"]

2. Os Estrangeiros no Brasil

Leandro Gomes de Barros gostava de ridicularizar os estrangeiros no Nordeste. Era mestre na paródia da fala. Os dois grupos mais escolhidos para a brincadeira eram os ingleses e os portugueses. Aqueles eram os responsáveis pela construção e manutenção da primeira estrada de ferro ligando o Recife às outras cidades do interior pernambucano, simbolizando o capital estrangeiro. É, geralmente, em relação ao trem que Leandro critica o inglês porque ele, como poeta e vendedor de folhetos, viajava muito ao interior para vender seus versos. Os imigrantes portugueses, no geral pequenos comerciantes, eram uma fonte de piadas para os brasileiros por sua fala e modos de negociar.

Descrevendo o viajar na "Great Western" em 1906, Leandro lamenta a quantidade de condutores nos trens, e as reformas que faziam na cobrança das passagens:

> Alerta rapaziada
> Da margem da Great Western,
> O inglês fez uma coisa;
> Acho que queira Deus preste!
> Botou coletor nos trens
> Matou morcego por peste.
>
> Eu nunca vi esta estrada
> Como agora desta vez,
> Outrora tinha um fiscal,
> Agora tem dois ou três.
> Não viaja mais no mole,
> Nem mesmo a mãe do inglês.
>
> ... Se o Papa chegar aqui
> Tem que comprar a passagem,

Santidade é uma coisa
Que não vai nada de viagem
Se não comprar o bilhete
Só vai se for na bagagem...

E se alguém for se queixar
Diz-lhe o inglês: o senhor
Deve agradecer a mim
Ter trem seja como for,
Mim bota trem no Brasil
Para fazer-lhe favor. [75]

A gramática incorreta, especificamente pronomes e verbos trocados, é o método óbvio de ridicularizar a fala atrapalhada dos empregados ingleses. Exagera o rigor de cobrar passagem, de não deixar os morcegos (passageiros clandestinos), nem o Papa, viajar. A ironia do último verso explica-se porque o trem era qualquer outra coisa, menos um favor para os brasileiros.

Outro folheto de interesse político além da atitude para com os ingleses é "Afonso Pena". O político vem visitar o Nordeste e chega acompanhado dos ingleses:

Dizia um inglês:
Mim vai chaleirar
Que é para ganhar
Brasil desta vez
O cálculo mim fez
E ganha dinheiro
Mim é estrangeiro
Sabe andar subtil
Mim compra o Brasil

---
[75]   Barros, Leandro Gomes de. Os Collectores da Great Western. In: Barros, Leandro Gomes de. "Os Collectores da Great Western". "A Cancioneta dos Morcegos." "Peleja de José do Braço com Izidro Gavião". Parahyba, Typ. Da Popular Ed., s.d., p. 1.

E vende Brasileiro. [76]

Um exemplo final da atitude do poeta para com os ingleses encontra-se no folheto "O Dinheiro". (Outra história popular adaptada por Ariano Suassuna em seu "Auto da Compadecida"). Neste clássico da Literatura de Cordel o poeta lamenta o materialismo no mundo, o poder de "Dom Dinheiro/ poderoso cavalheiro", e, então, para ilustrar sua ideia toma emprestada da tradição popular a história do inglês e o cachorro. Esta citação do folheto não só demonstra o ponto de vista do poeta a respeito do poder do dinheiro, mas também, a cobiça do clero:

> Um inglês tinha um cachorro
> De uma grande estimação
> Morreu o dito cachorro
> E o inglês disse então:
> Mim enterra este cachorro
> Inda que gaste um milhão.
>
> Foi ao vigário lhe disse:
> - Morreu cachorro de mim
> E urubu do Brasil
> Não poderá dar-lhe fim,
> Cachorro deixou dinheiro:
> Perguntou o vigário, assim?
>
> Mim quer enterrar cachorro
> Disse o vigário oh! Inglês!
> Você pensa que isto aqui
> É o país de vocês?
> Disse o inglês oh! Cachorro!

---

[76] Barros, Leandro Gomes de. Affonso Pena. In: Barros, Leandro Gomes de. "Affonso Pena. A Orphã. Uns Olhos. O Que Eu Creio". 1º volume. Recife Imprensa Industrial [1906] p. 5.

Gasta tudo desta vez. [77]

O folclore do imigrante português é rico na poesia popular. Ele é visto como trabalhador e, ao mesmo tempo, cobiçoso. Mas, é a sua luta pelo dinheiro e seus métodos para obtê-lo que ficaram famosos na Literatura de Cordel. Em "O Tempo de Hoje" Leandro brinca com o comerciante português: parodia seu sotaque e seus métodos. O poeta fala da boa época antes da Primeira Guerra Mundial, dos preços razoáveis e da vida cômoda:

> No tempo passado
> O freguês chegava
> Tudo adulava
> Muito interessado.
> O português de um lado
> Muito satisfeito,
> Dizia com jeito:
> "Benha se sentare
> Querendo mamare
> Está aqui o peito".[78]

O português em Portugal também interessou ao poeta. Num folheto já citado, Leandro descreve a situação da Europa durante a Primeira Guerra Mundial: Sérvia, Bélgica e Áustria mordendo-se, Inglaterra e Rússia com sangue fervendo, para falar da situação em Portugal:

---

[77] Barros, Leandro Gomes de. O Dinheiro. In: Barros, Leandro Gomes de. "O Dinheiro. Casamento do Sapo. Últimas Palavras dum Papa". Recife [L. G. de Barros] 1909, p. 4.

[78] Barros, Leandro Gomes de. O Tempo de Hoje. In: Barros, Leandro Gomes de. "O Tempo de Hoje. O Sorteio Militar". Guarabira, Pedro Baptista, 1918, p. 5.

Diz Lisboa: eu estou aqui
De pé firme não me mudo
Se a Inglaterra gritare
Já que eu corro e acudo
Bai mulhere, bai suldado
Bai gato, cachorro e tudo. [79]

Chega. Não fica dúvida do humor e a língua jocosa de Leandro para com os estrangeiros.

---

[79]   Barros. "A Guerra, Crise ..., p. 5.

3.   O Governo, a Política e a Guerra

Devida à temática, esta porção da poesia é a mais satírica e a mais brusca no tom. E assim é porque os problemas realmente sérios do Nordeste são aí apresentados. Naquela época o povo sofria de toda espécie de misérias – os efeitos das secas, os impostos e alto custo da vida, a falta de justiça devida à corrupção na política regional. (E hoje é diferente?) A respeito da Primeira Guerra Mundial, o tema de maior preocupação era o sorteio militar.

A divisão de impostos devido ao governo estadual e à prefeitura, e a desigualdade de recursos entre os estados prósperos e o Nordeste são apresentados primeiro em "O Dez-réis do Governo", e depois, em forma metafórica no excelente poema de Leandro, "Panellas que Muitos Mexem":

> O mundo vai tão errado
> E a cousa vai tão feia
> A garantia do pobre
> É pontapé e cadeia;
> As creanças já não sabem
> O que é barriga cheia.
>
> A Semana tem seis dias
> Quem quiser andar direito
> Há de dar dous ao estado
> E dois e meio ao prefeito,
> E não há de se queixar

Nem ficar mal satisfeito. [80]

O Brasil hoje que está
Figurando uma panela
A política, cozinheira
Está tocando fogo nela
Mais tem mil mortos a fome
Por ali a redor dela.

... Foi mesmo como a política
Desse governo atual;
O Brasil é a panela,
O Estado bota sal,
O Município tempera,
Quem come é o federal.

... O Brasil um burro velho
Que já está de língua branca
Tanto peso em cima dele
Esse desgraçado estanca
O Rio montou-se no meio
S. Paulo saltou na anca.

... Bahia, Rio de Janeiro,
São Paulo e Minas Gerais,

Esses dizem o burro é nosso
A ninguém pertence mais

---

[80] Barros, Leandro Gomes de. O Dezréis do Governo. In: Barros, Leandro Gomes de. "O Dezréis do Governo. Conclusão da Mulher Roubada. Manoel de Abernal e Manoel Cabeceira". Recife, Typ. Miranda, 1907. P. 4.

Diz Porto Alegre isto é
Filho dos meus Arsenais. [81]

As ricas imagens que se podem ver só raramente na Literatura de Cordel (é poesia narrativa na sua essência) aparecem em outro poema de Leandro, "Um Pau com Formigas":

Chamam este século das luzes
Eu chamo o século das brigas
A época das ambições
O planeta das intrigas
Muitos cachorros num osso
Um pau com muitas formigas.

Então depois da república
Tudo nos causa terror
Cacete não faz estudo
Mas tem carta de doutor
A cartucheira é a lei
O rifle governador. [82]

O desgosto sentido pelo poeta é evidente no contraste de "luzes" com "brigas", "ambições" e "intrigas". A crítica contra o governo daqueles tempos e seus doutores pode ser notada no folheto, "Doutores de 60", quando zomba do suborno de funcionários públicos, para comprar os títulos. As imagens de "cartucheira" e o "rifle" são comuns na poesia de Leandro, especialmente quando descreve a falta de justiça e o cangaço no sertão nordestino, durante a época do coronelismo até o fim de 1930. É o ciclo do cangaço que reflete a atitude básica do poeta e do povo a respeito da falta de justiça, a ser vista noutra

---

[81]   Barros, Leandro Gomes de. Panellas que Muitos Mexem. In: Barros, Leandro Gomes de. "A Secca do Ceará. Panellas que Muitos Mexem" (Os Guisados da Política) Parahyba, Typ. Da Popular Ed., s.d., p. 9, 12, 13, 14, 16.

[82]   Barros, Leandro Gomes de. "Um Pau com Formigas" [Recife, L. G. de Barros, 1912] p. 1-2.

parte do livro. Basta dizer que o poeta acreditava que o cangaço existia por causa deste problema.

"A Seca do Ceará" indica bem a situação econômica espalhada através do Nordeste pela seca, e os débeis esforços do governo a aliviar a miséria:

> Santo Deus! Quantas misérias
> Contaminam nossa terra!
> Na Europa assola a guerra
> A Europa ainda diz
> O governo do país
> Trabalha para o nosso bem
> O nosso em vez de nos dar
> Manda logo nos tomar
> O pouco que ainda se tem.
>
> ... Alguém no Rio de Janeiro
> Deu dinheiro e remeteu
> Porém não sei o que houve
> Que cá não apareceu
> O dinheiro é tão sabido
> Que quis ficar escondido
> Nos cofres dos potentados
> Ignora-se esse meio
> Eu penso que ele achou feio
> Os bolsos dos flagelados. [83]

O pessimismo fica em contraste à ironia jocosa na segunda estrofe, a mesma ironia comentada por Gustavo Barroso no seu livro. É por meio da ironia e personificação do dinheiro que o poeta consegue criticar, mas também distrair.

---

[83] Barros, Leandro Gomes de. A Secca do Ceará. In: Barros, Leandro Gomes de. "Batalha de Oliveiros com Ferrabrás". "A Sêcca do Ceará". Guarabira, Pedro Baptista, 1920. P. 41, 42-3.

Os poemas de Leandro sobre a Primeira Guerra Mundial comentam em geral os efeitos ruins da Guerra em si mesma, mas um aspecto particular parecia provocar a veia satírica – o sorteio militar. Deste tema há muitos folhetos; o mais conhecido aquele citado por Barroso, "O Sorteio Militar". O mesmo poema, em outra edição, tem por titulo "O Sorteio Obrigatório". Leandro fala do efeito no povo do Nordeste:

... Nasceu aqui no Brasil
Já sabe há de ser soldado
Só se tiver a furtuna
De ser cego ou aleijado
Se for em tempo de guerra
Nem assim é dispensado.

... Disse um sertanejo velho
Não vou lá, haja o que houver,
É mais fácil desfazer-me
De alguns bichos que tiver
Vendo as bestas das meninas
E o melado da mulher.

... Até eu com essa idade
Já está me dando gurgulho
Não posso nem mais correr
Quando chegar o barulho
Ando também receado
Não me botem no embrulho. [84]

Em resumo, pode-se ver que a concepção de política do poeta popular é exposta em termos muito gerais. Essencialmente, Leandro lamenta uma situação que ele não pode resolver. Não critica tanto um político ou partido específico, mas acredita que nenhum deles ajuda o povo. Não oferece solução outra que resignação e uma atitude irônica. Esta atitude refletida

---

[84]   Barros, Leandro Gomes de. O Sorteio Obrigatório. In: Barros, Leandro Gomes de. "O Sorteio Obrigatório e Duas Noivas Trocadas". Recife, Typ. Mendes, s.d., p. 2, 3.

na poesia de Leandro é encontrada hoje em dia (fins dos anos 1960). Com exceção de uns pouquíssimos folhetos impressos por agentes pagos da agitação política, o poeta lamenta e emprega seu único instrumento de poder – a pena. Como diz Manoel Camilo dos Santos na última página do folheto já citado, "Todos sofremos, e, só seremos felizes, quando nos lembrar de que não somos os únicos a padecer neste ergástulo chamado terra.... Sofrer com resignação, é sanear a alma num Jordão purificador e linfas mais alvas que o diamante; que são as próprias lágrimas". [85]

---

[85]   Santos, M.C. dos. "Porque É Que o Mundo ...."

4.   A Mulher, O Casamento e a Sogra

O papel da mulher é importante em todos os folclores, sendo ela objeto de amor e
consideração, mas também o instrumental social que tira a liberdade do homem. Na sátira,
é claro, este último aspecto da mulher é a munição do poeta. Um bom exemplo de Leandro
é o folheto "Gênios das Mulheres" que começa por descrever a mulher:

> Tem bem no pé da laringe
> Uma válvula de amargura
> Por onde dispede a ira
> E entra a maldade pura
> Então ao baço encostado
> Tem um cofre preparado
> Para cálculos de iludir,
> Junto do rim um depósito
> Formado ali a propósito
> Para a qualquer consumir. [86]

Daí o poeta descreve os méritos do casamento e a tolice de um velho que decide casar-se,
no folheto "O Casamento do Velho"):

> ... Que quem aos vinte anos não barba
> Quem aos quarenta não tem
> Aos vinte cinco não casa
> Nem um dos três obtem.
>
> ... Carreira de velho é chouto
> Homem de 70 anos
> É engenho de fogo morto

---

[86]   Barros, Leandro Gomes de. Gênios das Mulheres. In: Barros, Leandro Gomes de. "Gênios das
Mulheres. A Mulher Roubada. Um Beijo Áspero. Ave-Maria da Eleição". Recife, Typ. Miranda,
1902. p. 2.

> Seu barco é um ataúde
> A sepultura é um porto. [87]

Continua, dizendo que é bobagem se casar assim. O homem sabido que nunca se casou diz:

> A mulher numa algibeira
> Chama-se tiro seguro
> Porque ela entra num bolso
> Que só fogo no munturo
> Só trinchete em melancia
> Culher em mamão maduro. [88]

Uma sequência na obra de Leandro é a série de poemas tratando das sogras. O mais conhecido deste tema é "Vacina Para Não Ter Sogra". A sogra, segundo Luís da Câmara Cascudo, é "Motivo universal de ódio e rancor convencional por parte dos genros. Versos, anedotas, provérbios, pilhérias, em todas as línguas do mundo, torna a sogra objeto de ridículo feroz, de permanente intriga, inimiga do lar e dar paz doméstica. Era o mesmo entre gregos e romanos".[89]

Eis os versos hilariantes do poeta em "Vacina":

> Por que é que a medicina
> Estuda tanto e não logra
> Por exemplo um preparado
> Que dê mais valor a droga?
> Por que razão não inventa
> Vacina para não ter sogra?
> Isto dizia eu um dia,

---

[87]   Barros, Leandro Gomes de. O Casamento do Velho e Um Desastre na Festa. In: Barros, Leandro Gomes de. "O Casamento do Velho e um Desastre na Festa. Vingança de um Filho (Conclusão)". Recife [L. G. de Barros, 1913] p.2.

[88]   *Ibidem*, p. 3.

[89]   Cascudo, "Dicionário do Folclore Brasileiro". 2a edição revisada e aumentada. Rio de Janeiro, Instituto Nacional do Livro, 1962. V. 2, p. 702-703.

Falando com um inglês.
Disse o inglês: Mim já viu
Essa vacina uma vez,
É um remédio sublime,
Mim antes de casar fez.

Eu então lhe perguntei:
Como é essa vacina?
Disse o inglês: Oh! Tu pega
Uma sogra bem ferina
Bota o cuspo dela em ti,
Que sogra aí amofina.

... Com essa vacina, agora
O mundo há de melhorar,
A terra toma um impulso,
Tudo há de prosperar,
A mocidade de agora
Não teme mais se casar. [90]

---

[90] Barros, Leandro Gomes de. Vacina Para Não Ter Sogra. In: Barros, Leandro Gomes de. "A Mulher na Rifa. Vacina Para Não Ter Sogra. Noite Phantástica. Chromo". Recife [L. G. de Barros] s.d., p. 9-10.

5. O Jogo do Bicho

Na poesia do jogo, este chega a ser uma espécie de anti-herói que representa uma oportunidade para o pobre melhorar sua sorte e ficar próspero. Esta atitude se vê no comentário de Luís da Câmara Cascudo quando diz do jogo: "Nasceu o jogo do bicho no Rio de Janeiro em 1893, e em 1905 estava vitorioso em toda parte. Contra eles a repressão policial apenas multiplica a clandestinidade. O jogo do bicho é invencível". [91]

No verso de Leandro todos jogam, inclusive o clero, e não falta oportunidade para satirizar vários tipos da sociedade. O governo tentou fechar o jogo e resultou em muitos poemas, entre eles o seguinte. Em "A Ausência dos Bichos", o poeta fala de viúvas que não lamentam a morte dos esposos, mas choram a proibição do jogo; de um homem que reza no meio da rua para ter sorte, de velhos que fazem promessas a São João para serem premiados, de um bêbado que ganha o pão por interpretar os sonhos dos jogadores. O clímax do poema é esta oração em forma de paródia que pede a volta do jogo (cruelmente proibido pela justiça), oração dirigido por casualidade a um dos bichos:

> Avestruz, ave celeste,
> Tem piedade de nós!
> De que forma fica o mundo
> Sem auxílio de vós?
> Desde que os bichos faltaram
> O povo anda todo atroz. [92]

---

[91] Cascudo, "Dicionário do Folclore Brasileiro", v. 2, p. 398.

[92] Barros, Leandro Gomes de. A Ausência dos Bichos". In: Barros, Leandro Gomes de. "A Ausência dos Bichos. A Defesa da Aguardiente. Ave-Maria da Eleição". Belém, Ed. Guajarina, 1939, p. 3.

6.   A Religião

Nesta categoria se encontram alguns dos melhores poemas satíricos, e, talvez, o poema mais conhecido de Leandro Gomes de Barros. Mesmo sendo católico, o poeta não suportava a cobiça de certos padres, ao menos, o que lhe parecia cobiça. Vai se ver que era forte na fé, mas não tolerava o que considerava corrução no clero. Defendia os princípios aceitos naquela época pela maior parte dos católicos nordestinos. Um belo exemplo de sua luta pessoal contra a corrução do clero já foi visto em "O Dinheiro". "O Padre Jogador" é mais uma crítica mordaz:

> Conheci muito esta alma,
> Um padre velho baiano,
> Se fingia muito humilde,
> Caritativo e humano,
> Pelas unhas ganhou rato,
> No quengo deu em cigano.
>
> Gordo como um suíno
> Preguiçoso em demasia,
> Pidão como retirante,
> Contava tudo o que via,
> E para jogar dinheiro,
> Não tinha noite nem dia.
>
> Nos sermões ele dizia,
> Maldito é o jogador.
> Quem for jogar com um padre,
> E ganhar seja o que for,
> É um pecado ganhar,

De um ministro do Senhor.... [93]

Pois bem, embora critique às vezes o clero, a maior parte de sua poesia satírica de tema religioso diz as verdades dos "nova-seitas", os missionários protestantes no Nordeste. Um acontecimento histórico causou este sentimento tão forte no poeta, e também a crítica e raiva do sertanejo:

> No fim do século XIX em diante, missionários bem pagos de igrejas e confrarias protestantes, geralmente norte-americanas, têm conseguido fundar capelas e estabelecer núcleos religiosos, tanto nas capitais nordestinas como nas cidades do sertão, os quais procuram sempre catequizar novas ovelhas para seu rebanho. Essa lenta descristianização de nossas populações tradicionalmente católicas encontra no seu caminho a resistência oposta pelos sacerdotes e pelo próprio povo. O protestantismo é denominado pelos sertanejos "Nova-Seita" e aqueles que o abraçam muitas vezes ridicularizados. Esse choque de ideias religiosas vai bem documentado nesta sátira poética popular. [94]

O poema "Debate dum Ministro Nova-Seita com um Urubu" é uma discussão, ou debate, das crenças da Igreja Católica onde um urubu defende a Virgem Maria e outras crenças não aceitas pelo protestante. A ironia e o sarcasmo de Leandro fazem dele um clássico na Literatura de Cordel. Começa com a morte de uma velha nova-seita e a chegada de Mestre Urubu e seus "maninhos". Devido ao tamanho do poema e regras acadêmicas, só podemos citar umas poucas estrofes do poema para dar o sabor do mesmo.

> ... Mestre Urubu viu a véia,
> Onde esticou a canela,
> Disse aos outros urubus:
> -- Meus maninhos, vamos a ela!
> Enquanto Deus não manda outra,
> Vamos roendo naquela!

---

[93]   Barros, Leandro Gomes de. O Padre Jogador. In: Barros, Leandro Gomes de. "O Padre Jogador. Morte de Alonso e Marina". 2º Volume, Recife [L. G. de Barros] 1910, p. 1.

[94]   Barros, Gustavo. "Ao Som da Viola", p. 430.

O urubu discute com o ministro a nova religião, o que vai acontecer com a alma da protestante, e defende o Catolicismo:

> ... Não achas mais poesia
> Na velha religião?
> Jejuar pela Quaresma,
> Soltar fogos em São João,
> Ir à missa do Natal,
> Ouvir a Santa Missão?
>
> ... Que vantagem crer em Cristo
> Sem crer na Virgem Maria?
> Jesus não teve uma mãe,
> Como diz a profecia?
> Como vocês negam isso,
> Usando de hipocrisia?
>
> ... Esses hinos de vocês
> Que influem na religião?
> Mais vale um samba de palmas
> Do que sua devoção.
> Um urubu como eu sou
> Faz melhor sua oração.

A discussão segue, debatendo o uso da Bíblia pelo protestante, e o urubu finalmente perde a paciência e diz:

> Eu nem quero vê-lo mais,
> Você vem me inquisilar,
> Caipora de nova-seita
> É danada pra pegar.
> Leve o diabo da velha,
> Ou coma, ou mande enterrar!

> Mestre Urubu bateu asas
> E disse – Vamos negrada,
> Não comamos desta velha,
> Que ela está amaldiçoada!
> Um urubu perde o bico,
> Se come esta excomungada![95]

O poema acaba mandando o urubu para o diabo, e, em resposta, o urubu dando-lhe figa ao protestante. Por casualidade presenciam o debate inteiro um santo e o diabo; o santo diz que o urubu "fala bem" e o diabo diz, "Amém"!

É a ironia que manda nesta obra-prima de Leandro, o óbvio sendo que o campeão da fé seja um urubu! Como Câmara Cascudo fala do urubu no folclore, "É esperto, astuto, raramente enganado".[96] O Catolicismo se defende e são os Protestantes que "perdem o bico"!

---

[95] Barros, Leandro Gomes de. "Debate de um Ministro Nova-Seita com um Urubu". In: Barroso, "Ao Som da Viola", p. 430-435.

[96] Cascudo, "Dicionário do Folclore Brasileiro", v. 2, p. 762.

7.   A Cachaça e a Aguardente

Na introdução falamos do tema tão prevalente na Literatura de Cordel, os costumes dos cantadores e glosadores de verso ao tomar inspiração na aguardente e do evidente gosto pela mesma do próprio Leandro. Escreveu muitos poemas e editou vários folhetos louvando a mesma. Colocamos aqui um pequeno trecho de só um poema para dar o sabor das centenas de versos feitos pelo poeta. Vem do poema "O Adeus da Aguardente:"

Adeus Aurora
Sonho meu dourado,
Hino divino
Que a sonhar cantei
Barril gentil
De aguardente rente,
Planta que encanta
Por quem louco andei.

... Dias passados
Sonhos meus dourados,
Vida florida
Flor que nasce e morre,
Momentos lentos,
Que passei e gozei;
Calçada amada
Em que eu curtia o porre. [97]

---

[97]   Barros, Leandro Gomes de. O Adeus da Aguardente. In: Barros, Leandro Gomes de. "O Rei Miséria. O Adeus da Aguardente. O Reino da Pedra Fina". Recife [L.G. de Barros] 1910, p. 6, 8.

8. O Cangaço e Antônio Silvino

Um dos ciclos mais importantes de Literatura de Cordel se ocupa do cangaço no Nordeste. O número de poemas, orais e escritos, que tratam destas figuras lendárias é grande. A situação histórica que influía para criar o cangaço, e os esforços do governo para combatê-lo compõem um dos capítulos mais interessantes da história nordestina. Há uma literatura extensa sobre o tema, e é importante também no estudo das letras nordestinas desde que ambas as literaturas, a culta e a popular, têm-se preocupado com suas causas, seus heróis, e seus resultados sociais. Explicações de sua grande importância são muitas, inclusive baseadas em teorias sociológicas, psicológicas e econômicas.

O nosso interesse é *a atitude* do poeta popular, em particular a de Leandro Gomes de Barros, quando escreve sobre o cangaço. Leandro e um colega, Francisco das Chagas Batista, fizeram de Silvino uma lenda permanente no Nordeste. Antônio Silvino, ao contrário do talvez mais conhecido Lampião, se considerava um homem honesto que foi constrangido a entrar no cangaço por causa do assassínio de seu pai. A tradição popular informa que ele se rebela contra a falta de justiça no sertão. É considerado uma espécie de "Robin Hood" devido às proezas e sua atitude para com o povo. Baseada nestas crenças, vistas na poesia, é nossa opinião que nela Leandro estava defendendo a ideologia do povo, representado pelo cangaceiro, contra as injustiças e a falta de lei na época.

As poucas estrofes tiradas de muitíssimos poemas por Leandro sobre o cangaceiro expressam um dos pontos altos de sua arte – a beleza poética das imagens. Indiretamente, como parte da obra total sobre o tema, criticam, e, opinam, e até certo ponto satirizam. Na história do Nordeste e seu povo às vezes um ou outro estudioso lamenta que o povo nunca chegasse à revolução, como por exemplo, o que aconteceu no México. Mas a coragem individual fica aparente nestes versos tão belos de Leandro Gomes de Barros

Em "Os Cálculos de Antônio Silvino" conta o cangaceiro sua destreza na arte:

Preparo meus cachorrinhos

> E grito: rapaziada,
> Defunto é minha lavoura,
> Esse rifle é minha enxada,
> A chuva é esse facão,
> Eu sou filho do sertão,
> Nunca errei uma caçada. [98]

Depois de ter perdido muitos dos "meninos" num tiroteio com a polícia, Silvino lamenta suas mortes em "As Lágrimas de Antônio Silvino por Tempestade":

> Eu choro a falta que faz-me
> Todos os meus companheiros,
> Qual Carlos Magno chorou
> Por seus doze cavaleiros!
> Nada me faz distrair
> Não deixarei de sentir
> A morte dos cangaceiros. [99]

E, em fim, Silvino diz que a sua presença causa respeito e reduz os "macacos" [policias] ao silêncio, nesta bela estrofe final:

> Pergunta o vale ao outeiro,
> O imã à exalação,
> O vento pergunta à terra,
> E a brisa ao furacão,
> Responderam todos em coro:
> Esse é o rifle de ouro,
> Governador do sertão! [100]

---

[98] Barros, Leandro Gomes de. Os Cálculos de Antônio Silvino. In: Barros. "As Proezas de Antônio Silvino", p. 9.

[99] Barros, Leandro Gomes de. "As Lágrimas de Antônio Silvino por Tempestade", p.7.

[100] Barros, "As Lágrimas de Antônio Silvino por Tempestade", p. 10.

Nestas três estrofes há um resumo daquelas qualidades que fazem de Leandro Gomes de Barros o protótipo do poeta-comentarista social. Nelas Leandro expressa a beleza e a força lírica da Literatura de Cordel.

Depois deste capítulo falando, em nossa opinião, do melhor poeta de toda a Literatura de Cordel, devido ao desejo de saber mais do poeta popular – como pensa, o que acha de si mesmo e de seu papel na sociedade, e o escreve da mesma–prosseguimos a outro capítulo do livro. Achando que o poeta de cordel é quem sabe de sua profissão, fizemos um questionário dirigido aos poetas populares nos anos 1960. Indagamos sobre vários assuntos da Literatura de Cordel e também sobre questões pessoais, como a vocação de ser poeta. As repostas, dadas nas palavras exatas dos poetas, revelem muito sobre eles, e ainda mais sobre a cultura popular do Brasil. Tudo será visto no Capítulo Três dessa PARTE I do livro.

Capítulo Terceiro: Entrevistas Escritas Pedidas a Poetas Populares da Literatura de Cordel

As seguintes entrevistas foram feitas em março, abril e maio de 1967. Foram escritas, feitas através o correio, talvez a primeira vez esta técnica fosse usada no Brasil, isso por necessidade, a única maneira de deixar os poetas pensar e meditar sobre as perguntas. Saiu bem a ideia. As perguntas foram divididas em dois grupos, segundo o propósito de cada qual:

O primeiro grupo, números 1-5, tinha como propósito descobrir se o poeta de cordel considera-se verdadeiro representante do povo, se os problemas do povo são expressos na sua poesia, se tem a liberdade para expressar suas ideias sobre a situação social do povo (lembremos que estamos no começo da ditadura militar dos anos 1960 a 1985), e, para descobrir de onde veio a ideia de escrever assim, como defensor, porta-voz do povo.

O segundo grupo, números 6-11, foram para saber de generalidades da profissão de poeta popular de cordel ou seja poeta de bancada: o motivo de ser poeta popular, a dívida do poeta popular para com a tradição literária popular, a produção poética de cada poeta, o seu sistema de vendas, e a sua opinião sobre o melhor cantador ou poeta popular do cordel.

Os poetas responderam em forma variável, uns respondendo diretamente às perguntas em ordem consecutiva, outros em forma narrativa. As respostas foram maravilhosas, e, dão-nos um retrato colorido e correto do vate popular. (Até o ponto de algumas delas serem utilizadas, com a nossa permissão, por Ariano Suassuna no seu retrato do poeta popular em "A Pedra do Reino"). É de o maior interesse comparar estas respostas de 1967 com as mais completas sobre assuntos variáveis feitas mais de dez anos depois em 1978 e 1979. Achamos que a perspectiva ganha nesta comparação irá muito longe para entender "a voz dos poetas" da literatura de cordel.

As respostas de 1967 mostram muito bem o caráter do poeta popular: o orgulho que sente ao ser verdadeiro homem de talento especial, a responsabilidade que sente para com o povo ao escrever reportando o essencial da vida do mesmo e instruir o homem do campo por meio de seus versos. Mostram também um alto sentido de justiça social, o desejo de premiar o Bem e castigar o Mal. Há casos, evidentemente, quando seus versos realmente influem nas autoridades para efetuar a justiça reclamada. E, finalmente, mostram que o cordel atinge um grande número de leitores, isto visto nas cifras de produção de folhetos pelos poetas. O que temos é um retrato de uma pessoa orgulhosa, no bom sentido, uma pessoa digna, de muita integridade, que representa em seus versos o povo e sua vida no Nordeste do Brasil.

Foram apresentadas as seguintes perguntas aos poetas:

1. O senhor considera-se porta-voz do povo?

2. São representados em sua poesia os problemas e as queixas do povo? Se puder, cite exemplos de sua autoria.

3. O senhor, alguma vez, foi proibido ou perseguido por escrever ou vender seus versos? Por quê? Qual o resultado?

4. Se escrever este tipo de verso, de onde tirou a ideia de escrever assim? Considera esta atitude uma obrigação do poeta popular?

5. Acredita o senhor que em um romance, onde um cangaceiro ou um herói-vaqueiro luta contra um fazendeiro cruel, que aquele faz uma ação justa?

6. Por que o senhor quis ser poeta?

7. Como chegou a ser poeta? Escutou a outros? Fez experiência própria? Já foi alguma vez violeiro? Ainda é?

8. O senhor já leu ou decorou histórias velhas e tradicionais? Acredita que estas histórias influem muito em suas ideias ou poemas?

9. Quais folhetos do senhor tiveram mais sucesso? Qual a quantidade vendida?

10. Como é seu sistema de vendas?

11. A quem considera o melhor cantador ou poeta popular?

Eis os resultados do questionário.

JOSÉ COSTA LEITE. Condado, Pernambuco

José Costa Leite, Xilógrafo, Poeta e Editor de Cordel, João Pessoa, 2005

1. Não. Considero-me um pequeno instrutor das classes mais humildes, os homens do campo.

2. Não. A minha base de escrever é a seguinte: Traçar gracejos sem pender para o lado licencioso e enredos vantajosos, ainda que sejam imaginários as queixas e os problemas do povo, hoje em dia, é assunto proibido.

3. Não. Nunca fui proibido de vender meus versos.

4. O poeta popular não é obrigado a escrever, escreve o que quer e deseja desde que não atinja A nem B.

5. O vaqueiro deve vencer ao velho sem o matar, e casar-se com a filha do mesmo, pelo menos o pessoal quer que seja assim, e o poeta popular só arranja o pão em seus versos quando sabe agradar o povo.

6. Eu não quis ser poeta, a poesia quis que eu o fosse; ninguém chega a ser poeta sem que traga o dom ao nascer.

7. Não. Nunca cantei nem escutei a outros, não fiz experiência, a poeta brotou em meu pensamento como a verdura nasce no campo.

8. Tenho lido histórias velhas e aproveito o enredo, totalmente ou parcialmente, quando ainda não explorados por alguém.

9. Vários folhetos dos meus tiveram uma grande aceitação pelo povo. Em 1º lugar estão "O Dicionário do Amor" e "A Carta Misteriosa do Padre Cícero Romão". O 1º, em várias edições, já foram vendidos mais ou menos 200 mil exemplares, e o 2º, 150 mil exemplares, calculadamente.

10. O meu sistema de vender é a maior parte a varejo e também, às vezes, aos colegas do ramo, em cento.

11. (Não respondeu o poeta).

23 de abril de 1967[101]

---

[101]   É de notar que Costa Leite ainda escrevia e vendia quarenta anos depois, um dos mais prolíficos e melhores poetas de bancada. E também já era reconhecido como um dos grandes artistas de xilogravura do Nordeste! Só nos conhecemos pessoalmente em 2005 no Congresso Sobre a Literatura de Cordel em João Pessoa. Considero-me abençoado haver tido a oportunidade!

JOAQUIM BATISTA DE SENA. Fortaleza, Ceará

1. Sim, porque sou raro do povo e ele me considera como filho das musas, me entende, me crê, me aplaude, me escuta e me atende. Eu lhe ensino sentir, vibrar, cantar, chorar, sorrir e amar.

2. Por isso as queixas do povo são representadas por mim em minhas poesias.

3. Esta parte é de muita responsabilidade, porque o poeta do povo deve saber defini-lo nas suas partes internas e externas, psicológicas ou sociológicas, nas políticas e nos conceitos religiosos. Visto que nos sertões do Brasil esta literatura é quem divulga os grandes acontecimentos. N.B. Há anos passados o poeta Laurindo Gomes Maciel influenciado pelo catolicismo, escreveu um livro contra o comunismo e saiu a vender de feira em feira, de cidade em cidade e por todos os sertões dos Estados do Nordeste: Pernambuco, Paraíba, Rio Grande do Norte, etc. Advertindo o povo para uma revolução contra o regime. Resultou que ao explodir a revolução comunista no ano de 1935, na capital de Natal, no Rio Grande do Norte, os sertanejos estavam preparados para um choque contra os revoltosos. Se reuniram fazendeiros, moradores, armados de espingardas, rifles e até metralhadoras. Piquetaram os inimigos travando uma luta temerosa e na batalha, espedaçaram 12 caminhões dos revoltosos, lá nas curvas da Serra do "Doutor" entre Santa Cruz de Ynharé e Currais Novos. Daqueles revoltosos não escapou um para contar a história. Conclusão: por causa disso, o poeta Laurindo desapareceu misteriosamente.

4. Tirei da terra, ninguém me ensinou, aprendi com a própria natureza, e, de minhas poesias eu e muitos arranjam a manutenção.

5. A revolta nasce da injustiça.

6. Porque minha constituição física e mental levou-me às rotas do destino.

7. Vi os outros cantando de viola e escrevendo romances, eu facilmente ingressei cantando e escrevendo porque sou poeta desde menino.

8. Tenho sim, admiro a todos nas suas ideias de pensamentos variados como sejam: o filósofo, o prosador, o escultor, o pintor, o músico e o poeta. Todos fazem despertar meus sentimentos.

9. Os de mais sucesso são muitos que as estórias são pensadas por mim, suas tiragens são consecutivas.

10. De duas formas: exportando para os agentes e vendendo de feira em feira pelas capitais e cidades dos sertões, cantando com uma radiadora, cercado por milhares de apologistas.

11. Do meu estilo foram: Leandro Gomes, José Camelo de Melo e Chagas Batista.

17 de março de 1967[102]

---

[102] Em 1967 esta entrevista escrita era o único meio de contato que tive com o poeta. Uns anos depois sim tive o prazer de conhecer o poeta na biblioteca da Casa de Rui Barbosa no Rio de Janeiro onde visitava o parente Sebastião Nunes Batista. O "papo" foi bom.

DILA. Caruaru, Pernambuco

1. Algumas vezes escrevi sucedidos!

2. Poderei ainda escrever!

3. Graças a Deus, vem tudo bem!

4. Versos comuns – ideias mistas!

5. Terrenos explorados nos campos dos sonhos!

6. Influência de Sol e Mercúrio!

7. Por guia de Deus e experiência. Canto meus livros na feira. Só não violo por falta de tempo.

8. Me falta o tempo para ler, às vezes escrevo pequenos trancosos bocórios.

9. De 17, tiveram 2 ruins ("Profecia de Aquileu", "Como São Pedro Entrou no Céu") muito fraco de saída. Os outros tiveram sucessos, quantidades vendidas 102.000 exemplares em 9 anos: todos no meu poder. Por minha criação e análise só tenho "O Fado e o Diabo".

10. Vendas – grossos e varejos.

11. Só o flocore pode pelos livros analisar a quem cabe o maior poeta popular.

17 de maio de 1967[103]

---

[103] Dila era considerado um tanto "diferente" dos outros poetas de cordel nos anos 1960, e, acho que as respostas revelam o fato. Quando em Caruaru fui a sua folhetaria, mas, ele estava viajando aquele dia e nunca nos conseguimos conhecer. É bom saber que talvez tivesse fama maior no meio como artista de xilogravura, trabalhando na borracha (pneus velhos) em vez da madeira. Assim criava "tacos" realmente artísticos; sua predileção foi o cangaço e clamava às vezes de haver sido cangaceiro ele mesmo.

MANOEL CAMILO DOS SANTOS.
Campina Grande, Paraíba

Manoel Camilo dos Santos, Poeta e Editor de Cordel, Campina Grande, Paraíba, 1966

(O poeta preferia responder em prosa.)

Não me considero alto-falante do povo, mas não deixo de bater-me pelo seu direito de reclamar as injustiças, mas o tenho feito baseado nos artigos da Lei da Constituição Federal, motivo pelo qual nunca sofri perseguições por parte dos poderes públicos.

Passei a ser poeta sem estudo, sem estágio, sem ouvir outrem e sem ter nada que dissesse algo referente à poesia. Sou poeta por vocação ou inspiração do alto, tanto é, que detesto tudo que diz respeito a pornografia, imoralidade, ataques pessoais, mofa ou zombaria às cousas santas.

Comecei a escrever poesias no ano de 1940, antes havia cantado ao som da viola 4 anos. Já escrevi 162 histórias de 8 a 64 páginas e todas já foram reimprimidas por muitas vezes. As mais vendidas foram: "As Palhaçadas de Biu", "Pedro Quengo", "Nascimento Vida e Morte de Jesus", "Viagem a São Saruê", "O Rico Sem Ter Dinheiro", "Minha Autobiografia" e outros. Tem deles que já foram reimprimidos 50 vezes e mais, em tiragens de 50 mil.

Quanto ao melhor ou maior poeta da atualidade, nada posso adiantar, pois o melhor que conhecia era José Camelo de Melo, porém esse morreu o ano passado.

7 de março de 1967[104]

---

[104] Entrevistei Manoel Camilo em frente de sua casa-tipografia em Campina Grande em 1966. As notas da entrevista são poucas, talvez porque ele foi o primeiro que consegui entrevistar "ao vivo", e talvez porque eu mesmo estava aprendendo "ser folclorista". Mas através os anos o tenho citado plenamente em artigos e livros, especialmente referente às contracapas de seus folhetos e romances, verdadeiras "joias" do meio. E já coloquei versos seletos de "Viagem a São Saruê" em vários livros, o poema sendo obra-prima do cordel. Manoel Camilo era excelente poeta; merece a atenção e estudo pelos jovens estudiosos.

MANOEL CABOCLO E SILVA.
Juazeiro do Norte, Ceará

Manoel Caboclo e Silva, Astrólogo, Poeta e Editor de
Cordel, Juazeiro do Norte, Ceara, 1966

1. Sim, o poeta, o editor e o revendedor, são três correntes reunidas, imanadas, considerados como Alto-Falante do povo; porque quando der-se um caso que chama atenção dos populares uns sabendo outros ignorando, o poeta ligeiramente faz a poesia como a coisa é, o editor escreve, passa ligeiramente ao revendedor e este representa o aparelho transmissor falante do povo.

2. Sim: as queixas do povo são representadas às autoridades competentes, quando há necessidade. O poeta pede em conjunto a seus dois companheiros que os poderes olhem as necessidades que clama: as inundações, os crimes, os desastres, as secas,

os terremotos e mais coisas. O poeta estuda e faz a voz em conjuntos; os poderes despertam a curiosidade a atendem às queixas possíveis.

3. Alguns dos revendedores de poesia (folhetos) têm sido proibidos de revenderem seus folhetos por meio de alto falante, a polícia taxam de Contra-Vensões, mandando retirar ou pagar a grande quantia de Cr$ 30.000 velhos; o pobre do revendedor além de ser pobre, não tem o direito de falar com a voz artificial de um projetor. Sito os nomes de alguns: Luís Bezerra, José Amaro, Antônio Batista da Silva afirmam.

4. Como editor me cabe o direito a escrever as poesias populares que estejam ao lado instrutivas do povo. Dou a ideia e o poeta escreve o que deseja criar na imaginação. Ex. João Ferreira Lima criou a ideia e escreveu "José de Sousa Leão" casou como diz o romance: deverá ter filhos. Criei a "História do Filho de Zé de Souza Leão" e o povo quis. Ficaram no gosto do povo fazendo rebentar a mesa uma salva de gargalhadas; instruem para os que pouco ler.

5. Penso ser grande o vaqueiro que desaçombrado arrisca a vida no matagal mais feixado, subindo e descendo serras, o que um formado não se atreve a fazer. Penso também ter muita coragem o homem ser cangaceiro, trocar a vida pela morte, (o que me admiro é o cangaceiro e o vaqueiro não terem curso e nem escola para aprenderem a fazer o que os Diplomados não o faz). Chama atenção do povo e fica tudo imortal depois que o poeta e o editor colaboram para a imortalidade da história.

6. Não sou verdadeiramente um poeta, mais sim um amador da poesia, um escritor de poesia popular. Fui revendedor de poesias em 1942, já há 2 anos passados trabalhava compondo poesias. Iniciei a revender o referido produto e mantive a família com um pequeno capital fazendo a primeira compra de folhetos no valor de Cr$ 32,00 (trinta e dois cruzeiros velhos). Ainda hoje mantenho a minha família pobremente mais satisfeito vendendo folhetos. Sou amador da poesia por que nela foi minha escola.

7. Cheguei a gostar de poesia e viver dela por ter sido vitimado da crise, ser dispensado do trabalho por falta de recursos do patrão e foi o único meio que me fez viver mais independente.

8. Os livros velhos influem muito para o progresso da poesia. Pois, as histórias passadas recordam a memória imortal dos nossos antepassados, revivendo na mais terna lembrança do poeta que faz um dia chegar ao ouvido do mais rude que possa existir, o toque da memória dos tempos idos.

9. Os folhetos mais vendidos são os que têm vida imortal: "Valdemar e Irene", "João de Calais", etc. Também são os folhetos de épocas.

10. O sistema de vendas é feito do seguinte modo: vender aos revendedores, vender também nas feiras. Mais já hoje nada podemos fazer para que se estenda uma venda mais favorável. Os revendedores de folhetos estão mudando de ramos, os poetas estão abandonando a poesia. Hoje pelo menos aqui em Juazeiro do Norte já não se pode revender os folhetos (a polícia taxa de contravenções), faz a cobrança para um aparelho auto-falante de propaganda de feira Cr$ 30.000 em cada cidade terá mais que pagar.

11. Considero ser grande poeta: Olavo Bilac, Castro Alves, Casimiro de Abreu, Catúlo, Humberto Teixeira, o Patativa de Assaré, Padre Tumaz, Leandro Gomes de Barros, etc. (Muitos desta lista são poetas eruditos.)

19 de abril de 1967[105]

---

[105] Tivemos o prazer de entrevistar Manoel Caboclo em sua casa-tipografia em Juazeiro do Norte em 1966. Vivia editando os folhetos dos outros e fazendo e imprimindo seu Almanaque, "primo" ao lado do folheto ou romance na feira nordestina. Entendemos que uns anos atrás conseguiu toda a obra de Joaquim Batista de Sena de Fortaleza, assim chegando a ser uma "presença" no cenário cordelista em Ceará.

RODOLFO COELHO CAVALCANTE. Jequié, Bahia

Rodolfo Coelho Cavalcante, Poeta e Editore do Cordel, Jornalista, Salvador da Bahia

1. Sim, senhor, nós os trovadores populares do nordeste, os seus verdadeiros porta-vozes, pois, interpretamos os seus problemas sociais, os seus sofrimentos e suas queixas.

2. Exemplo pessoal: Vários prefeitos tenho ajudado a eleger-se com os meus folhetos. Já fiz um delegado de polícia em Petrolina, Pernambuco, 1964, perder o seu cargo, pois o povo pediu-me a escrever um livreto, devido às suas arbitrariedades, como ébrio inveterado e protetor de malandros, etc. Getúlio Vargas em 1945 era deposto; eu escrevia "A Volta de Getúlio Vargas", e só deixei a campanha quando o mesmo foi eleito em 1950, escrevendo 11 tipos de livros, por quê? Porque o povo queria. Citaria casos pessoais de injustiça e dramas coletivos. Já escrevi mais de 600 folhetos, 40% baseados no povo e para o povo

escrevo. Mesmos livros religiosos ou de gracejos tenho que interpretar o gosto do povo.

3. Já no Piauí um delegado nazista (1942) proibiu-me de escrever "O Brasil Entrou, Alemanha Perdeu a Guerra", mas mesmo assim escrevi-o e o delegado nazista nada pode fazer comigo. O delegado de Petrolina (o dito que foi depois demitido) expulsou-me da cidade. Já livrei um inocente de ser processado e fiz um criminoso pagar o seu crime depois de 10 anos que havia cometido o homicídio com o livro "O Monstro que Matou o Chouffer Gregório" em Teresina, isso é uma história longa.

4. Cada tipo de verso é inspirado em algo, história de nossos avôs, drama real, ou quando uma (história) tem o sentido moralista, doutrinar o leitor para o lado real da vida. O poeta popular é um profissional, de seus livros tem o sustento da família. Onde há sofrimento há poeta, penso assim, mas para ser profissional depende de vocação.

5. Quando escrevo uma história de valentão, de coronel, não sendo drama real, os seus personagens se não vivem no momento, já viveram como narro na minha história. Há casos imaginários; aí o caso muda de figura. O folheto às vezes se torna mais inspirado, porém o povo gosta mais do livro que ele sente ou presente o realismo do drama.

6. Querer ser poeta e ser poeta há muita diferença. Um homem pode ter a cultura de um Pedro Calmon, de um Norman Vincent Peale, de um Alexandre Dumas, de um Leon Tolstói, mas se não tiver o dom poético ele jamais será um trovador. Eu com sete anos já tirava loas para Reisado, o meu primeiro livro: "Os Clamores dos Incêndios de Teresina" que era proibido até se falar, mas com jeito elogiei as autoridades e nada aconteceu comigo, isso em 1942.

7. Embora poeta de berço, porém, lendo folhetos de outros trovadores peguei a forma da metrificação e da rima. Exemplo: Histórias em quadras ninguém não compra, se às vezes escrevo-as apenas para distrair o espírito.

8. Leio não somente histórias tradicionais como toda espécie de literatura, enquanto o trovador tem mais conhecimento mais ele ornamenta o seu pensamento versificado, porém, a maioria dos meus colegas são semianalfabetos. O poeta analfabeto só tem mais valor sendo cantador-repentista, se ele realmente é um bom improvisador. No poeta da literatura de cordel, fica em erro quem afirmar que há bom trovador sem um pouco de instrução, e a prova que tivemos Leandro Gomes de Barros, João Martins de Ataíde, José Camelo de Melo Resende. Não eram formados mas tiveram um pouco de instrução. Atualmente há Manuel d'Almeida Filho, grande trovador, Antônio Teodoro dos Santos, Manuel Pereira Sobrinho, João José da Silva, José Bernardo da Silva e muitos outros. Calculo que temos no nordeste um mínimo 300 trovadores profissionais e uns 2000 bons repentistas, se fôssemos fazer uma estatística entre bons e ruins é incalculável o número de cada tipo desses poetas.

9. "A Moça que Bateu na Mãe e Virou Cachorra" uns 300 mil; "A Morte de Getúlio Vargas" 64 mil; "O Rapaz que Bateu na Mãe e Virou Vidro em Feira de Santana" de dezembro até a data de hoje 20 mil; creio que vou tirar mais de cem mil. Dirá o senhor com isso que devo ser um homem rico. O livro marca 200 para amanhã ou depois, porém, eu vendo a 100 cruzeiros. Pago 30 cruzeiros a impressão, vendo a 50 para os revendedores. Eu vendendo a 100, ganho 70; quando voltar de cada viagem pagando pensão e transporte chego com menos da metade. E o povo compra muito porque é barato.

10. O meu sistema de vender é lendo em praças públicas e feiras livres: outros colegas cantam, porém eu já trabalhei em circo e sei fazer a propaganda na leitura, e isso muito me ajuda.

11. Considero o maior popular (da atualidade) o trovador Manoel d'Almeida Filho, Paraíbano, residente em Aracajú. Eu não sou lá bom trovador, arranjo o pão, o que mais me destaca entre os colegas é porque 50 % do meu lucro na vendagem de meus folhetos emprego para defender a classe. Onde estiver um trovador ou um cantador-repentista sofrendo injustiça ou passando penúria, eu estou junto a ele.

6 de março de 1967[106]

---

[106]   A minha amizade com Rodolfo ia aumentando através os anos. Tentei conhece-lo em Salvador da Bahia durante a primeira estada no Brasil em 1966-1967, mas o poeta estava realmente "desterrado" da cidade pela pobreza e má saúde. Depois de gastar tempo, dinheiro, energia e a própria saúde psíquica em congressos para os poetas de bancada e os cantadores-repentistas em 1955 e 1960, o único que lhe restou fazer foi retirar-se a uma casa modesta que obtivera no interior Baiano em Jequié. Mas suas palavras nesta entrevista despertaram meu interesse e entusiasmo. Depois de fazer muita pesquisa sobre o vate, finalmente nos conhecemos em Salvador em 1981. Aí houve longas entrevistas gravadas à fita, artigos acadêmicos e finalmente um livro que considero, se não o melhor meu, o que requereu mais pesquisa, "A Presença de Rodolfo Coelho Cavalcante na Moderna Literatura de Cordel" (Rio, Nova Fronteira, 1987). Realmente não só conta a história de Rodolfo mas todo o cordel da época. Os 600 títulos de cordel depois se aumentaram para 1.700, Rodolfo ficando o mais prolifico de toda a literatura de cordel (mesmo não sendo entre os melhores poetas). Ninguém popularizou o meio como ele durante uma carreira de 1942 a 1987. Marcou nossa vida.

O leitor deveria haver notado que as declarações dos poetas não foram alteradas. Foram conservadas, o mais possível, a ortografia original, a pontuação, e a sintaxe. Eu nem longe pensava ou sonhava que estas declarações tivessem o efeito positivo que tiveram nos anos vindouros. Dai, mais de dez anos depois, decidi repetir a experiência – entrevistas com os poetas e editores do cordel. Tudo ficou em uma escala maior – o número de pessoas entrevistadas e o alcance dos temas. Será esta matéria, nunca publicada até agora, que será a Parte II deste livro. E repito, acho que com o passar dos anos se converteu em uma olhada importante e histórica da literatura de cordel.

Capítulo Quarto: Influência da Literatura de Cordel na Literatura Erudita Brasileira

1. Exemplos de Autores e Obras

Os folhetos da literatura de cordel e a figura do cantador e o poeta popular tiveram muita influência na Literatura Brasileira. Um número considerável de romancistas, dramaturgos e poetas já sentiram o valor da poesia popular. Serão examinados, de passagem, alguns destes escritores, e um, Ariano Suassuna, será estudado principalmente através de sua peça "Auto da Compadecida". (Noto ao leitor presente, este estudo, tese de doutoramento, me levou a fazer um esforço adicional, tratando o romancista Jorge Amado em um livro pequeno "Jorge Amado e a Literatura de Cordel" em 1981, e um estudo premiado "João Guimarães Rosa e 'Grande Sertão: Veredas' na Literatura de Cordel (A revista "Brazil/ Brasil" em 1995).

Para apreciar a extensão desta influência deve-se ficar ciente dos métodos diferentes dos escritores para encarar a poesia popular. Em muitos casos a influência é superficial, consistindo somente na adaptação de versos dos folhetos para criar "ambiente" do local nordestino. Uns escritores empregam a figura do cantador ou poeta popular como personagem de seu romance ou peça teatral. As vezes, porém a influência é muito mais intensa, pelo usa da estrutura, conteúdo e ideologia do folheto para resultar num estilo que somente pode ser chamado "popular". É esta última influência intensiva que nos interessa neste capítulo do livro.

Basicamente é o escritor nordestino, ou aquele que se interessa por temas nordestinos, quem utiliza esta fonte de inspiração. Também há casos em que um escritor de outra região ligada intelectualmente ao Nordeste, seja influído, se não pelo folheto mesmo, pelo ambiente da poesia popular. Tal é o caso do escritor João Guimarães Rosa. Este grande romancista usa na sua obra "Grande Sertão: Veredas" temas, assuntos, personagens e até descrições narrativas que parecem ser tiradas da literatura de cordel. Não é que haja uma imitação direta (embora possível), mas, que as duas obras, a erudita-experimental e a popular-folclórica têm a mesma base ou substrato cultural.

Talvez fosse Franklin Távora o escritor que utilizou o cancioneiro popular, em época mais antiga, na Literatura Brasileira. Ele baseou um romance no cangaceiro Cabeleira, uma figura da tradição oral da região. José de Alencar também utilizou a poesia folclórica em alguns de seus romances, o caso mais notável sendo "O Sertanejo".[107] Mas, é no fim do século passado (o XIX) e na primeira metade deste que se encontra um uso mais extenso da poesia popular no romance brasileiro. José Américo de Almeida em "A Bagaceira", e Amando Fontes, em "Os Corumbás", representam tentativas de empregar a cultura popular em sua obra.

Trabalhadores de Eito no Engenho da Família Lins do Rego, Paraíba, 1966

---

[107] Manuel Cavalcanti Proença. "José de Alencar na Literatura Brasileira". Rio de Janeiro, Ed. Civlilização Brasileira, 1966.

Mas foi o Movimento Regionalista do Nordeste, fundado por Gilberto Freyre, com o escritor José Lins do Rego como discípulo e colega, que realmente pôs ênfase maior na cultura popular nordestina. (O movimento correspondeu no Nordeste ao papel do Modernismo desencadeado no Sul, especialmente em São Paulo.) Daquele movimento e de sua ênfase no estudo da região, da aplicação de suas conclusões à situação nacional, surgiram os "Romancistas do Nordeste" ou "A Geração de 30", os quais, uns mais do que outros, ficaram cientes do valor, inclusive quanto a poesia, da cultura popular como inspiração na literatura. José Lins do Rego utilizou a poesia do cantador e o estilo de narrador de contos em seus romances. Em um, "Cangaceiros", empregou como personagem um cantador. Em outro, "Pedra Bonita", empregou o tema do fanatismo religioso, tema não distante da corrente religiosa sobre os milagres e profecias de Antônio Conselheiro e especialmente sobre o Padre Cícero Romão na literatura de cordel. Na introdução ao romance "O Moleque Ricardo", o crítico M. Cavalcanti Proença fez um excelente estudo sobre a oralidade de José Lins do Rego e a dívida que ele tem para com os cantadores. Embora não empregasse tanto a poesia oral, Raquel de Queiróz e Graciliano Ramos souberam da grande influência desta poesia no povo e utilizaram os temas dos poetas (as secas, o fanatismo religioso, o cangaço) em suas obras. Mas foi Jorge Amado, desta geração de escritores, quem mais adaptou no romance a cultura popular, e, por isso, vai-se falar mais dele adiante.

Na literatura mais recente, há muitos escritores que seguem o mesmo caminho da Geração de 30 ao respeito da utilização da literatura popular. No romance, basta mencionar José Condé, M. Moreira de Mello, Hermilo Borba Filho e Maximiano Campos. José Condé emprega o poeta popular em seu personagem principal em "Pensão: Riso da Noite". Hermilo Borba Filho emprega a poesia e o ambiente da literatura de cordel no seu romance "Margem das Lembranças". M. Moreira de Mello tem seguido o exemplo de João Guimarães Rosa no uso da poesia popular e de figuras heroicas (o valentão, o sertanejo valente, o coronel, etc.) no seu "Muquirama". O jovem escritor, Maximiano Campos, escreve das lutas famosas do sertão nordestino e fala dos coronéis, os pequenos proprietários, e os cangaceiros em seu romance "Sem Lei Nem Rei". Em livro também recente, Gilvan Lemos trata do mesmo cenário, em seu "Emissários do Diabo". Hoje em dia, há vários escritores e artistas do Movimento Armorial, chefiado por Ariano Suassuna, que utilizarão estes mesmo elementos folclóricos e populares do cordel para inspirar e dar autenticidade as suas obras.

Mas é no drama onde se encontra mais o uso efetivo e essencial do poeta popular e da Literatura de Cordel. Sylvio Rabello no seu "Cabeleira Ai Vem" e em "Pedro Malasartes" imitou duas das figuras mais importantes da tradição oral e escrita. Um personagem menor, mas ainda importante, é o poeta popular na peça de Alfredo Dias Gomes, "O Pagador de Promessas". Hoje com a volta da presença do iconoclasta Cuíca de Santo Amaro às telas dos cinemas, todos admitem que a inspiração de "Dede Cospe Rima" é o próprio Cuíca. Além disso, Dias Gomes baseou outra peça sua no drama messiânico, ciclo importante na Literatura de Cordel, com sua "A Invasão dos Beatos". Antônio Callado utilizou a poesia popular em sua peça "Forró no Engenho Cananeias". Finalmente, nada menos que João Cabral de Melo Neto, o mestre de todos, foi influído pelo tom do folheto e do ambiente poético do Nordeste em "Morte e Vida Severina".

Até este ponto, falamos de muitos autores até a década dos 1960 que utilizaram ou a poesia popular, ou o ambiente do folclore, ou ainda a figura do poeta popular ou o cantador. Merecem um estudo completo, mas na presente obra acham-se suficientes os comentários sobre dois escritores que, no sentido verídico da palavra, usam não somente a figura do poeta ou trechos de poesia popular, mas, adaptam a estrutura e a ideologia do folheto como inspiração de sua obra. Um conhecimento desta influência popular em suas obras é imprescindível para compreender seus propósitos artísticos, fato aliás que muitas vezes foge ao entendimento dos críticos literários. Trata-se de Jorge Amado e Ariano Suassuna.

O Caso de Jorge Amado

Foto de Jorge Amado, Romancista, na Sua Casa em Rio Vermelho, Salvador, 1980

Já foi feito um estudo que discute o uso dos folhetos na obra de Jorge Amado. A Dra. Doris Turner numa tese intitulada "The Poor and 'Social Symbolism': an Examination of Three Works of Jorge Amado", salientou que Amado usa a estrutura (a função do narrador, os títulos dos capítulos, etc.), o estilo (a hipérbole, a linguagem popular), e especialmente o conteúdo social da Literatura de Cordel.[108] Amado estabelece uma forte ligação entre si mesmo e o povo, com o propósito de se fazer a se mesmo "romancista do povo". (Aparte: em 1981 na ocasião de "50 Na os de Literatura Brasileira" Jorge falou e admitiu sua grande dívida para com o povo e sua cultura).

Assim como o poeta popular, como já se viu nas entrevistas no Capítulo Três de Parte I, considera-se representante e porta-voz do povo. Amado introduz o ABC nos romances, e até o emprega no título de um livro, "ABC de Castro Alves". O ABC na Bahia é um tipo

---

[108]   Doris J. Turner. The poor and "social symbolism": an examination of three novels of Jorge Amado. Trabalho apresentado como tese doutoral no programa de Espanhol e Estudos Latinoamericanos, Departamento de Línguas Modernas, Universidade de Saint Louis, St. Louis, Missouri, 1967.

de folheto de cordel que pode contar a vida de um herói popular. Amado frequentemente refere-se ao poeta popular no seu papel de narrador objetivo e de comentador do povo, e este aparece no romance em papel secundário. Mais que nada, Amado adota o ambiente do povo pobre no Nordeste, o sofrimento do trabalhador de eito na fazenda de cana de açúcar ou cacau, as proezas do cangaceiro que se revolta contra um sistema injusto, a retirada dos sertanejos flagelados pela seca. E, particularmente interessante é, na obra de Jorge Amado, o personagem que quer imitar o herói do folheto ou ABC, como Balduíno em "Jubiabá".

Em obras mais recentes, a inspiração e a dívida que Jorge Amado tem para com a literatura de cordel aumentam. Em um estudo recente nosso, feito depois da tese doutoral em 1967 e saindo pela Fundação Cultural do Estado da Bahia em 1981, sinalamos e destacamos a forte ligação entre este "romancista do povo" e a visão popular dos poetas de cordel. Em "Pastores da Noite", "Tenda dos Milagres" e especialmente naquele "folheto em prosa" "Tereza Batista Cansada de Guerra", Jorge fica fiel a sua própria visão de si mesmo, um artista erudito que é, no fim de contas, um hábil contador de histórias e narrador das coisas do povo. Se lemos Amado sem saber desta extensa influência da Literatura de Cordel, e sem saber o propósito de Amado ao usá-la, perde-se muito do significado de sua obra. Admitimos, de passagem, que o tema todo entre cordel, os poetas, etc. é só uma fatia muito pequena do bolo que criou Jorge. Contou-nos em uma ocasião, defendendo-se indiretamente dos lobos vorazes dos críticos, que "não é tão fácil escrever estas histórias e romances que faço". Acreditamos. Vamos ver um crítico fazer "Gabriela" ou "Dona Flor" ou "Tenda dos Milagres" ou ainda "Tereza Batista".

2. Ariano Suassuna[109]

Ariano Suassuna em Casa, 1978

No "Auto da Compadecida" Ariano Suassuna conseguiu escrever a mais clara e artística recriação dramática daquelas qualidades que se destacam na Literatura de Cordel. O que

---

[109] Na medida em que preparamos este manuscrito recebemos a notícia da morte do mestre e amigo na idade de 87 anos no Recife, Pernambuco, julho, 2014.

foi dito a respeito de Jorge Amado é igualmente verdade quando se quer compreender a obra de Ariano Suassuna. Com um conhecimento dos folhetos e romances em verso adaptados à estrutura da peça e dos pensamentos de Suassuna acerca da poesia popular, se ganha certa perspectiva e compreensão da obra do próprio Suassuna.

Para melhor compreender os motivos de Ariano no seu uso da poesia popular como inspiração da peça, é preciso saber algo de sua vida. Nasceu no interior da Paraíba (lembre-se que é terra de Leandro Gomes de Barros e os mais conhecidos cantadores do século XIX) em 1927. Seu pai foi governador do Estado, chefe de tradicional família sertaneja. Em 1930, por motivos de ordem política, seu pai foi assassinado no Rio de Janeiro, evento a produzir uma profunda e negativa lembrança da política por Ariano na sua obra futura. Ele estudou na escola primária de Taperoá, usa cidade natal, e fez o curso médio no Recife. Entrou na Faculdade de Direito do Recife e formou-se em 1950. Originalmente Protestante, fez-se Católico em 1951. Nos anos 1960 era professor de Estética da Universidade Federal de Pernambuco e foi crítico literário do "Diário de Pernambuco". Anos mais tarde teria cargos culturais importantes como chefe do "Departamento da Extensão da Cultura" de Pernambuco, e ficaria conhecido até nacionalmente pelas famosas "aulas espetáculos".

De muitas peças escritas, seu "Auto da Compadecida" foi premiado com a Medalha de Ouro, em 1957, no Rio, e foi traduzido e publicado em várias línguas, inclusive em inglês pela Imprensa da Universidade de Califórnia.[110] Já foi reconhecido como um dos vultos da literatura brasileira por Carlos Drummond de Andrade e outros devido a sua produção dramática e o monumental "Romance da Pedra do Reino", trilogia e obra de profundas raízes populares no romanceiro nordestino popular. (Suassuna ainda utilizaria, com permissão deste autor, trechos das entrevistas no Capítulo III para criar o personagem Quaderna no obra).

---

[110]   Ariano Suassuna. "Auto da Compadecida". 4ª edição. Rio de Janeiro, Livraria Agir Edta., 1964.

3. O Pensamento de Ariano Suassuna sobre a Poesia Popular

A história do teatro no Nordeste explica também o interesse de Ariano Suassuna e outros escritores jovens pela cultura popular e pelo "romanceiro popular". Com a fundação do Teatro do Estudante de Pernambuco, em 1946, havia o ímpeto da parte de escritores como Suassuna e Hermilo Borba Filho de escrever peças baseadas na cultura popular, como relata Joel Pontes no seu livro "Teatro Novo em Pernambuco":

> "Bodas de Sangue" não lhe parecia ter a potencialidade de história de Maria Bonita. Lampião, Antônio Conselheiro, Zumbi, os heróis dos folhetos populares dariam vida nova ao teatro brasileiro. "Que se faça teatro com esse material e a multidão sairá das feiras para as casas do espetáculo e daí partirá à compreensão para as obras da elite. Que se costume primeiro o povo com os dramas que vivem dentro de seu sangue". [111]

(Ideia, que, aliás, teve um êxito extraordinário no cinema nacional nos anos 1960 e 1970). Foi um ex-ator do TEP, dirigindo novo grupo, Teatro Adolescente do Recife, que encenou por primeira vez, o "Auto da Compadecida", peça que mais tarde ganharia o primeiro prêmio na Festival de Teatro Amador, no Rio, em 1957.[112] Foi o primeiro sucesso para Suassuna, e mais importante – para a cultura popular no palco. Num ensaio sobre o próprio "Auto da Compadecida" publicado em 1973, Suassuna falaria deste sucesso:

> Foi somente em 1955, com o "Auto da Compadecida", que realizei pela primeira vez uma experiência satisfatória de transpor para o Teatro os mitos, o espírito e

---

[111]   Joel Pontes. "Teatro Novo em Pernambuco". São Paulo: São Paulo Ed., 1966, p. 67.

[112]   Pontes.

os personagens dos folhetos e romances, aos quais se devem sempre associar seus irmãos gêmeos, os espetáculos teatrais nordestinos, principalmente o Bumba-Meu-Boi e o Mamulengo. ("A Compadecida" e o Romanceiro Nordestino. In: "Literatura Popular em Verso". Estudos I. Rio de Janeiro, Fundação Casa de Rui Barbosa, 1973, 157).

Desde aqueles esforços dos estudantes da Faculdade de Direito, e outros, depois da fundação por Suassuna e outros do Teatro Popular do Nordeste, em 1960, a ideia da apresentação de peças baseadas na cultura popular vem sendo um sucesso.[113] Coisa semelhante foi feita no Teatro Vila Velha em Salvador, em 1966, quando representaram versões dramatizadas de folhetos de cordel sob a direção de João Augusto.

Para notar a relação entre as peças originais de Ariano Suassuna e a Literatura de Cordel basta ver algumas de suas próprias declarações. Ele fica fiel ao propósito original, quando disse na primeira peça, escrita para um concurso do TEP,

"Uma Mulher Vestida de Sol" era, ainda, minha primeira tentativa de recriar o romanceiro popular nordestino. Numa conferência escrita no ano seguinte, 1948, e publicada por partes em 1949, no suplemento do "Jornal do Commércio", eu salientava a semelhança entre a terra da Espanha e o sertão, o romanceiro ibérico e o nordestino. Como dramaturgo, sofria naquele tempo, aos vinte anos, a influência dos poetas e dramaturgos ibéricos, e era nesse espírito que escrevia, comentando um romance ibérico e comparando-o com os sertanejos. [114]

A citação revela o pensamento de Suassuna respeito à relação entre o romance ibérico e o nordestino, tese também explicada em um artigo sobre o romance espanhol e sua semelhança à obra-prima de João Guimarães Rosa, "Grande Sertão: Veredas".

Um estudo do "Auto" de Suasssuna revelará como o melhor da literatura popular pode ser adaptado e recriado em obras literárias ou teatrais, feitas, segundo ele, "à maneira de nossa maravilhosa literatura popular que transfigura a vida com a imaginação para ser fiel

---

[113] Pontes.

[114] Ariano Suassuna. "Uma Mulher Vestida de Sol". Recife, Imprensa Universitária, 1964, p. 13-14.

à vida".[115] É, primariamente, esta "transfiguração da vida pela imaginação" que permite ao leitor compreender o que Suassuna fez com a literatura popular. Destacando-se aquelas caraterísticas dos folhetos que aparecem na peça, pode-se ver como foram recriadas de modo a aparelhar a visão artística do dramaturgo.

---

[115] Suassuna. "O Santo e a Porca". Recife, Imprensa Universitária, 1964, p. 12.

4. O "Auto da Compadecida"

A peça é baseada na literatura popular e nela se encontra o seguinte:

1. Citações diretas dos folhetos de cordel
2. Ação e argumento baseados num folheto específico, mas recriado em forma dramática
3. Muitas das ideias contidas em folhetos diversos.

A peça será estudada segundo estas divisões: título, personagens e estrutura dividida assim: introdução pelo narrador, três partes cada uma baseada em um poema diferente, e, a conclusão do narrador.

a.   O Título da Peça

O "Auto da Compadecida" é baseado estruturalmente em dois folhetos da Literatura de Cordel e um auto popular, sendo o primeiro deles "O Enterro do Cachorro". Esta história aparece textualmente num folheto de Leandro Gomes de Barros intitulado "O Dinheiro". As outras duas obras são "O Cavalo que Defecava Dinheiro" e "O Castigo da Soberba". O primeiro, embora dito anônimo por Suassuna, está presente numa edição do folheto do mesmo nome da Casa Editora Guajarina em Belém do Pará. Esta editora vendia muitos dos poemas de Leandro Gomes de Barros, e embora não tenha o folheto o nome de Leandro na capa, nem indicação de autor, o estilo lembra o de Leandro. O terceiro, "O Castigo da Soberba", aparece no estudo de Leonardo Mota, mas a citação de Suassuna na introdução ao "Auto" indica o conteúdo e uma parte dos versos. Assim é que apesar da falta de autoria expressa, as obras citadas contêm muitos traços do estilo de Leandro. Suassuna é muito conhecedor da poesia deste vate popular, e já o louvou como o melhor dos poetas populares. Além disso, Suassuna já disse que a obra de Leandro poderia servir de base a um romance heroico nordestino. Ver: "Uma Coletânea da Poesia Popular" na revista DECA, n. 5, 1962.

A palavra "auto", numa peça deste século XX, chama muito a atenção do leitor. Originalmente, tinha o significado de "Ato", e veio a significar um drama medieval e religioso de um ato. Mais tarde, foi utilizado por escritores como Gil Vicente e Calderón de la Barca para designar suas peças de tema religioso.[116] A peça de Arino, pois, tem certa importância religiosa, o que ele ressalta quando diz na introdução que "é uma história altamente moral" e "um apelo à misericórdia". Esta mesma introdução por Suassuna lembra muitas histórias do cordel, principalmente do ciclo maravilhoso de relatos de grandes amores entre príncipes e princesas com obstáculos a vencer e sacrifícios a sofrer para vencer no fim quando o poeta começa seus versos em uma narração com "ensino" moral, dizendo que a sua história será a expressão da derrota do Mal pelo Bem, ou coisa parecida. Esta ideia está ligada ao resto do título – "da compadecida" – que é baseado no autor popular (depois convertido ao cordel) de nome "O Castigo da Soberba", citado diretamente por Suassuna como fonte na sua introdução à peça. No auto popular Cristo perdoa uma alma pecadora arrogante depois da intercessão favorável da Virgem Maria (coincidência também pelo fato de que o poema popular brasileiro é semelhante àqueles poemas da Virgem Maria baseados nos <u>exempla</u> latinos de clérigos da Idade Média). [117]

b.   Os Personagens da Peça

O Narrador

O uso do palhaço como narrador da peça lembra muitas coisas: a tradição literária do arlequim, e, não se sabe se foi de propósito, mas também lembra aqueles palhaços de pequenos circos do Nordeste que tanto gosto deu ao povo (assim dando na peça o mesmo ambiente de circo que Jorge Amado cria em seus romance "Jubiabá"). Mas, há uma relação muito estreita entre o palhaço e o autor de folhetos. O palhaço introduz a peça do mesmo jeito que o poeta popular introduz a história. Também, às vezes, comenta o que acontece na peça e sugere os eventos que se vão seguir. É a mesma técnica do poeta popular quando escreve sua história, botando título comprido em prosa na primeira página, e do vendedor

---

[116]   Maxim Newmark. "Dictionary of Spanish Literature". Patterson, Littlefield, Adams and Co., 1963, p. 21.

[117]   Newmark, op. cit., p. 13.

no mercado quando canta a história, para vendê-la. Aliás, a semelhança se acentua no final da peça quando o palhaço canta uma estrofe popular, revelando seu verdadeiro caráter de cantador.

João Grilo

O personagem principal é um claro exemplo do anti-herói na literatura de cordel. No Brasil, João Grilo representa o tipo "amarelinho". Este personagem é da mesma descendência literária dos Pedro Malasartes da Literatura Peninsular.[118] No Brasil o tipo é visto nos folhetos de Pedro Malasartes, de seu filho João, de João Grilo, de Cancão de Fogo, do filho e neto de Cancão, e de Pedro Quengo. É sujeito feio e pobre e vive somente pela destreza. O folheto "As Proezas de João Grilo" é o protótipo de todas aquelas histórias. Neste folheto Grilo tem que usar o talento e a imaginação dotados por Deus para sobreviver no mundo. É respeitado por sua destreza, e no clímax do folheto, responde às perguntas (quebra-cabeças) do Rei para sair-se de uma situação bem perigosa. Apesar de sua conduta às vezes pícara, mantem uma fé forte, mas simples, em Deus.[119] Ariano Suassuna recriou a figura de João Grilo e o adaptou de maneira admirável a sua peça.[120] No mesmo ensaio de autoria de Ariano, já citado de 1973, o próprio Suassuna acrescenta que, além da recriação do João Grilo do romanceiro popular, baseou o personagem em duas pessoas reais de sua experiência, um sujeito de Taperoá e outro, um gazeteiro esperto que o dramaturgo conheceu no Recife.

Chicó

Como foi explicado em um artigo por Susssuna, Chicó não é propriamente um tipo dos folhetos, mas sim uma espécie de companheiro engraçado de João Grilo, ajudante

---

[118]   Luís da Câmara Cascudo. "Dicionário do Folclore Brasileiro". V. 2. Rio de Janeiro, M.E.C., 1962, p. 445.

[119]   "As Proezas de João Grilo". Juazeiro do Norte, José Bernardo da Silva, 1965. (Possivelmente de autoria de João Martins de Ataíde).

[120]   Suassuna, "O Casamento Suspeitoso". Recife, Ed. Igarassu, 1961, p. viii.

relutantes de todas as velhacarias deste. É personagem baseado numa pessoa real de Taperoá.[121] Mas, Suasssuna adaptou a figura de Chicó de modo a conformá-lo aos traços da Literatura de Cordel. Chico é, por exemplo, um grande narrador de contos exagerados (tais histórias como aquela do "Vaqueiro que Deu a Luz no Sertão Alagoano" são uma parte desta literatura). A recriação original do estilo dos folhetos é visível na reação de Chicó a qualquer novidade, "Mas do jeito que as coisas vão, não me admiro mais de nada",[122] frase empregada quatro vezes na peça. O leitor que conhece os folhetos imediatamente se recorda da poesia de Leandro Gomes de Barros e da reação ("não me admiro mais") do poeta ante a degeneração da sociedade de sua época. Chicó conta de seu cavalo mágico e da corrida de seis dias para derrubar um boi brabo. Esta história é levada diretamente de histórias semelhantes da Literatura de Cordel, como, por exemplo, "O Boi Mandingueiro e o Cavalo Misterioso". O folheto mais conhecido deste tipo é "O Boi Misterioso" de Leandro. [123]

Severino de Aracajú

Como os personagens baseados, em parte, em pessoas reais (fato dito por Suassuna em entrevista pessoal), Severino é o correlativo da figura do cangaceiro, outro protótipo da Literatura de Cordel. Suas opiniões e ações refletem as dos poetas e do povo do nordeste. Numa cena da peça, Severino rouba uma cidade a polícia foge dele. A falta de respeito para com a polícia está bem clara.[124] Noutra parte da peça, Severino diz que somente quer um pedaço de terra e gado, e então sairá do cangaço. A ideia é comum na Literatura de Cordel nos poemas sobre o cangaço e reflete o "sofrer do pobre" e a falta de justiça expressos por Antônio Silvino ou Lampião no cordel, e por coincidência por Ariano em sua introdução à peça.[125] Severino não gosta de "mulheres desonestas" e diz que não é assassino, que

---

[121]   Ver o "Auto da Compadecida", p. 27.

[122]   O assombro dos poetas diante da vida está vista em muitos folhetos. Uma técnica literária chamada "impossibilita", na qual o poeta nota os aspetos "topsy-turvy" da vida, vê-se nas pelejas e nos desafios no cordel, e, em outros tipos de folhetos. É o "topos" mencionado por Curtius quando fala do tema do mundo virado em "European Literature in the Latin Middle Ages".

[123]   Leandro Gomes de Barros. "O Boi Misterioso". Juazeiro do Norte, José Bernardo da Silva, 1964.

[124]   Rui Facó. "Cangaceiros e Fanáticos". 2a edição. Rio de Janeiro, Edta. Civilização Brasileira, 1964, p.44.

[125]   "Auto da Compadecida", p. 23.

mata e rouba somente para viver. Todas estas caraterísticas são evidentes tocantes ao cangaceiro Antônio Silvino na vida real e na Literatura de Cordel, e parece que a figura de Severino tem muito do caráter de Silvino, principalmente do Antônio Silvino já recriado pela imaginação dos poetas populares.

Outros Personagens

O padre, o sacristão, o frade e o bispo são baseados nas figuras do folheto "O Enterro do Cachorro", embora Suassuna tenha aumentado o elenco a criar as figuras do sacristão e do frade. O padeiro e sua esposa substituem o Inglês do mesmo folheto. O major Antônio de Morais representa o rico fazendeiro ou coronal tão presente nas histórias de valentões da Literatura de Cordel.[126] E, substitui o papel do duque mau e cruel no folheto "O Cavalo que Defecava Dinheiro"). O diabo, Jesus e a Compadecida são do "Castigo da Soberba", e todos fazem parte do ciclo religioso da Literatura de Cordel. [127]

Assim é que todos os personagens principais da peça vêm diretamente dos folhetos, mas estão *recriados* de modo a se conformar ao propósito artístico de Suassuna no "Auto".

c.   A Estrutura da Peça

A Introdução do Narrador: as primeiras linhas do palhaço que introduz a peça são:

> Auto da Compadecida! O julgamento de alguns canalhas, entre os quais um sacristão, um padre e um bispo, para exercício da moralidade.... Ao escrever esta peça, onde combate o mundanismo, praga de sua igreja, o autor quis ser representado por um palhaço, para indicar que sabe, mais do que ninguém, que sua alma é um velho catre, cheio de insensatez e de solércia. Ele não tinha o

---

[126]   Há um ciclo na literatura de cordel baseado no sertanejo Valente e o rico dono de engenho ou fazenda. O mais conhecido (e melhor em nossa opinião) é "História de Mariquinha e José de Sousa Leão" de João Ferreira de Lima.

[127]   Embora estas personagens venham neste contexto diretamente do auto popular "O Castigo da Soberba" é importante saber que há também um ciclo sobre a religião na literatura de cordel, talvez a mais importante! Há folhetos que tratem de Jesus e São Pedro, outros das proezas do diabo, e ainda outro ciclo sobre a Virgem Maria e os santos. Uma variante especial trata do Padre Cícero Romão Batista, Frei Damião ou até de Antônio Conselheiro.

direito de tocar nesse tema, mas ousou fazê-lo, baseado no espírito popular de sua gente, porque acredita que esse povo sofre, é um povo salvo e tem direito a certas intimidades.... Auto da Compadecida! Uma história altamente moral e um apelo à misericórdia. [128]

A introdução é inspirada pelos folhetos do ciclo religioso e moral da Literatura de Cordel. Frequentemente o poeta popular declara o motivo moral de sua história na primeira estrofe do poema:

Não gosto de escrever
Livro de descaração
Porém me vejo obrigado
Com minha pena na mão
Descrever em voz rimada
Toda moda depravada
Desta nova geração.
("A Juventude Depravada de Hoje em Dia", Rodolfo Coelho Cavalcante, 1966)

Peço que todos desculpem
Esta minha descrição
Que vou falar sobre o povo
Que vive na corrução
Na orgia e no escândalo
Manchando a religião.
("O Povo da Corrução", José Erival Freitas, s.d.)

As linhas do palhaço também lembram as introduções feitas em prosa de alguns folhetos. Note-se que a peça não é chamada "peça", mas "história", a palavra empregada pelos poetas populares ao escreverem seus enredos. Lembrando a declaração de Manoel Camilo dos Santos em Capítulo III desta Parte I do livro, vê-se que Suassuna imita o poeta que

---

[128] "Auto da Compadecida", introdução.

considera seu poema uma guia moral para os leitores. Muitas vezes, esta técnica não indica o sentimento do autor de folhetos; é somente artifício literário.

João Grilo, referindo-se ao "apelo à misericórdia" do palhaço, responde, "Ele diz a misericórdia, porque sabe se fôssemos todos julgados pela justiça, toda a nação seria condenada".[129] O apelo ao outro mundo para a justiça é ideia central da peça, desde que, segundo o Grilo, não há justiça neste mundo. A crença dos poetas populares de que a justiça não existe e a falta de justiça dramatizada na peça é refletida por Suassuna quando ele imita o poeta popular.

---

[129] "Auto da Compadecida", introdução.

1.   O Primeiro Folheto: "O Enterro do Cachorro" [130]

O folheto trata de um Inglês cujo cachorro morre. O Inglês quer um enterro de igreja em latim para o cachorro, mas o padre recusa-se a fazê-lo. O Inglês, então, inventa a história de um testamento do cachorro que deixou ouro para o padre para enterrá-lo. Assim, suborna o padre, que depois de ter notícia do testamento, muda de ideia e enterra o cachorro. O bispo toma conhecimento do enterro e repreende o padre, até que receba uma parte do ouro, e passa também a concordar com tudo.

O argumento das primeiras 83 páginas do "Auto" é baseado, na maior parte, nesta história popular e outras na literatura de cordel. João Grilo é maltratado por seus chefes, o padeiro e sua esposa. O cachorro da esposa fica doente, e, Grilo vê um jeito de vingar-se. Ela quer que o padre bença o cachorro e o padre não quer fazê-lo. Grilo faz o padre se lembrar de que tinha benzido o motor do Major, o "coronel" local, daí, o padre concorda. Depois de sair da cena a esposa do padeiro, Grilo convence o padre de que o cachorro pertença ao Major. A atitude do padre gora muda completamente, demonstrando assim sua hipocrisia.

João Grilo já criou uma confusão medonha nos outros. O padre crê que é o cachorro do Major que está doente. Quando aquele, confuso, chama o filho doente do Major (que realmente está doente) um "cachorro", a vingança de Grilo contra o padre e o Major (por seu tratamento cruel com os pobres) está completa. Assim, Ariano Suassuna recriou um conceito clássico dos folhetos de cordel – a vingança do pobre ou amarelo contra o rico – mas fez isso de maneira cômica, pela velhacaria de João Grilo.

---

[130] Uma curiosa referência achada pelo autor: esta história compara-se bem a uma fábula anotada por Poggio o Florentino, e, é possivelmente baseada ou nela, ou numa variação dela. Ver "The Fables of Aesop". Ed. rev. London, 1889. (Para a relação entre o "Auto da Compadecida" e os romances espanhóis, ver o artigo "Guia para lectores hispanos del "Auto da Compadecida". Enrique Martínez-Lopez. "Revista do Livro", Rio de Janeiro, 7: 26, 1964).

2.   O Segundo Folheto: "O Cavalo que Defecava Dinheiro"

Nesse folheto, um duque avarento persegue os camponeses na sua fazenda. Um velho camponês que não aguenta mais inventa a história de seu cavalo que defeca dinheiro. O duque avarento compra o cavalo, mas ao descobrir que ele não faz o que deve, volta e reclama ao velho. Esta vez o velho tem uma rabeca "mágica" que "ressuscita" os mortos. Ele demonstra isso "matando" sua esposa (que tem uma bexiga com sangue e galinha amarrada à cinta) e "ressuscitando-a". Outra vez engana-se o avarento. Ele então tenta vingar-se do velho, mas não consegue e morre.

Nesta parte da peça, Suassuna baseou o argumento e a ação quase que inteiramente no folheto. Na peça, João Grilo tem um gato que defeca dinheiro (ou, pelo menos, assim diz João), e, o vende à esposa do padeiro em troca de uma parte do testamento do cachorro (pago pela esposa). E, no caso do negócio não sair bem, João Grilo tem a bexiga do cachorro morto e vai "ressuscitar" o Chicó com uma flauta "mágica". No momento em que todos descobrem os truques de João, os cangaceiros entram na cidade. Os cangaceiros roubam e matam quase todos, mas João convence Severino sobre os poderes da flauta "mágica", e, o persuade a experimentá-la para poder ver o seu "Pade Ciço". Os cangaceiros roubam e matam quase todos, mas João convence Severino sobre os poderes da flauta "mágica", e, o persuade a experimentá-la para poder ver o seu "Pade Cícero". Assim é que Severino é morto por outro cangaceiro, que, depois de descobrir a fraude de João Grilo, mata-o. Neste ponto, o folheto e esta parta do "Auto" se concluem. Os truques de João Grilo, um empréstimo do folheto, representam a ação principal da cena. A menção do Padre Cícero também recorda aquele ciclo da Literatura de Cordel sobre os milagres do santo padre do Juazeiro.

3. O Auto Popular: "O Castigo da Soberba" [131]

O Auto Popular trata de uma alma arrogante que é condenada em pecado, mas é salva pela intercessão da Virgem Maria.

A parte final do "Auto" é baseada na cena de julgamento do Auto Popular. Suasussna utiliza o diabo, Jesus[132] e a Virgem da história original, mas substitui todos os personagens (menos Chicó que ainda está vivo) mortos na peça pela alma condenada do folheto.

Começa o julgamento com o diabo declarando todos os pecados dos acusados – a ambição e gula do padre, sacristão e bispo, e os pecados de todos os outros (que nenhum está sem pecado). Jesus admite a culpa deles, mas quando se chega ao ponto de serem todos condenados, Grilo, sempre alerta, apela para a Virgem Maria. Ela aparece e defende os acusados, explicando as razões, inclusive a falta de justiça no mundo, que contribuíram a seus atos. Ela convence Jesus que devam ser todos salvos. Grilo, que é ainda o mesmo "quengo", faz um "negócio" com Jesus: se ele não puder responder a uma pergunta de João, este poderá voltar ao mundo para viver mais uma vez a vida (o conceito vem de longa das histórias de Trancoso na Literatura de Cordel, até com protagonistas como Luís de Camões). João ganha e volta ao mundo.

Há uma diversidade muito grande de influências da Literatura de Cordel nesta parte final do "Auto" (além da influência direta do "Castigo da Soberba"). Óbvio é o papel do amarelo astuto, o único que pensa em apelar para a Virgem Maria e o único também capaz de

---

[131] Anônima ou de Leandro Gomes de Barros. O Castigo da Soberba. In: "Violeiros do Norte". É também citada na introdução do "Auto da Compadecida".

[132] Ariano Suassuna afirmou que a aparição de Jesus, como preto, foi feita para corrigir certos preconceitos de raça, até de Norte Americanos, e, inclusive, de parte de João Grilo. Aliás, o diabo de pele preta, na roupa de vaqueiro do Nordeste, é ideia corrente na velha literatura de cordel e da cultura popular do Nordeste. Em certos folhetos de cordel, o mal é associado com o preto, como no caso do diabo preto, e também é associada à palavra "negrada" usada para descrever um bando de cangaceiros. Depois de haver feito esta tese doutoral, Ariano Suassuna foi chamado à justiça em Brasília para explicar certas declarações sobre a sociedade brasileira no "Auto" e o filme comercial pronto para sair ao público; entre elas palavras sobre a justiça no Brasil e também o Cristo negro. Finalmente a censura liberou o filme "Auto da Compadecida" e pouco depois, bateu "record" de assistência nos cinemas do Brasil.

negociar com Jesus para poder voltar ao mundo (estas duas ações permitem comparar a interferência da Virgem em um folheto, e as respostas e inteligência de João Grilo em outro), A Virgem, na sua defesa dos acusados, diz que os cangaceiros não têm a culpa de suas ações porque tiveram que entrar no cangaço para viver. (Ver os folhetos sobre Antônio Silvino). O mais notável da cena final, porém, é a defesa que a Virgem faz da fé simples de João. Ela faz todos se lembrarem de que ela também era de origem humilde, e a comparação da Santa Família com os pobres da terra é ideia especialmente forte que convence Jesus a bem deles. A fé simples de João Grilo é a mesma que se expressa em toda a Literatura de Cordel, a fé do povo.[133] E mais uma vez, o leitor pode ver a relação do "sofrer do pobre", tema da introdução à peça, com a defesa da Virgem. Ela, no fim, repreende todos por seus vícios, mas Jesus salva-os. Assim é que ideias, ações e até citações diretas de folhetos constituem a base para a cena final do "Auto".

---

[133]   Vero s folhetos do ciclo religioso.

4. A Conclusão do Narrador

O palhaço-narrador fecha a peça com este discurso que é indicativo da poesia popular em que é baseada a peça:

A história da Compadecida termina aqui. Para encerrá-la, nada melhor do que o verso com que
acaba um dos romances populares em que ela se baseou:

> Meu verso acabou-se agora,
> Minha história verdadeira.
> Toda vez que eu canto ela
> Vem dez mil-réis pra a algibeira
> Hoje estou dando por cinco,
> Talvez não ache quem queira.

E se não há quem queira pagar, peço pelo menos uma recompensa que não custa nada e é sempre
eficiente: seu aplauso. [134]

Assim é que, indiretamente, o palhaço da peça, narrador ao estilo do poeta popular ou cantador de praça, fecha sua história e assume seu papel de poeta popular.

Somente uma leitura, ou muitas, da peça (que nunca cansa) pode revelar a utilização excelente de linguagem e do humor que fazem dela uma obra prima do Teatro Brasileiro. Porém, já familiarizados com a poesia popular e a adaptação dela à peça por Suassuna, pode-se apreciar muito mais a criação do romanceiro popular. A síntese e recriação da poesia popular representam a tese de Suassuna de que a literatura popular tem mérito intrínseco, o que a recomenda como fonte ou base de criação artística. Como ele mesmo disse no ensaio já citado de 1973,

---

[134]   O "Auto da Compadecida", p 207.

Mas, se isso é verdade, não é menos verdade que, em mim, a imaginação criadora sente verdadeira necessidade de trabalhar com as raízes fincadas nessa inesgotável e rica fonte brasileira que é o Romanceiro Popular Nordestino. É que também acredito – tanto com a cabeça quanto com o sangue – que só assim é que tenho a garantia da *aprovação coletiva*, que o Povo Brasileiro dá aos folhetos, e a segurança de estar ligado a uma corrente literária que me identifica, ao mesmo tempo, com o Povo e com a tradição mediterrânea e ibérica que forma o núcleo da Cultura Brasileira. (p. 164)

Conclusão da PARTE I

Depois de ver algo da origem e evolução da Literatura de Cordel, pode-se concluir que ela é importante como manifestação da cultura popular do Brasil. A complexidade desta literatura torna-se evidente quando se recorda a extensa tradição, oral e escrita, na qual a literatura é baseada. Num sentido, a Literatura de Cordel é síntese e documentário da poesia oral que a prefaciou e contribuiu para a sua formação. Hoje, permanece como fonte, embora parcial, do romanceiro peninsular. Mas, de importância igual, a Literatura de Cordel representa o documentário de uma visão popular da vida, a expressão de um povo. Ela é uma literatura que diverte, documenta, informa e instrui de uma forma de vida e uma cultura riquíssima do povo nordestino. É a expressão principal que temos deste povo. O fato de ser o poeta popular o porta-voz do povo, o único que tem a oportunidade de expressar o seu pensamento, dá a seu trabalho, o folheto de feira, mais importância como meio de comunicação.

Leandro Gomes de Barros representa aquelas qualidades que se destacam na Literatura de Cordel. Ele representa toda a tradição que veio antes – o desafio o poeta improvisador oral, as histórias tradicionais dos sertanejos valentes e cangaceiros corajosos, e as histórias da tradição escrita de romances de Portugal e Europa. Mas, também, representa um talento e gênio criador muito especial e original. Documenta a sua época: eventos, personagens, tristezas e felicidades. Foi o poeta mais prolífico do gênero e é considerado, ainda hoje em dia, o maior de todos, até pelos colegas. E o teste final, muito do que ele escreveu ainda se vende hoje no Nordeste, sessenta anos depois de sua morte.

As entrevistas com os poetas populares mostraram muito de sua personalidade, sua maneira de ser, sua visão de seu papel de poeta de cordel, e sua poesia. Vê-se que são homens de um talento especial, um talento não aprendido, de uma grande dignidade e integridade no seu papel de representante e porta-voz do povo. Instruem, informam, e divertem o povo. E, sentem uma grande obrigação e responsabilidade de defender os interesses do povo, de criticar e castigar o Mal em suas várias manifestações e premiar o Bem. Fornecem as suas respostas um retrato colorido e correto do vate popular nordestino.

A Literatura de Cordel continua influindo em alguns dos melhores escritores do Brasil. Aqueles escritores que reconheceram a beleza do folheto da literatura de cordel e puderam incorporá-la na sua obra representam um passo definitivo na assimilação da cultura popular na corrente principal da Literatura Brasileira. Assim é que a Literatura do Povo já achou o caminho fora de seu meio e chegou a ser parte da expressão artística erudita do povo brasileiro.

PARTE II. A Voz dos Poetas – Registro da Cosmovisão do Povo

Queremos agradecer aos poetas e editores que participaram no questionário. Que os leitores "escutem" suas vozes.

Introdução a PARTE II

Nesta segunda parte do livro temos dois capítulos sobre a situação da Literatura de Cordel no fim dos anos 1970 seguidos por uns apêndices que contêm as respostas verbatim de uns quarenta poetas e editores da Literatura de Cordel a um questionário mandado a eles em 1978 e 1979. O projeto teve os seguintes objetivos: aumentar de maneira significante a informação disponível aos estudiosos e outros interessados sobre o pessoal do cordel, determinar a importância do poeta e editor naqueles anos, e estudar os temas atuais do poeta de cordel. Isto se descobre, decidimos, só ouvindo os poetas e editores mesmos. De sobremaneira cumpriram com nossos desejos. O que vale realmente é a voz do poeta.

O primeiro capítulo tratará a situação de hoje em dia da Literatura de Cordel dando ênfase à situação do poeta, do editor, do papel da literatura de cordel no Brasil no fim dos anos 1970, e, finalmente, o futuro da poesia. É um resumo dos comentários dos poetas junto a nossos próprios comentários. Como dissemos ao começo do livro, estamos cientes que muitos anos já passaram desde a pesquisa e que o mundo e o mundo do cordel mudaram de maneira significante. Por isso, achamos que todo o esforço nosso deve ficar em perspectiva: o estudo preenche espaços e cria uma perspectiva HISTÓRICA na longa odisseia da literatura de cordel.

O segundo capítulo tratará a temática e as ideais empregadas pelos poetas em sua época. Além de ser uma atualização do conteúdo da literatura de cordel desde a pesquisa nos anos 1960, é também uma visão do que o cordel sempre era: um documento de uma realidade bela e nobre, e, às vezes, cruel, de um povo que merece a nossa atenção.

Estes dois capítulos são seguidos pelos apêndices já mencionados. Achamos valioso e útil ver os comentários dos poetas mesmos na sua totalidade em uma parte separado do texto do ensaio. Assim é que o propósito não é de comentar as diferentes abordagens sobre a literatura de cordel[135] nem de criar a nossa própria teoria (embora as duas coisas sejam mencionadas principalmente nas notas do ensaio). Antes, queremos divulgar, resumir e interpretar este <u>corpus</u> de material dos poetas mesmos. É a hora e vez deles! Suspeitamos, ao começarmos a tarefa, que seria um trabalho difícil, e, agora compreendemos ainda melhor a complexidade do projeto. Porém, acreditamos que nos nossos objetivos foram cumpridos.

O questionário foi mandado originalmente em janeiro e fevereiro de 1978 a uns trinta e cinco poetas (entre eles, uns repentistas), muitos dos quais sendo também editores, não só de seus próprios versos, mas, também da poesia de colegas. Queríamos, no começo, escolher o maior número de poetas possível, mas, francamente, fomos limitados pela falta de informação sobre nomes e endereços disponível no momento e também pela distância geográfica que nos separa. Por meio da cooperação do poeta Rodolfo Coelho Cavalcante e do pesquisador Sebastião Nunes Batista, conseguimos no meio de 1978 mais nomes, e, mandamos outros vinte e cinco questionários no começo de 1979. Da totalidade mandada, uns 60, recebemos respostas de 40 poetas e editores, um resultado realmente extraordinário.

Dos participantes no levantamento, quase todos são legítimos poetas populares (ou seja, poetas de bancada), mesmo que sejam uns mais dedicados à carreira de cantador-repentista e por isso só ligado ao cordel num sentido secundário. Também, devemos salientar que os participantes não representam nenhum julgamento nosso ao serem os melhores ou os mais conhecidos dos poetas de cordel na época. Todos são legítimos poetas ou editores,

---

[135]   Entre os vários livros que tratam a teoria da literatura de cordel são os seguintes: Barroso, Gustavo. "Ao Som da Viola". 2ª edição, Rio de Janeiro, Departamento de Imprensa Nacional, 1949; Campos, Renato Carneiro. "Ideologia dos Poetas Populares do Nordeste". Recife, Centro Regional de Pesquisas Educacionais do Recife, 1959; Cascudo, Luís da Câmara. "Vaqueiros e Cantadores". Porto Alegre, Edta. Globo, 1939; "Cinco Liros do Povo". Rio de Janeiro, José Olympio Edta., 1952; Curran, Mark J. "A Literatura de Cordel". Recife, UFEPE, 1973; Lessa, Orígenes. Literatura Popular em Versos. "Anhembi", (XXI) 6:61, dez. 1955; Diégues Júnior, Manuel. Ciclos Temáticos da Literatura de Cordel. In: "Literatura Popular em Verso". Estudos I. Rio de Janeiro: M.E.C.-F.C.R.B., 1973; e mais recentemente, Fausto Neto, Antônio. "Cordel e a Ideologia da Punição". Petrópolis, Edta. Vozes, 1979; Proença Ivan Cavalcanti. "A Ideologia do Cordel". Rio de Janeiro, M.E.C.-Imago Ed. Ltda., 1976.; e Souza, Liedo M, de. "Classificação Popular da Literatura de Cordel". Petrópolis, Ed. Vozes, 1976. Uma obra recente muito útil em forma de dicionário é: "Dicionário Bio-Bibliográfico de Repentistas e Poetas de Bancada". T. 1-2. Almeida, Átila Augusto F. de. e Sobrinho, José Alves. João Pessoa: UFEPB, 1978.

e, todos têm o que contribuir. Entre eles há poetas de preparação formal escassa, outros até com diploma de faculdade. Há poetas bons e outros de menos talentos. Há poetas de estilo e visão totalmente diferentes. Juntos, fornecem informação muito útil a qualquer interessado nesta poesia do povo brasileiro. Em conclusão, são os poetas e editores com os quais pudemos ficar em contato, os que tomaram em sério o nosso pedido de cooperação, e os a quem agradecemos o esforço e os sacrifícios feitos para cooperar neste levantamento. Sentimos muito que só agora, em 2014, possamos publicar os resultados. Mas, o valor deles não foi afetado pelo passar do tempo como pronto verá o leitor.

Os poetas participantes quase sempre são do Nordeste do Brasil, um número significante da Paraíba, mas, vários deles já estão radicados no Sul no Rio de Janeiro ou São Paulo onde escrevem e vendem seus versos. As respostas deles revelam esta mudança de região. Isto é importante se lembrarmos de um dos propósitos do projeto: saber da evolução da literatura de cordel nestes os últimos dez anos. Desde a data da pesquisa original, uns deles já morreram, mas suas obras ficam no cordel e suas respostas ainda contribuem ao status do cordel nos anos 80.

O questionário foi dividido em partes segundo o propósito das informações recolhidas:

Primeira parte – aos poetas da literatura de cordel – pedindo as seguintes informações: nome completo, endereço atual, local e data do nascimento, estudos formais, a maneira de ganhar a vida, o motivo para entrar na profissão de poeta popular, o título do primeiro folheto escrito, o número total de folhetos escritos, a maneira de publicar os versos, a maneira de vender os versos, as qualidades especiais do próprio verso escrito, o papel do poeta como parte da "classe de poetas", e a maneira de pensar e os valores da classe.

Segunda Parte – aos editores da literatura de cordel – pedindo as seguintes informações: nome completo, endereço atual, local e data de nascimento, nome da tipografia ou editora, o ano em que começaram as operações da editora, o número de folhetos publicados cada ano, os nomes de autores cujas obras são publicadas nesta editora, o sistema de pagamento de direitos autorais, o sistema de vendas, as qualidades especiais desta editora, o custo de publicação hoje em dia ao fim dos 1970, e os fatores principais no aumento ou declínio de produção nos últimos dez anos.

Terceira Parte – aos poetas e editores da literatura de cordel – pedindo informações sobre a evolução da literatura de cordel: especificamente, o efeito de vários meios de comunicação no cordel, qualquer mudança nos valores expressos em cordel, fatores positivos para o futuro, fatores negativos para o futuro, e, finalmente, a função da literatura de cordel no Brasil de hoje em dia.

Quarta Parte – aos poetas da literatura de cordel – pedindo informações sobre os temas e as ideais usadas na poesia de cordel com ênfase no uso atual de 32 assuntos que podem caber em qualquer das classificações da literatura de cordel feitas até o momento. [136]

As respostas eram, geralmente, excelentes. Surpreenderam e às vezes admiraram pela franqueza e pela realidade sombria que encerraram. A maior parte dos poetas tomou muito em sério o questionário. Muitos responderam da melhor maneira possível. Uns poucos responderam mal ou não tomaram o tempo necessário para responder bem. Mas, somos confiantes que estas respostas ficarão como documento do estado da literatura de cordel como era na época. Também, acreditamos que este documento será útil no futuro para os pesquisadores do assunto. Por isso, os nossos esforços já são pagos com a divulgação merecida do material. Gostaríamos de acrescentar que o nosso interesse é aquele do pesquisador E o aficionado.

Respeitamos o mais possível no documento a expressão escrita dos poetas nos seus comentários. Queríamos incluir aqui as suas respostas na forma mais autêntica que nos foram dadas. Não corrigimos erros de gramática (concordância de vocábulos e verbos, ou a ortografia, etc.) Nem mexemos com a expressão ou o estilo do poeta. Fizemos, sim, umas poucas mudanças de pontuação para aclarar a estrutura de certas sentenças. Com tudo isto, às vezes, a expressão do poeta talvez precise ser interpretada pelo leitor.

---

[136]   Entre as diferentes classificações (formais ou não) da literatura de cordel até o momento salientamos as seguintes nas obras já citadas de Gustavo Barroso, Luís da Câmara Cascudo, Orígenes Lessa, Ariano Suassuna, Manuel Cavalcanti Proença, Manuel Diégues Júnior, e, Liêdo Maranhão de Souza.

Acreditamos que é importante tomar em consideração a idade, a experiência, e o local de operação de cada poeta que responde. Frequentemente, os poetas não concordam num ponto específico. Seja a época em que escrevem, seja que escrevem no sertão do Nordeste ou nas cidades de São Paulo e Rio de Janeiro, ou, seja o fato ser serem otimistas ou pessimistas – tudo isto afeta suas respostas. Estamos ainda convencidos, como em 1967 quando fizemos o nosso primeiro questionário deste tipo sobre a literatura de cordel, que o bem-estar desta poesia tem seu aspecto relativo. Revolve ao redor da personalidade e das circunstâncias de tal poeta em tal local tanto como depende da atitude do público sobre a tradição folclórica. Em outras palavras, a poesia vai bem em certas partes do país e vai mal em outras. As respostas dos poetas confirmam isto.

(Lembre: escrito em 1979). Não queremos que se entenda este documento como a nossa tentativa e adivinhar o futuro da literatura de cordel. Mas, o que dizem **os** poetas, sim, há de escutar. São eles quem entende do assunto. O que, sim, podemos acrescentar é a nossa convicção do que era e ainda é o valor da literatura de cordel no Brasil. Ela encerra uma tradição bela e nobre que faz quase noventa anos é um retrato fiel do que é o Brasil popular. É uma tradição que não gostaríamos de perder.

Para terminar (e começar) consideremos as palavras de um dos poetas, palavras que realmente compartem este nosso sentimento:

Alguém andou dizendo – a literatura de cordel está morrendo. Vieram ver o defunto! Não era um defunto. Era a alma do povo. Agora temos mais leitores. Novos leitores: nas universidades e nos colégios. Houve um confronto entre os modernos médios de comunicação e o folheto. O bom fica. Todo o mundo compra folheto hoje em dia.

(Abraão Bezerra Batista, Juazeiro do Norte, CE)

São os poetas que falam. Escutemos!

Capítulo Primeiro: A Situação da Literatura de Cordel de Hoje em Dia (1979)

1. A Função da Literatura de Cordel na Cultura Brasileira de Hoje em Dia segundo os Poetas

Introdução

Certas perguntas do questionário aos poetas coincidem em parte ao respeito desta questão de função. A opinião que o poeta tem de si mesmo, dos outros poetas, e da carreira de poeta popular não se pode separar realmente de sua própria visão de sua poesia e do efeito total da literatura de cordel na cultura brasileira. Também, acrescentamos, embora haja umas indicações de mudanças na função da literatura de cordel de hoje em dia, seu papel básico fica no mesmo plano de sempre, isto é, de divertir, informar, e instruir os seus leitores. O que segue é um resumo das ideias principais dos poetas na forma presentada por eles mesmos no questionário, isto seguido pelos nossos próprios comentários.

a. Cordel como diversão

Para a maioria dos poetas, a função principal do cordel é de divertir. A função de comunicação, divulgando ao público fatos e eventos, ainda é importante, mas, diminui na medida em que o progresso material vem ao Nordeste.[137] Os poetas falam do simples prazer da leitura de cordel, como nesta declaração,

> Como diversão do povo em matéria de leitura é a única no Nordeste, basta dizer que ainda se vende no Nordeste entre todos os trovadores e editores mais de um milhão de folhetos por ano.

> (Antônio Ribeiro Conceição, Salvador, BA)

José Francisco Borges nos ilumina a ideia um pouco quando diz,

> A função principal é: divertir e comunicar ao povo, e, além disso, está servindo de estudos para muitas pessoas de grau intelectual, como é o seu caso e de muitos que têm aqui no Brasil. Divertir é quando o folheto é de gracejo, comunicar quando é um caso verídico, (qualquer acontecimento) e fazer sentir é quando o folheto é de sentimento (da calúnia ou falso) e de sofrimento.

> (José Francisco Borges. Bezerros, Pernambuco.)

Algumas das respostas foram de índole mais filosófica e poética (como se espera) do que precisa ou concreta. João de Lima (Maceió, AL) viu a função de divertir desta maneira: "É uma diversão, uma brincadeira, um noticiário em fim que o povo acha sentimental ou gracioso". João Crispim Ramos (Feira de Santana, BA) acrescenta: "Mostrar ao povo

---

[137] Como veremos, todos os poetas mesmos não concordam com esta declaração sobre a função mais importante ou mais usada hoje em dia. Para uma consideração erudita da função de comunicação, ver Benjamin, Roberto. "Folhetos Populares – Intermédios no Processo de Comunicação". Recife, Universidade Católica de Pernambuco, Cursos de Jornalismo, 1968, e, também: Diégues Júnior, Manuel. Ciclos Temáticos na Literatura de Cordel. In: "Literatura Popular em Verso". Estudos I. Rio de Janeiro: M.E.C.-F.C.R.B., 1973, p. 146-151.

que é possível se fazer público aquilo que o coração e o subconsciente falam". O mesmo poeta diz, porém, que a literatura de cordel tem seus limites a funciona só quando há uma concorrência limitada na parte de outras formas de diversão. (Esta resposta nos leva ao problema da concorrência e interferência da televisão, do rádio, das fotonovelas, das histórias em quadrinhos, etc. um ponto a ser considerado mais adiante no livro.)

Uma resposta mais poética e filosófica, em termos de filosofia popular, é aquela deste poeta que não foge do assunto quando fala da função de cordel:

> Informar divertindo, fonte de sobrevivência para seus autores, intercâmbio espiritual de ideias e mostra do sentimento natural do homem e dos povos. O cordel é o veículo de uma ocorrência que deleita, sem o dever de ser séria, autêntica ou verdadeira; é por tanto, o pensamento livre.

> (Valeriano Félix dos Santos, Simões Filho, BA)

Talvez a ideia do cordel como diversão fique mais bem dita na sua forma mais simples e menos complicada na declaração do próximo poeta que sem dúvida acerta nas suas palavras:

> A função que a literatura de cordel ocupa hoje no meio da sociedade é a de distrair os seus aficionados. Admiram os que esquentaram as poltronas de uma universidade e os intelectuais pelo fato de ser feita por pessoas de baixo nível cultural como eu, e outros que no caso estão abaixo de mim. Pois, amigo Mark, se o cordel fosse feito por essas personagens que falei acima, não teria a décima milésima parte de seu valor atual, certo?

> (José Soares, Jaboatão, PE)

Acrescentamos: a literatura de cordel tem valor para seus leitores porque expressa os desejos do povo, e distrai os seus leitores na forma fiel a sua tradição. [138]

---

[138] "A grande vitalidade do cordel está em ser uma manifestação ao nível do entendimento e do gosto popular, criado e transmitido por homens ligados ao povo". <u>Boletim Nacional de Cordel</u>, n. 1, maio-junho, 1978.

b. Cordel como Documentário

Outra função principal da literatura de cordel de utilização dentro e fora da área de cordel, esse de documentário da cultura e da vida do povo, é assunto concordado pelos poetas.[139] Segundo o poeta Abraão Bezerra Batista (Juazeiro do Norte, CE), o cordel "Dá condições de uma análise sócio parapsicológica de um povo. É um retrato fiel de um povo, sua indumentária, seu modo de viver, o seu dia a dia. O cordel instrui, informa, diverte".

Paulo Nunes Batista (Anápolis, GO), um veterano de muitos anos de atividade cordelista no Brasil Central incluindo Goiás e o Distrito Federal, disse sobre esta função de cordel: "A função do cordel, agora, é ventilar temas da atualidade nacional. A época do romantismo passou. Como veículo das massas, o folheto tem que levar aos leitores o que o povo sente". Achamos interessante o comentário, mas, também há de escutar ao Manoel Caboclo e Silva (Juazeiro do Norte, CE) quando diz que:

> Como a poesia antigamente era um meio de transportar as notícias ocorridas em certas regiões. Hoje por diante irão desaparecendo os folhetos "de época". A época irá desaparecer em virtude do sistema de DDD. Qualquer notícia é rápida, sem dar tempo ao poeta. Ficam assim as estórias antigas, os invento imaginários, as estórias criadas pelo poeta, os reinados, as princesas imaginárias, as fadas, os valentões, nenhuma destas desaparecerá.

José João dos Santos ("Azulão" Rio de Janeiro GB) afirma esta função de documentário quando diz que: "Além da tradição, o folheto serve para a comunicação como jornal e documentário de acontecimentos de cada época".

Francisco Peres de Souza (Piripiri, PI) toca neste assunto e outros quando diz:

---

[139] Já salientamos em outro estudo este caráter importante. Ver: <u>Selected Bibliography of History and Politics in Brazilian Popular Poetry</u>. Tempe, Arizona, Arizona State University Center for Latin American Studies, 1971. Uma fonte excelente deste aspecto documental do cordel, mas tratando tanto a poesia folclórica antes da literatura de cordel quanto sua fase inicial é Calmon, Pedro. <u>História do Brasil na Poesia do Povo</u>. Rio de Janeiro, Ed. A Noite, s.d.

Tem como função principal levar ao conhecimento popular um fato, com uma linguagem simples. Diversão do povo: alegrará um leitor. Jornal do povo: leva um assunto em rimas simples. Documentário: registra um fato em simples rimas, chegando até a facilidade de gravar.

O significante, a nosso ver, é a afirmação que a poesia de cordel faz tudo isso de informar, divertir e documentar em uma linguagem simples e rimada. A razão da permanência do cordel, a nosso ver, é a sua capacidade de se comunicar com o seu público nestes termos fiéis a sua base tradicional. É opinião quase totalmente aceita pelos poetas e pesquisadores de cordel. [140]

Os poetas dão ênfase em que a permanência de cordel, em comparação ao jornal urbano, é a razão principal de seu valor documentário. Ligada a esta ideia é a percepção entre os poetas que a literatura de cordel serve hoje em dia como um instrumento de pesquisa para muitos. (Este conceito não foi indicado nas entrevistas feitas em 1967; a situação mudou dramaticamente desde aquela data.) Como veremos na parte deste livro sobre os fatores positivos e negativos para o futuro do cordel, o folheto já é reconhecido como um documento válido para a pesquisa em muitas áreas de especialização, tal como a Literatura, a História, a Política, a Sociologia, etc.[141] Os poetas são bem conscientes desta nova faceta de sua literatura, e, a comentaram frequentemente no questionário. Esperamos que esta percepção não tenha influído na espontaneidade ou na ingenuidade de seus versos, elementos que realmente prestam muito encantamento a literatura de cordel.

---

[140] O poeta popular – repórter por excelência em Pernambuco, José Soares, disse em entrevista a Ricardo Noblat o seguinte: "... quanto mais os jornais, rádios e TVs badalam um assunto, mais ajudam a vender o folheto. Porque mesmo informadas pelo jornal, rádio ou TV, as pessoas *amam a poesia que só encontram no cordel*". <u>Manchete</u>, 18 set., 1976, p. 162 D. Rodolfo Coelho Cavalcante e Sebastião Nunes Batista já expressaram a mesma opinião.

[141] Ver o artigo "Ganhando Status", <u>Veja</u>, 25 out. 1978, quando o autor nota a melhora no status do cordel no famoso "Dicionário Aurélio", o aumento no número de teses sobre o cordel no currículo das faculdades. Ver também "Cordel para Tudo" na mesma revista, no número de 11 de maio de 1977. Podemos acrescentar que o cordel já faz parte de congressos nos Estados Unidos, talvez mais recentemente no Simpósio "Dimensões Populares do Brasil" na Univesidade de Califórnia em Los Angeles, fev. de 1979. É uma parte de cursos na Arizona State University, na University of Arizona e outras faculdades nas matérias de Civilização Luso-Brasileira.

c. Cordel como Jornal

Uma terceira função do cordel é a sua capacidade de informar seus leitores na forma de "jornal do povo" (obviamente ligada à função já discutida de documentário). A poesia é vista como uma espécie de jornalismo popular, mas diferente do jornalismo tradicional dos diários urbanos em que, além de informar o leitor, a literatura de cordel perpetua o evento ou o fato na mente do público ledor. Este ponto de vista é fácil de compreender quando se lembra de que a literatura de cordel trata principalmente o evento importante ou fora do ordinário, que o jornal urbano usualmente se joga fora depois de uma leitura, e, que o folheto é colecionado, guardado, e apreciado como uma espécie de arquivo popular. Lembramos o matuto numa roça perto de Juazeiro do Norte, CE, que nos mostrou orgulhosamente uma quantidade impressionante de folhetos, seu "arquivo" pessoal sobre o Padre Cícero. O sistema de permutas que existe entre leitores de cordel também corrobora o fenômeno. (Isto sem falar das grandes coleções de pesquisadores, bibliotecas e outras entidades dentro e fora do Brasil).

Ao respeito desta ideia de jornalismo popular, os poetas disseram: "Como jornalismo, informa melhor que os próprios jornais e garante mais a perpetuação do fato". (Pedro Bandeira, Juazeiro do Norte, CE). E,

> Ora, o jornal você ler e joga fora de imediato. No máximo junta para vender por kilo. A Revista você ler, guarda por uns dias e se desfaz. O folheto você ler, colecionar e guarda como lembrança. O folheto informa, diverte.

(Abraão Batista, Juazeiro do Norte, CE)

Não concordam todos os poetas. Uns disseram que o papel de cordel como jornal tem diminuído em anos recentes. (Lembramos a declaração de Manoel Caboclo e Silva). Falam também de sua falta de capacidade de trazer as notícias com a mesma rapidez do rádio ou da televisão, e, a acessibilidade maior destes meios de comunicação no sertão tem diminuído a utilidade do cordel como meio de comunicação.[142] (Esta opinião não foi unânime, mas foi a principal tida pelos poetas no questionário). Seja como for, o desejo de servir como "jornalista do povo" ainda é frequente e forte entre os poetas, como se vê nesta declaração:

> Como jornal do povo, gostaríamos que houvesse facilidade de imprensa para escrevermos e publicarmos os pitorescos acontecimentos da vida cotidiana do povo, pois, sem dúvida, seríamos mais lidos e cooperaríamos mais com a cultura.

> (Alberto Porfírio da Silva, Fortaleza, CE)

Só é preciso ver os nomes de guerra de vários dos poetas passados e presentes para ter certeza desta função dentro desta poesia: Cuíca de Santo Amaro, o Repórter da Bahia, José Soares, Poeta – Repórter, e vários outros. [143]

---

[142] Mas, há exceções. Ver Lessa, Orígenes. Getúlio Vargas na Literatura de Cordel. Rio de Janeiro, Ed. Documentário, 1973, quando o escritor conta do aspecto jornalístico do cordel na ocasião da morte de Getúlio, e, mais recentemente, o caso de Juscelino reportado em Manchete, 18 set. 1976:

Eram seis oras da manhã do dia 23 de agosto passado quando José Soares, 62 anos, poeta da literatura d cordel nordestina, soube, pelo rádio, no Recife, da trágica morte do ex-presidente Juscelino Kubitschek de Oliveira, ocorrida na noite anterior. Ele imediatamente comprou os jornais que traziam a notícia detalhada e informações biográficas de Juscelino e escreveu, em três horas, o folheto "A Morte de Juscelino Kubitschek". Depois, conseguiu uma foto do ex-presidente no Diário de Pernambuco, para ilustrar a capa do folheto, e levou-a junto com os originais da história, para impressão na gráfica de um amigo.

As 19 horas desse mesmo dia, o folheto estava impresso e sendo dobrado. As sete da manhã do dia seguinte, menos de 12 horas depois do enterro do JK, dez mil exemplares do folheto estavam à venda no centro do Recife e eram enviados para o interior de Pernambuco. Os dez mil exemplares esgotaram-se com rapidez. Então, imprimiu mais três mil, depois mais dois mil e por último mais dois mil. Isso, num espaço de cinco dias. E no fim da semana passada, com uma tiragem inicial de três mil exemplares, outro folheto de José Soares já estava vendido: "O Encontro de JK com Getúlio Vargas no Céu".

(Reportagem de Ricardo Noblat)

[143] Temos um estudo sobre o jornalismo popular do poeta baiano Cuíca de Santo Amaro, figura muito pitoresca e uma controvérsia dos anos 1940 a 1964 em Salvador. "Cuíca de Santo Amaro: Poeta-Repórter da Bahia", Fundação Casa de Jorge Amado, 1990, Salvador.

d. Cordel como Instrução

A ideia de cordel como instrumento de educação tanto no sentido de cultura e tradição como no processo de ensinar o ler e escrever sempre é aceita pelos poetas. Diríamos que é no primeiro sentido que o cordel reflete mais a massa que a lê. Os ensinos morais que se encontram no ciclo religioso (talvez o maior de cordel) e no ciclo da moralidade formam uma das características mais salientes desta literatura popular em verso. Talvez sejam estes ensinos morais o mesmo de que fala o poeta José Severino Cristóvão (Caruaru, PE) quando diz que o cordel é "As vezes, diversão, mas às vezes à procura da filosofia que nele há, embora 'descoberta' por apenas mais ou menos 45% das pessoas". Acrescentaríamos: é esta filosofia, estes "ensinos" que fazem dos folhetos de tema religioso-moral os mais procurados na literatura de cordel.[144] Trataremos este tema no segundo capítulo de nosso ensaio.

Mas, os poetas também falaram no segundo aspecto, o de ensinar o escrever e ler, como esta declaração de João Bandeira de Caldas (Juazeiro do Norte, CE):

> Antigamente o Cordel foi a principal fonte do Mobral, mesmo sem Mobral, se encarregava da tarefa de ensinar, educar os analfabetos, por meio de uma linda poesia, uma bonita história ou estória de fadas e reinos encantados. Foi um grande veículo comunitário das notícias. Hoje já é quase jornal do dia. NOTE BEM: Dá-se o caso admirável pela manhã, à noite a TV focaliza, já passa para os jornais falados. Em cada casa do campo tem um Rádio badalando. Os apreciadores do cordel valem-se dos velhos romances para rever o passado.

---

[144] Mesmo nos grandes ciclos de amor e de aventuras heroicas, o tema frequentemente se reduz ao vencimento do Mal pelas forças do Bem em suas várias formas. Disse-o melhor mestre Câmara Cascudo em "Vaqueiros e Cantadores":

O folclore, santificando sempre os humildes, premiando os justos, os bons, os insultados, castigando inexoravelmente o orgulho, a soberbia, a riqueza inútil, desvendando a calúnia, a mentira, empresta às suas personagens a finalidade ética de apólogos que passam para o fabulário como termos de comparação e de referência. (p. 16)

Mas, talvez esta função no seu significado permanente seja mais bem explicada pelo lírico veterano de Campina Grande, PB, Manoel Camilo dos Santos quando diz:

> A principal função ou vantagem da literatura de cordel (a meu ver e compreender) é desenvolver, ou seja, estimular o pequeno leitor (indolente à leitura) dando-lhe estímulo pelas rimas e pela história (se esta for bem narrada) que desperte-lhe ou penetre-lhe as raias do sentimento quer amoroso, quer religioso, quer brabo ou sentimental, pois estes são os temas que mais agrada ao pequeno leitor....

Assim é que a ideia de instruir ao leitor permanece nos poetas de hoje em dia, ao lado de outras funções de divertir, documentar e informar.

e.   Declarações Gerais

Uns dos poetas responderam em termos mais gerais ou abstratos, e, suas declarações também nos fornecem um entendimento melhor do fenômeno que é o cordel. Rodolfo Coelho Cavalcante, em poucas palavras, chegou à essência do assunto: "Antes de tudo é um veículo cultural, folclórico e mantem uma velha tradição". João Vicente da Silva falou também em termos gerais, chegando à essência desta literatura popular: "A poesia sempre foi um poderoso veículo de divulgação em todos os sentidos do cotidiano, é um jornal, um espelho, um oráculo e um museu onde se guarda os costumes de um povo dessa e doutra geração". Estas duas últimas respostas parecem mais às de folcloristas do que de poetas, mas, como se vê, os poetas são bem conscientes do papel que eles e seus versos fazem na cultura brasileira.

2. Os Poetas da Literatura de Cordel: Auto Retrato

Relacionado à questão da função da literatura de cordel é o conceito da função do *poeta* de cordel, isto é, o poeta como pessoa, como figura na sociedade. Queríamos descobrir se os poetas tinham, como classe semiprofissional, uma maneira de pensar em comum, um conjunto de valores comuns. Por isso, fizemos a seguinte pergunta: "Pensa o senhor que os poetas da literatura de cordel, como classe ou entidade semiprofissional representa certa maneira de pensar e têm certos valores em comum? Se for o caso, descreva esta maneira de pensar e estes valores".

Os poetas compreenderam e interpretaram a pergunta em formas muito distintas. Um deles se dirigiu à questão da necessidade e a existência de uma entidade quase profissional tal como o velho Grêmio de Trovadores Brasileiros ou A Ordem Brasileira de Poetas da Literatura de Cordel no fim dos anos 1980. Outros fizeram um esforço de descrever sua ideia do que representa para eles o poeta da literatura de cordel. Só uns poucos tentaram descrever seus valores, embora a maioria concordasse que sim que têm valores em comum. [145]

Alguns dos poetas falaram a favor de um sindicato ou entidade quase profissional como grande benefício para eles, em particular os poetas que ajudaram na organização ou apoiaram no estabelecimento de tais organizações no passado i.e. Rodolfo Coelho

---

[145] Uma descrição do poeta folclórico que trata o que tem em comum com seus colegas é aquela que fez o emérito Luís da Câmara Cascudo em <u>Vaqueiros e Cantadores</u> quando disse do velho cantador do sertão:
Tem ele todo orgulho do seu estado. Sabe que é uma marca de superioridade ambiental, um sinal de elevação, de supremacia, de predomínio. Paupérrimo, andrajoso, semi-faminto, errante, ostenta num diapasão de consciente prestígio os valores da inteligência inculta e brava mas senhora de si, reverenciada e dominadora. (p. 89)
Esta descrição ainda nos anos 1980 se aplica perfeitamente bem à mentalidade tanto do cantador quanto ao poeta de cordel.

Cavalcante ou outros como José Soares, Augusto de Souza Lima ou Antônio Ribeiro da Conceição. Um poeta falou de si mesmo e de seus colegas como artistas com os mesmos direitos de outros artistas no cenário nacional:

> Sim, são artistas culturais. O poeta popular de cordel é considerado o mesmo artista como um autor e escritor de romances, novelas, etc. Pois, o poeta popular também não só escreve versos como cria história imaginária, ficção.

> (Apolônio Alves dos Santos, Rio de Janeiro, RJ)

Alberto Porfírio da Souza (Fortaleza, CE) também acredita neste papel da classe poética: "Deveriam ser eles uma classe assistida e tida como portadora da cultura, e, ao mesmo tempo, orientadora. O cordelismo deve ser uma profissão orientada e coordenada a bem da expansão da cultura nos meios mais simples".

Manoel D'Almeida Filho, o vate veterano que já viu muita coisa acontecer no decorrer de sua longa carreira de poeta popular (e poeta julgado por muitos a ser entre os maiores de todo o cordel) é menos otimista. Embora aceitando a ideia da união dos poetas, duvida do futuro:

> Como de diz, "A união faz a força". As entidades têm mais força de fazer reinvindicações. No entanto, a classe é muito desunida. Todas as associações de poetas e violeiros que foram criadas, até hoje, morreram ou existem quase sem função social. Mesmo porque não há ajuda dos Poderes Públicos e dos pesquisadores e estudiosos da arte de escrever versando e metrificando.

Uns poucos poetas, sim, se dirigiam à questão de valores. É ideia geralmente aceita pelos estudiosos de cordel que os poetas são conservadores, e, no geral, defensores do <u>status</u>

quo.[146] O seguinte poeta ilumina este ponto de vista com esta declaração maravilhosa de filosofia cordeliana:

> O poeta popular, acredito, é uma essência do pensamento do povo. É a fisionomia do complexo da "gente". Ora, nós buscamos aquilo que sintoniza conosco. Nós só gostamos de alguém se ele nos é simpático. Os poetas escrevem aquilo que o povo gostaria de escrever, de ler, de fazer, de viver. Em se comparando os poetas populares ver-se-á que eles têm ou quase têm o mesmo diapasão. É claro que não pode haver uma igualdade absoluta. O que não há em canto nenhum. Em geral (90%) nós acreditamos no INFINITO, em DEUS, no Espírito, na Vida Eterna. A morte é somente uma mudança de estágio. Nós somos algo mais do que esse organismo tão quase frágil. O poeta atrai, tem imã, vejamos nas feiras livres, nas ruas, nos campos.

(Abraão Bezerra Batista, Juazeiro do Norte, CE)

Acreditamos que, para a maioria dos poetas populares, o dito ainda tem valor hoje em dia. O poeta simplesmente descreve a vida como o seu público gostaria que ela fosse sem ideologia política fixa na maior parte dos casos.[147] O poeta é uma pessoa religiosa geralmente adotando

---

[146] Segundo o Raymond Cantel, o oposto, o rebelde legítimo, não existe. (Entrevista em Veja, 7 de abril de 1976). Concordamos, citando como exemplo o poeta popular falso que protesta em um folheto intitulado Carta a Míster Kennedy de o tal de Firmino Terra. É folheto totalmente criado por elementos políticos esquerdistas que empregaram uma linguagem alheia à do legítimo poeta popular. Os termos usados são da ideologia marxista, coisa não esperada do verdadeiro poeta de cordel que não entende nem usa "ideologias" políticas.

[147] Não podemos aceitar uma visão do cordel que reduz tudo a uma consideração marxista do homem como simples meio de produção e vítima de luta de classes. Este ponto de vista ignora que os conceitos expressos no cordel sejam de natureza universal apolítica (na grande maioria, sempre há exceções). A "ideologia" do cordel, no sentido não político, sim, existe, e é universal e existiu bem antes do conflito moderno entre Capitalismo e Marxismo. Nenhum dos dois tem monopólio (perdoem a palavra!) sobre as ideias universais do Bem e do Mal que são a base de uma parte significante do cordel. Num estudo recente, Antônio Fausto Neto no seu livro Cordel, a Ideologia da Punição (Petrópolis, Vozes, 1979), expressa sua visão de opressão e sofrimento em termos ideológicos marxistas. Existem a miséria e a opressão. Mas não existem em tais termos na poesia de cordel. O poeta de cordel, e sabe isto qualquer que realmente o conhece, tem raízes verdadeiramente folclóricas, não ideológicas mesmo que comente eventos sociológicos e políticos de sua época. Ele entende o Mal em suas várias formas tanto como premia o Bem, mas em termos não conscientes políticos.

um Catolicismo tradicional (se não na prática, pelo menos na tradição). Acredita, sim, que realmente representa o povo e escreve para agradecê-lo (como veremos adiante nas respostas). Sustenta com firmeza que tem um talento superior e atrai as massas com seu talento, seus versos, suas ideias. Assim é que pouco tem mudado nesta imagem que tem o poeta de si mesmo desde que fizemos a pergunta pela primeira vez em 1967. Os poucos sinais de mudança, como veremos na parte deste ensaio sobre a evolução de cordel, evidentemente, são na minoria.

O sentimento do poeta desta superioridade benévola em relação a seu público e seu ponto de vista cristão também são evidentes na declaração do próximo poeta:

> Os trovadores são apolíticos e não escrevem por paixões cruéis. Como poetas, seus ideais são sublimes e elevados, olhando do alto para a Humanidade. Querem o que lhe seja bom, a paz, o verdadeiro amor, a verdadeira verdade. Esse valor é eterno e parece ser a inspiração de todos os trovadores do mundo. Cristo não foi trovador, mas foi poeta. Não escreveu nenhum poema, como não escreve o rouxinol que canta. Cristo não escapou a Cruz que o rouxinol a gaiola. Ambos demonstram-nos um mesmo prazer natural dos que sofrem: a LIBERDADE.

(Valeriano Félix dos Santos, Simões Filho, BA)

A questão da política já foi mencionada. Tem que ser considerada ao chegarmos à segunda parte deste ensaio quando falaremos de temas específicos do cordel. É particularmente de interesse dado o regime atual no Brasil (anos 1980) e dado o espírito crítico, satírico tradicional dos poetas de cordel. Basta dizer que para o poeta citado, a política não entra na sua esfera de consideração. Mas, é curioso notar a analogia do poeta, do Cristo que foi poeta e não escapou a cruz, do rouxinol que canta, mas não escapa a gaiola, e o desejo de liberdade dos dois. O poeta nos deixa terminar a analogia e tirar as próprias conclusões. Lendo entre linhas, perguntámo-nos a Verdade? O Sofrer? O desejo de liberdade? O poeta talvez dissesse mais do que pensou dizer da situação dele mesmo e o lugar do poeta na sociedade brasileira da época. Ademais, o tom do questionário inteiro sugere isto.

Paulo Nunes Batista (Anápolis, GO), o poeta que especializava na forma do ABC do cordel, nos ilumina com a sua resposta comprida à pergunta sobre a imagem que tem o poeta de si e de seus valores. Paulo responde à pergunta sobre os valores dos poetas da literatura de cordel em uma maneira bem concreta e específica que pode ser útil a todos:

> Os poetas são porta-vozes dos sentimentos e das aspirações populares. Integrados em seu meio, refletem exatamente o pensamento do ambiente onde vivem. O povo adora o miraculoso – então os poetas de cordel escrevem histórias fantásticas, de bois misteriosos e pavões, dragões, príncipes encantados e heróis fabulosos. O povo sofre aperturas – e surgem os folhetos sobre a carestia de vida, a exploração, a fome, a necessidade. Logo a classe profissional dos poetas de cordel tem em comum esse pensar e esse sentir do povo, intérpretes que são, os poetas, da alma popular.

> Quanto aos valores comuns, cito: fidelidade às raízes, preservar o idioma, através do uso da genuína língua falada pelos de sua região; denunciar os erros da sociedade, apontando mazelas e injustiças sociais; difundir a cultura entre as grandes massas, principalmente do meio rural.

> Ainda como uma 'certa maneira de pensar', convém dizer que o poeta de cordel tem consciência de sua importância como **artista**: ama sua **profissão**. Sente-se realizado quando vê os populares rodearam-no atentos, para ouvi-lo 'cantar' ou 'contar' um folheto, fazendo os circunstantes rirem ou chorarem, emocionarem-se com os lances que vai descrevendo, como um verdadeiro ator, na apresentação de sua estória. Convivi com os maiores poetas de cordel e **sei** por experiência própria que o poeta de cordel tem orgulho de ser o que é, por mais humilde que seja sua vida, por mais duro que possa ser ganhar o pão de cada dia a custa de sua poesia popular.

O dito realmente corrobora as conclusões que tiramos em 1967: o poeta é um representante do povo e emprega temas que expressam a realidade do povo. Mas, também afirma fortemente a questão de sentimento de classe, uma consciência poética profissional. E toca o poeta num tema recorrente no questionário inteiro: o sacrifício que o poeta tem que fazer para seguir sua vocação. Mas, possivelmente mais esclarecedora na sua resposta é a declaração específica sobre os valores do poeta popular. Fidelidade às raízes necessariamente abrangeria o sentimento religioso expresso em declarações anteriores. O uso de uma linguagem simples, falada, é ponto repetido por vários outros poetas. Difundir a cultura (informar e ensinar) também é ideia repetida nas outras respostas. Porém, é de duvidar a liberdade do poeta a denunciar sempre os erros da sociedade. Ele será influído pela situação política do momento.

Todo o dito, pois, nos leva a uma compreensão do ambiente atual (dos anos 70 e 80) e o pensamento entre os poetas de seu próprio papel na sociedade e o papel de usa poesia no Brasil de seus dias. Aconteça o que acontecer, estas declarações ficarão como documento do que o poeta de cordel é hoje em dia.

3. A Situação do Pequeno Editor da Literatura de Cordel Hoje em Dia segundo Ele Mesmo

Recebemos só catorze respostas de poetas ou editores de cordel nesta parte do questionário.[148] Inclusive, duas das editoras mais importantes não responderam ao nosso pedido, a maior que é a Luzeiro Editora de São Paulo e a maior, acreditamos, no Nordeste, a Tipografia São Francisco das Filhas de José Bernardo da Silva de Juazeiro do Norte, CE. (Talvez houvesse dificuldade com o correio ou outro problema, mas tampouco cooperaram, na sua estrutura de então, nas entrevistas de 1967). E, existem outras editoras e gráficas que não pudemos incluir por não ter as necessárias informações para corresponder. Assim é que nosso levantamento poderia ter sido mais completo se não tivéssemos tais lacunas.

Outra dificuldade com esta parte do questionário foi o seguinte: distinguir entre o poeta que "edita" seus folhetos e uns de colegas pagando a impressão em uma gráfica e o poeta que tem sua própria gráfica em casa. Os dois merecem o título de "editor de cordel"? Achamos que sim, mas existiu certa confusão entre os poetas se deviam ou não responder a esta parte do questionário. Hoje, como se verá nas respostas, com a exceção de uns poucos poetas, mesmo os poetas que se consideram editores **mandam imprimir** os folhetos fora de casa em gráficas não necessariamente dedicadas exclusivamente à literatura de cordel. A situação era mais clara uns anos atrás quando muitos dos poetas tinham suas próprias gráficas e imprimiam suas próprias obras além das de outros poetas,

---

[148] Ricardo Noblat reporta no artigo "Ganhando Status" (Veja, 25 out. 1978) que há um declínio no Nordeste na área editorial:

> Das numerosas editoras de cordel que pontilhavam as grandes cidades nordestinas na década de 50 só resta agora uma de razoável porte – a São Francisco de Juazeiro do Norte, Ceará – uma de médio porte, na mesma cidade, e quatro pequenos prelos manuais em Pernambuco.

A área de nossa pesquisa é maior e esperamos que complemente e acrescente às informações deste artigo referido.

como o caso de Manoel Camilo dos Santos de Campina Grande, PB. Esta mudança, em si, nos ensina muito da situação de hoje em dia. Acreditamos, mesmo assim, que as informações que prestamos são valiosas e dão um bom retrato da situação de hoje em diz das pequenas editoras da literatura de cordel.

Pode ser consultado o Apêndice Dois para as respostas específicas dos poetas-editores. Das catorze respostas que recebemos, incluem-se poetas (editores) ou gráficas de seis Estados – o Rio de Janeiro, São Paulo, Bahia, Pernambuco, Ceará, Piauí e o Distrito Federal. Deles, onze são legítimos editores e três são de autores que "editam" seus próprios versos e os dos amigos. A idade destas pessoas em 1978, ano em que começou a pesquisa foi o seguinte: 1 na casa dos 30, 4 dos 40, 3 dos 50, 3 dos 60, e 2 dos 70. As operações editoriais deles começaram entre os anos seguintes: 1940, 1941, 1945, 1950, 1951, 1952, 1956, 1957, 1966, 1972, 1974, e 1975.

Significante é a quantidade de folhetos e exemplares de folhetos impressos por ano. As informações dos poetas são imprecisas nisto, mas, podemos fazer o resumo seguinte: Reportam 12 dos 14 sobre o número de folhetos publicados ou a totalidade de exemplares impressos. Uns reportam o número de folhetos editados e outros o número de exemplares. Um esquema das respostas é o seguinte na página a seguir.

FOLHETOS PUBLICADOS CADA ANO

A Editora ou Poeta Editor	Número de Folhetos	Número de Exemplares
José Marques de Andrade, GED, Rio de Janeiro, RJ	Vários	Não respondeu
Abraão Batista Juazeiro do Norte, CE	N/R	N/R
José Francisco Borges Bezerros, PB	N/R	50.000
Rodolfo Coelho Cavalcante Salvador, BA	12-24	48 – 96.000
Gilberto Mendes Farias Campo Maior, PI	10 novos 30 reeditados	50 – 100.000 60 – 150.000
José Cavalcanti Ferreira (Dila) Caruaru, PE	30	N/R
João Carneiro Fontenele Filho Martinópole, CE	N/R	10.000
José Costa Leite Condado, PE	10-12	N/R
Carolino Leobas Brasília, DF	2-3	N/R
Franklin Machado São Paulo, SP	10	N/R
João José dos Santos (Azulão) Engenheiro Pedreira, RJ	10-12	N/R
João Vicente da Silva N/R	N/R	N/R
Manoel Caboclo e Silva Juazeiro do Norte, CE	N/R	70-100.000
Minelvino Francisco Silva Itabuna, BA	N/R	40.000

É difícil falar especificamente em totalidades, mas tomando a tiragem de 5.000 como pro médio, poderíamos dizer o seguinte: dos poetas-editores que responderam (12), foram publicados uma totalidade de 123 a 146 folhetos diferentes cada ano com 513 a 756.000 exemplares. É importante notar que as duas maiores editoras não reportaram no questionário, e, certamente, há várias pequenas com os quis não pudemos ficar em contato.[149] Tomando em conta a publicação no Brasil das obras eruditas acadêmicas e, mesmo, livros de poesia, romances, e dramas, vemos que mesmo em um estado de declínio, é ainda impressionante a produção destas pequenas editoras populares.

As respostas falam por si, e, é possível fazer um resumo rápido delas: os pequenos editores publicam principalmente as suas próprias obras e as de vários outros poetas que são quase sempre da região e muitas vezes são poetas que escrevem relativamente pouco. Estes são geralmente pobres e não podem pagar os custos de publicação de gráfica, daí, o sistema de pagamento dos direitos do autor é por meio de uma porção da tiragem do folheto pela gráfica, geralmente o 20 %, mil folhetos de uma tiragem de 5.000.

As editoras vendem aos agentes (ao grosso) e estes vendem de novo aos revendedores que frequentam os mercados e as feiras. Mas, é ainda comum o editor-poeta mesmo que viaja a vender seus versos.

Finalmente, vejamos os comentários sobre o custo de imprimir a vender os folhetos: um brado geral lamentando a inflação no custo de papel, de mão de obra, de tudo em fim. Culpam os poetas as fábricas de papel, os salários dos operários, e, entre outros, os Árabes! "Com a crise do petróleo, desandou tudo", Abraão Batista, Juazeiro do Norte, CE. E, é de notar para o leitor de hoje em dia do século XXI, ele está falando só da crise de 1973-1974! Descobre-se que não têm estes pequenos editores a vantagem de comprar as matérias diretas nas fábricas, mas, compram a retalhistas por preços bem maiores. Este fator, o elevado custo de operações, é também central à discussão sobre o declínio ou o aumento de produção pelas editoras. Mas,

---

[149]   É de notar a ausência de editoras nos outros Estados nordestinos, especificamente, Sergipe, Alagoas, Paraíba, e Rio Grande do Norte. Há de fato muitos poetas e editores em tais Estados, mas, lamentamos não ter informações de endereços deles. Acreditamos, porém, que se todas fossem reportar, a Luzeiro, a São Francisco, e estas outras mencionadas, o tamanho de folhetos publicados seria duas ou três vezes o reportado.

há várias declarações que influem a impressão que temos da situação de hoje em dia. José Francisco Borges falou de um aumento na sua pequena empresa, principalmente porque toda a família trabalha na confecção do folheto, e, também porque é frugal na sua maneira de viver.

Rodolfo Coelho Cavalcante (Salvador, BA) reporta um declínio devido à concorrência com A Luzeiro:

> Caiu bastante o folheto impresso por mim devido aos folhetos bem confeccionados e ilustrados da Luzeiro Edta. Ltda. de São Paulo, que são mais vistosos e mais caros, deixando melhor lucro para os revendedores. Os nossos folhetos saem mais quando nós, os autores, os vendemos.

Gilberto Mendes Farias, editor em Campo Maior, PI, diz que o custo dele de imprimir um milheiro de folhetos subiu cinco vezes desde 1973!

O velho Dila de Caruaru disse que apesar da grande inflação, ele faz um esforço grande de não aumentar o preço aos poetas, devido à "consciência de nossa profissão".

Um fato de muita concordância entre os editores é que o consumidor **quer** comprar o cordel, mas, simplesmente não **pode** ou nem quer dar um preço muito alto.

E, finalmente, os poetas que editam versos pagando a impressão em gráficas comentam que as gráficas mesmas não se interessam como antes no folheto popular devido ao fato que ganham mais lucro em outras atividades.

Pois bem, eis o retrato do pequeno editor do cordel no fim dos anos 1970 e 1980. A imagem não é das mais otimistas, mas, tampouco é conclusivamente negativa. Tudo é relativo segundo o poeta e o local. Os poetas-editores continuam sob as maiores dificuldades na luta de produzir poesia para o povo.

E, lembremos, este ensaio é de índole histórico. Naqueles anos todos, pesquisadores, poetas, editores, e público, discutiram o futuro do cordel. Como sabemos hoje, passou esta época a uma realidade totalmente diferente e mais positiva em décadas mais recentes. O nosso propósito, mais uma vez, é **registrar** o momento. Daí, vamos nos mergulhar naquele "futuro da literatura de cordel".

4. A Evolução e o Futuro da Literatura de Cordel

a. Introdução

Não achamos que a sobrevivência da literatura de cordel seja a questão "palpitante" desta parte do ensaio, principalmente porque esta literatura sempre manterá seu valor como um documento literário apesar da situação atual de seus escritores e seu público. Também, acrescentamos, não temos certeza que seja, mesmo, possível determinar ou controlar o que vai acontecer nos anos vindos. Mas, ao mesmo tempo, achamos quer seria uma perda significante se esta poesia não fosse continuar sua existência no Brasil, uma perda, primeiro, para os poetas e suas famílias, e certamente uma grande perda cultural para nós todos, nordestinos e sulistas, brasileiros e estrangeiros. A literatura de cordel é incomparável, é bela demais para desaparecer tão facilmente.

Mas, a questão do futuro não podia ser ignorada, não só por si mesma, mas, também ao respeito da evolução e as mudanças nesta literatura nestes tempos. Por isso, pedimos aos poetas dirigir-se ao assunto. Não é preciso nem tocante a nosso propósito resumir no texto os muitos artigos e entrevistas nos jornais e nas revistas no Brasil nos anos recentes que falaram da situação do cordel.[150] Basta dizer que foi expressa uma grande preocupação pela sobrevivência da literatura de cordel, e, várias pessoas e entidades têm trabalhado para manter a literatura.

Tais esforços tomaram lugar no Recife no Departamento de Extensão de Cultura da Universidade Federal de Pernambuco, sob a diretoria do escritor Ariano Suassuna, a Casa

---

[150] O nosso propósito no texto do ensaio é resumir e comentar as respostas dos poetas. Referências a outras opiniões deixamos para estas notas.

do Poeta em Olinda, o Museu Théo Brandão da Universidade Federal de Alagoas, e outras entidades. Já foram criadas verbas para premiar obras de cordel, isto para estimular os poetas a escreverem, mas, ainda mais importante, já tomou lugar a impressão de originais dos poetas em folhetos, isto a um custo mínimo ou às vezes grátis aos poetas. Porém, tais atividades sempre existem em uma escala menor, nunca suficiente. Mesmo assim, há valor simbólico porque representam pelo menos, uma atitude de apoio na parte das autoridades.

Outra atividade positiva é a publicação de teses, monografias, antologias ou dicionários sobre o tema para criar uma visibilidade da literatura de cordel no mundo acadêmico erudito. A Fundação Casa de Rui Barbosa e a Campanha de Defesa do Folclore no Rio de Janeiro e a Universidade Federal da Paraíba são merecidos de atenção pelo trabalho feito. Também, as editoras comerciais já começam a se interessar pelo assunto.

Pode ser debatido se tais esforços valem a pena, se, em realidade, resolvem problemas no mundo real do poeta de cordel. Com muito interesse na vida dos poetas e também pela herança popular do Brasil, estamos convencidos que o cordel tem valor. Queremos que viva, e estamos confiantes que vai continuar, porém, talvez em uma escala menor do que no presente. Vivemos numa época quando as tradições sofrem cada dia um maior perigo de desaparecerem, de serem tragadas pelas mudanças inevitáveis da marcha do tempo. Mas, há um número suficiente de individuais que têm sede destas mesmas tradições, destas raízes, que só isto, só esta sede, se não nos enganamos, bastará para assegurar a continuação da literatura de cordel, mesmo numa escala reduzida, mas simbólica. Sabemos que a parte mais triste desta pesquisa é o apelo, sempre frequente, dos poetas pelo apoio financeiro de publicar seus versos.

A questão da evolução e o futuro do cordel foi considerada nos seguintes termos: o efeito de outros meios de comunicação nos folhetos de cordel, mudanças nos anos recentes nos compradores de folhetos de cordel, fatores positivos para o futuro, e, fatores negativos para o futuro. Como introdução geral, talvez as palavras de um poeta que tem se envolvido mais no esforço de popularizar, estimular, e "vender" o cordel ao público brasileiro ponham em perspectiva os comentários a seguirem:

A literatura de cordel, atualmente, tem bastante se evoluída com a aparição de novos trovadores, entre tanto, a sua vendagem hoje mais se estende nas grandes cidades, coisa que não acontecia antigamente, e, isso acontece por causa do transporte e as despesas de hotéis, impressão dos folhetos, etc. As grandes cidades hoje têm os agentes de nossos folhetos enquanto nas grandes feiras sertanejas ainda surgem alguns vendedores. Cresceu o número de Associações de Violeiros e Trovadores em várias regiões do país, principalmente no Nordeste.

(Rodolfo Coelho Cavalcante, Salvador, BA, em carta pessoal ao autor)

b.   O Efeito de Outros Meios de Comunicação

O efeito de outros meios de comunicação sempre é tema discutido entre os que se envolvem nesta literatura popular. Houve uma vez quando foi temido que os jornais urbanos se fizessem mais disponíveis tanto nas cidades nordestinas quanto nas vilas do interior e que o "jornal do povo", os folhetos de cordel, necessariamente fossem sofrer. Ainda que seja certo que uns leitores de cordel se voltaram para o jornal para suas notícias e diversões, o folheto não desapareceu.[151] Como disseram os poetas na parte deste ensaio sobre a função da literatura de cordel, o folheto concorre muito bem com o jornal porque aquele diverte e também informa, e, além disso, é considerado arquivo do pensamento popular, artigo de colecionador.

Depois, veio o rádio, e ainda mais importante, o rádio de pilha. Por um lado, é uma das causas principais da concorrência moderna com o cordel para a atenção do povo, resultando num mercado diminuído dos folhetos.[152] Confirmam isto os poetas. Mas, também não há de esquecer o outro lado: o rádio tem sido e ainda é um dos elementos mais positivos na popularização do verso improvisado, oral do cantador, irmão gêmeo

---

[151]   Como prova que o folheto ainda concorre na sua função de noticiário, recordemos o caso reportado na nota 139 deste ensaio.

[152]   Raymond Cantel comentou este fato em uma entrevista citada em Veja, 7 de abril de 1976, quando disse: "... e, sobretudo, o rival número 1 do cordel, que é o rádio de pilha..."

do poeta popular do cordel. (Muitos dos poetas de cordel também são cantadores, isto é, cantam e improvisam verso nas feiras, nas emissoras de rádio que têm popularizado e estimulado suas carreiras de violeiro-repentista, e também como autores de folhetos.) Vários reportam que recitam e vendem seus folhetos pelo rádio. Estes programas semanais ou às vezes diários de repentes têm muito sucesso no Nordeste. Um fenômeno parecido é a proliferação das gravações LP de cantadores conhecidos pelo Brasil, Norte e Sul.[153] Ainda que sejam compradas estas gravações por um número limitado de aficionados, certamente bem menor do que os compradores de folhetos, sim, tentem a aumentar e fazer mais visível o aspecto de improvisação dos poetas. E, agora, há boas gravações de folhetos de cordel.[154] Foi interessante notar no questionário que uns poetas disseram que podiam ganhar mais dinheiro por meio da apresentação oral de seu verso do que o meio escrito do folheto, esta uma situação muito relativa segundo o poeta que falava.

Uns poucos poetas acreditam que os meios de comunicação nem ajudaram nem criaram obstáculos para o cordel. Como disse um: "Os compradores da literatura de cordel são pobres roceiros que muitas vezes têm notícias quando vendo os folhetos" (Antônio Ribeiro Conceição, Salvador, BA). Uma opinião que se mantem é que é bem possível a existência da televisão, do rádio e do cordel simplesmente porque o povo gosta de todos, cada qual por uma razão diferente.

A resposta mais comum foi de dois aspectos: como os meios de comunicação ajudam e como atrapalham. José João dos Santos (Engenheiro Pedreira, RJ) explicou bem:

> A literatura de cordel sofreu certo abalo logo nos primeiros anos da televisão, rádio ou cinema, mas, depois, esses mesmo veículos de distração se tornaram úteis a literatura de cordel quando muitos pesquisadores de fora vieram ao Brasil para fazerem uma pesquisa de estudo geral de nossa literatura, daí, despertou um

---

[153] Entre outros, Otacílio Batista, João Bandeira de Caldas, Pedro Bandeira de Caldas, João de Lima, José Vicente do Nascimento, José João dos Santos e José Francisco de Souza reportaram no questionário que ou cantam no rádio e/ou têm feito discos de cantoria. (Anos depois viriam as fitas de cassete e CD e claro a nova realidade da Internet).

[154] É de notar que nos anos mais recentes existem uns discos gravados dos folhetos de cordel. Dois deles são do José João dos Santos (Azulão) pela Campanha de Defesa do Folclore Brasileiro ("A Literatura de Cordel") e de José Costa Leite da Continental, "Cordel a Poesia do Nordeste".

interesse geral da televisão e rádio a fazer uma cobertura. Foi então que melhorou a venda do cordel.

Manoel Caboclo e Silva (Juazeiro do Norte, CE) respondeu comentando o mesmo problema:

> Por uma parte, têm nos ajudado com as notícias e conhecimentos gerais; por outra parte diminui as vendas, visto serem transportes rápidos noticiários. A literatura de cordel teve e tem sempre um ponto de vista admirável. É um meio fácil de tornar o analfabeto mais prático na leitura de sua aprendizagem juntamente ao MOBRAL, com a literatura em versos o primeiro orientador.

Algumas outras opiniões foram: A televisão reduziu o público comprador no Norte, mas, o aumentou no Sul; a televisão trouxe uma queda no público tradicional (a camada pobre rural), mas, trouxe um aumento nas classes medianas e altas. Um poeta expressou medo de que a voga de ler os folhetos de feira pela classe média e pelos estudantes universitários passasse logo do cenário do cordel. (Franklin Machado, SP).

Uma opinião geral entre os poetas é o seguinte: ainda que o rádio e a televisão diminuíssem a leitura do cordel nas fases primeiras de sua popularidade, o efeito total é positivo em muitas maneiras: reportagens sobre a existência mesma da literatura de cordel, os seus méritos, a sua natureza pitoresca fizeram que o cordel se conhecesse, muitas vezes por primeira vez, entre a classe urbana mediana de estudantes universitários. A televisão trouxe muitos benefícios aos poetas mesmos, que, por meio dos noticiários, novelas e programas esportivos, acharam novos assuntos para seus folhetos. Por exemplo, Abraão Bezerra Batista (Juazeiro do Norte, CE) disse: "Sim. A televisão, a imprensa escrita e falada têm me auxiliado com relação aos acontecimentos longínquos. Ex. "O Menino que Nasceu com o Coração do Lado de Fora", (na Califórnia, EUA) e "Os Uruguaios que Comeram Carne Humana", etc."

E, Alípio Bispo dos Santos (Salvador, BA) falou que "O rádio e a televisão muito têm ajudado aos trovadores, basta diser-lhe quando o homem foi à lua mais de 200.000 folhetos foram vendidos no Brasil". Outro tema sempre espalhado no rádio e na televisão e certo de atrair o interesse dos poetas é a morte de uma importante figura nacional na política ou no mundo das diversões, ex. a morte de Juscelino Kubitschek, do Papa João XXIII ou João Paulo I ou o "velho" Coronel Ludugero da televisão nacional. [155]

Outra opinião declarada é simples: as vendas do cordel têm diminuído ao decorrer dos anos, e, talvez a televisão, o rádio e outros meios de comunicação sejam os responsáveis. Um poeta, porém, tocou uma nota consoladora quando disse: "Tudo que é progresso nos rouba um pouco das atenções, não a ponto de abandonarmos aquilo que gostamos, logo, enquanto houver cordel, haverá leitores". (Valeriano Félix dos Santos, Simões Filho, BA)

João Crispim Ramos (Serrinha, BA) fez um ponto importante:

> Teve, sim, até certo ponto negativo. O cordel era tido como o jornal, a televisão, o rádio do homem do campo. Foi substituído por esses, órgão de imprensa que com maior brevidade transmite as notícias às pessoas, ficando o cordel apenas como uma diversão para o homem que não tem as suas possibilidades do cinema ou outro meio de distração.

Comentamos: se é realmente certo que a função do cordel como jornal está diminuída, e note que os poetas mesmo não concordam que seja o caso, então, deixa o cordel só com a função de diversão para seus leitores. Quê da fotonovela, da história em quadrinhos, do livrinho de modinhas? Todas estas publicações existem ao lado dos folhetos de cordel nas bancas dos mercados e praças. Assim que a juventude de hoje em dia ficar mais orientada à vida urbana, parece que o cordel terá de sofrer um abalo. Porém, há evidência que o leitor urbano pode ficar ciente de e chegar a ser comprador do cordel. O próximo ponto de consideração neste ensaio sobre o comprador do cordel aclarará até certo ponto esta questão.

---

[155] Ver "Les poetes populaires du 'nordeste' brésilien et las morts célebres" do Professor Raymond Cantel e também "La Mort de Caryl Chessman dans la littérature populaire do 'Nordeste' brésilien" IN: Estudos de Filologia e História Literária Luso-Hispanas e Ibero-Americanas. La Haya, Universidade Nacional do Utrecht, 1966, p. 147-159. Ver também do mesmo autor "De la Sicile au Texas, au Mexique et au Brésil, quelquescomplaintes populaires sur la mort du président John Fitzgerald Kennedy". Caravelle, n. 5, Toulouse, 1965, p. 45-50.

Para concluir esta discussão entre os poetas, gostaríamos de considerar dois pontos de vista, um otimista, e outro bem o oposto. O leitor assim pode tirar as próprias conclusões.

Todos os órgãos de comunicação ajudam um pouco. O cordel está na sua melhor fase de todos os tempos. Tanto faça quanto vende. Isso quem diz sou eu que sou: Escritor, Editor e Vendedor. Eu mesmo faço, eu mesmo vendo. Agora quem ler o cordel não é só homem simples, e sim o universitário e pesquisador, etc. Assim sendo, o Rádio, TV, Teatro, Cinema e Jornal influenciaram o cordel. Tá ótimo!

(Pedro Bandeira, Juazeiro do Norte, CE)

Um retrato muito mais preto é feito por Paulo Nunes Batista (Anápolis, GO), um dos filhos da famosa família histórica do cordel da Paraíba sob o emérito Francisco das Chagas Batista. É fácil se sentir um pouco intimidado pelas informações que nos oferece. Achamos que é bom se lembrar das várias respostas positivas apresentadas por poetas em várias regiões do país. Repetimos, a situação do cordel varia de região em região, poeta em poeta.

Sem a menor dúvida. A medida que o progresso tecnológico adentra o Brasil, invade a hinterlândia, diminui de ano para ano o público ledor de folhetos de cordel. Em muitas cidades do sertão, e mesmo nas captais do litoral nordestino, caíram de tal modo as vendas de folhetos rimados que, nos últimos dez anos, diversos poetas populares 'abandonaram a profissão', dedicando-se a outra atividade mais rendosa. Estive há anos em Aracajú com o Manoel D'Almeida Filho, e, em sua banca vi gibis e livrinhos de cáuboi ocupando o lugar dos folhetos. Rodolfo Coelho Cavalcante, em carta, me dizia que estava agora vendendo flâmulas, porque folheto nada mais dava.... Estive em 1972 na Paraíba, e, nem nas feiras nem nas praças e mercados, não vi mais nem um só 'cantador de folheto' ou poeta popular vendendo o seu produto. Dizem alguns que há um novo surto, recente, de interesse pelos folhetos de cordel; mas, na realidade, o público não é o mesmo (o homem do povo simples, ingénuo e às vezes até mesmo analfabeto): agora são literatos, folcloristas e estudantes que compram os livrinhos, por mera curiosidade, por estar 'na onda da moda' ou para neles (nas histórias) buscarem assunto para estudos ou romances, novelas, teses, monografias, etc. Aonde chegam o rádio, a tevê, o cinema, a música jovem, o chiclete, a Coca-Cola, o folheto de cordel (expressão autêntica de nossa cultura popular) recebe um golpe mortal e vai acabar desaparecendo. Muitos poetas do cordel, os melhores, deixaram totalmente de escrever e publicar: os custos de impressão não dão mais para 'viver da poesia'.

Comentário do autor: se fizer em 1978 uma visita à Feira Nordestina em São Cristóvão, verão muitos folheteiros e um mercado próspero para o cordel. A leitura em São Paulo aumenta. Obtenhamos talvez uma resposta mais clara depois de considerar a próxima parte deste ensaio, a sobre o comprador do cordel. Achamos, hoje em dia na ré escritura destas notas velhas que o Paulo Nunes teve razão principalmente em um sentido: **o velho público** do cordel, sim mudou, "aquele homem simples do campo do nordeste". Mas, a realidade no século XXI é outra. Lembremos, mais uma vez, que o ensaio presente é o registro de uma época, registro de muitas novidades nunca contadas ou publicadas. A realidade do cordel sempre muda.

c.   O Comprador dos Folhetos de Cordel

Terá razão na sua avaliação na parte anterior o poeta Paulo Nunes Batista? Há trinta e nove outros poetas e editores a responderem. Para nós, no papel de aficionado e pesquisador, só temos que reler uns dos poemas na praça nos anos 70 e 80, como aqueles velhos de Leandro Gomes de Barros ou os de Manoel Camilo dos Santos ou Rodolfo Coelho Cavalcante, ou temos que lembrar o voto de Dila de Caruaru de seguir na luta até puder, e, então recordamos que esta poesia tão desprestigiada por tanto tempo por muitos que deviam saber melhor é provavelmente o documento mais valioso que possuiremos sobre o povo do Nordeste, sobre o caráter rural que antes era o caráter principal de uma terra chamada o Brasil. Então, começamos a apreciar a importância desta questão de compradores de cordel e a sentirmos a preocupação dos poetas tocante este tema.

Ao respeito dos compradores de cordel nos anos 70 e 80 há umas respostas muito claras pelos poetas que geralmente concordam em que: as vendas têm caído; menos gente compra o cordel. Aparte do comprador rural, pouco letrado ou mesmo analfabeto, os compradores de hoje em dia formam três grupos: 1) Turistas, brasileiros e estrangeiros, aqueles informados sobre o cordel via a televisão, os artigos em revistas como <u>Veja</u> ou <u>Manchete</u>, os jornais, e os departamentos de turismo, que compram estas "curiosidades" em viagens ao Nordeste ou pelo menos em passeios aos mercados nordestinos no Rio de Janeiro ou São Paulo. 2) Os estudantes que ficam clientes nas suas aulas de tradição cultural que representa a literatura de cordel e buscam ideias para trabalhos escritos e teses. 3) Os artistas e pesquisadores. Este último grupo é curioso em que inclui professores buscando documentação para seus estudos e escritores e outros artistas que buscam inspiração e ideias novas (velhas para o povo!) para a poesia, o conto, o romance, a peça dramática, o filme, e até a letra do samba de desfile de Carnaval (Meu Deus! O cordel veio de tão longe!)[156]

J. Borges (Bezerros, PE) diz ao respeito: "Os compradores são da mesma camada em menos número. Mas para completar a vendagem que se mantem no mesmo: veio os estudiosos, os colecionadores e por motivo das escolas despertou até gente rica a comprarem folhetos".

José João dos Santos (Azulão) também corrobora o dito:

> Os antigos compram com amor e zelo pela tradição, e os novos compram pelo interesse de fazer um estudo dessa literatura, que depois das propagandas de rádio e da televisão, por intermédio dos estrangeiros, caiu em moda. É considerado de utilidade para toda classe estudantil, teve uma grande procura pelos estudantes e professores, para ilustrar e enriquecer trabalhos nos colégios e nas universidades.

A pergunta mais básica, a nosso ver, é o que aconteceu com o comprador tradicional, a pessoa que lê o folheto por prazer e para se informar e instruir. É de esperar que alguém ainda leia o cordel por estes motivos. Dos quarenta poetas e editores que completaram o questionário, a grande maioria manteve que os compradores de hoje em dia são tanto os tradicionais quanto os novos. É de notar que só cinco disseram que o comprador principal

---

[156] Sobre o uso da poesia de cordel pelos artistas e a utilização de outras formas de arte popular como a música ou a xilogravura, ver o livrinho interessante <u>Arte Popular e Dominação, o Caso de Pernambuco</u>. Maurício, Ivan; Cirano, Marcos; e Almeida, Ricardo. Recife, Edta. Alternativa, 1978. O livro é muito útil em que apresenta debates com pessoas conhecedoras do assunto, pesquisa de dados na Região Metropolitana do Recife, depoimentos dos artistas populares mesmos, e documentos desde os anos do Movimento de Cultura Popular até o Movimento Armorial e o plano atual da Secretaria de Educação e Cultura de Pernambuco.

ainda é a pessoa da zona rural ou pelo menos a pessoa com raízes na zona rural. Sobre este aspecto do comprador tradicional, o Paulo Nunes Batista teve muito que dizer:

> Sim, o comprador-freguês, aficionado-ledor de cordel, hoje, é ainda remanescente dos anos 40, 50 e 60, mas sempre decrescendo numericamente. As novas gerações nem compram, nem leem, não só cordel, mas nenhum outro tipo de leitura, com raras exceções. A juventude atual lê cada vez menos: a televisão, o futebol, o rebolado e outras 'ondas' não deixam lugar nem tempo para o sadio exercício mental da leitura.... Hoje em dia quem ainda compra folheto, além do estudioso do assunto, é o leitor maduro, geralmente sertanejo, ou o operário pobre, com mais de 3 anos de idade. Nas grandes metrópoles só o proletariado ainda compra folheto: da classe média para cima, com exceção de colecionadores, não há consumidor do artigo. E o público certo é ainda o nordestino: fora do Norte e do Nordeste ninguém consegue viver de vender cordel...

A fúria do poeta se sente como se estivesse diante da gente, uma fúria verdadeira e entendida, mas também frustrada. Ver-se-á adiante na discussão dos fatores para o futuro do cordel a questão do progresso, dos tempos modernos de hoje em dia e o cordel.

Um comentário sobre o comprador novo que merece interesse é o seguinte de João Crispim Ramos (BA):

> O homem que compra cordel hoje em dia é o curioso, o pesquisador, o interessado em saber como o indivíduo é capaz de criar versos tão bem organizados sem saber teoricamente o que significam aquelas versificações tão bem coordenadas sem medidas e tão bem medidas pelos ouvidos, e que tanto significam para a cultura geral.

Assim é que os poetas deram muita ênfase no comprador novo: o pesquisador, o colecionador, o curioso. A nossa conclusão: baseada no questionário completo, é que o volume de cordel é diminuído, mas, ainda chama a atenção a ambos públicos, o tradicional e o recém-interessado urbano.[157] A nossa experiência recente na gigantesca feira nordestina

---

[157] Um estudo bem documentado sobre o comprador de folhetos no Rio de Janeiro é "Zé Matuto in the Wilds of Rio de Janeiro" de Candace Slater (uma comunicação lida no Simpósio na UCLA em Los Angeles em 1979). Slater também mostra a diferença de atitudes entre o poeta nordestino radicado ainda no Nordeste e o já migrado ao Sul.

do Rio de Janeiro corrobora este ponto. Quando a gente escuta um Azulão cantar "Rufino, o Rei do Barulho," olha as reações – o riso, a gargalhada, os comentários da pequena multidão que rodeia o poeta – e finalmente, vê o estoque inteiro desta história se vender adiante dos olhos, então é necessário acreditar na literatura de cordel, como diversão, e isto, na grande metrópole. Lembremos o comentário de Abraão Batista que usamos para introduzir esta parte do estudo: "O bom fica. Todo o mundo compra folheto hoje em dia".

d.   A Evolução e o Futuro da Literatura de Cordel

Pedimos aos poetas fazerem uma lista dos fatores positivos e negativos para o futuro.[158] Uma parte do respondido reformula numa maneira diferente o que já foi dito em outras partes deste ensaio, mas várias ideias novas são trazidas à luz. As respostas misturam o positivo e o negativo, e assim vamos considera-las.

Os poetas concordaram em umas necessidades básicas para que a literatura de cordel sobrevivesse e prosperasse. Estão convencidos que o interesse da classe média é necessário, isto ou de alguma maneira, um aumento no poder aquisitivo da tradicional classe baixa rural. O futuro, é claro, revolve ao redor de considerações econômicas e políticas. Segundo os poetas, existe o interesse do público na literatura de cordel. Se houvessem o poder aquisitivo do público pobre das camadas baixas a comprarem e o dinheiro para os poetas a imprimirem suas histórias, o cordel iria para frente. Isto com mais uma condição: a circulação livre do poeta ambulante para vender seus versos. Vários dos poetas protestaram veementemente a intervenção do governo, principalmente no nível local, onde os poetas têm que pagar impostos altos (para eles no seu estado), e, onde, às vezes, não são permitidos venderem o seu produto nas feiras (estas, segundo os poetas, ainda são a fonte básica para os compradores).

---

[158]   Um artigo iluminativo sobre um simpósio na PUC no Rio é Noblat, Ricardo. Ganhando Status. Veja, São Paulo 25 out. 1978. Indica a mudança de status da cultura popular brasileira nos meios intelectuais nos anos setenta e o estado atual da literatura de cordel. As cifras deste artigo encontram a sua realidade nas declarações recolhidas em Apêndices I e II de nosso ensaio.

Lembremos outra vez, estamos falando dos anos 70 e 80, muitas águas rolaram depois dos anos desta pesquisa. Uns dos comentários que revelam a dita situação são os seguintes:

A abertura oficial – em determinadas cidades do interior. A polícia perseguia (não vamos dizer persegue) os folhetistas. Eles teriam que cooperar pagando pesadas taxas, para eles, a fim de vender nas feiras.

(Abraão Batista, Juazeiro do Norte, CE)

Se houve mais incentivo dos poderes públicos, visando preservar essa expressão folclórica de nossa gente, que é o cordel, é possível que alguns cordelistas continuem a versar e editar seus livretos, para um público cada dia menos interessado no assunto. Como veículo de cultura, o cordel pode prestar bons serviços ao povo, desde que o governo se lembre de protegê-lo.

(Paulo Nunes Batista, Anápolis, GO)

Se não houver 'passagem franca' para o cordel, é bem possível que ele desapareça do comércio muito breve. O poeta popular faz a vez de um professor de Mobral, mas é ignorado.

(José Costa Leite, Condado, PE)

Assim, as preocupações realmente se reduzem às financeiras e políticas. A situação é bem resumida no seguinte comentário de J. Borges (Bezerros, PE):

O poeta puro não pensa outra coisa a não ser: escrever e publicar seus folhetos na intenção de arranjar a sobrevivência para si e sua família. E acho que temos certo valor, só não temos condições financeiras e liberdade para expormos os nossos produtos em toda parte que transita gente. Servimos apenas de instrumentos para os estudiosos, a até agora ainda somos humilhados em várias partes, em setores públicos ou privados.

Esta resposta debatida indica que o que irrita mais ao poeta é uma falta de apoio, seja na parte dos intelectuais que colecionam e estudam o cordel, ou seja dos poderes públicos que controlam o comércio nas feiras e nos mercados. Os poetas esperam que uma força de fora (nebulosa e indefinida nas suas mentes) possa converter a situação presente em outra mais beneficiadora para todos. É feito o pedido ao governo que faça o possível a motivar a população a reconhecer o interesse tradicional e cultural que têm como Brasileiros nesta tradição popular. Os poetas preveem uma espécie de propaganda governamental impelindo o público a comprar o verso.

Um poeta o disse em termos muito simples: Há de ter "o reconhecimento da própria História do que a Literatura de Cordel fez no sentido cultural em nosso País". (Antônio Ribeiro da Conceição, Salvador, BA)

O pesquisador de cordel, geralmente incapacitado no sentido de ajudar financeiramente aos poetas em larga escala, pode fazer seu papel propagando, popularizando a causa de cordel, assim fazendo-a mais visível ao olho público. É o que disse (e concordamos) o poeta Manoel Camilo dos Santos quando falou dos fatores positivos para o futuro do cordel:

> Os fatores mais positivos para o bom futuro da literatura de cordel são estas pesquisas que os senhores intelectuais estão realizando, (pois talvez) por este meio os poderes públicos tomem a iniciativa de ajudarem aos muitos poetas que se acham em precárias condições, sem poderem efetuar a publicação dos seus muitos originais inéditos (como é o caso deste que assim está se expressando).

Um poeta jovem, da nova geração de poetas urbanos e modernos, Franklin Machado, sugeriu uns fatores interessantes sobre o problema do futuro da literatura de cordel. Ele vê o futuro como positivo se a literatura de cordel "pudesse ser exportada e atingir a classe rica com melhor apresentação gráfica ou formal. A passagem de artesanato para um produto industrial". Continua o poeta a dizer que, "de vez, o poeta popular passará a depender de maior organização empresarial que decidirão que é bom ou ruim. A morte do artesanato pelo produto industrial". O ponto do poeta, fazer a poesia mais atrativa ao comprador de classe alta pela melhora de forma e apresentação gráfica e fazê-lo em escala maior é certo de estimular o debate. Achamos que ninguém praticamente espera isto. Mas, a preocupação pela forma sim é tocante ao assunto.

Rodolfo Coelho Cavalcante na Bahia já disse que os folhetos bem confeccionados e ilustrados da Luzeiro Editora de São Paulo, folhetos mais vistosos e caros, concorrem com os seus de tipo nordestino mais tradicional e ganham na luta de vender.[159]

J. Borges (Bezerro, PE) pôs na sua lista de fatores negativos o fato de "As editoras do Sul comprando todos originais bons e proibindo de se publicar no estilo popular".

Chegamos a um dilema filosófico e estético (para o folclorista) e financeiro para os poetas: seguir na luta com a gráfica pequena de estilo nordestino ou vender os originais à editora no Sul? É válido lembrar que a literatura de cordel, essencialmente popular na sua forma, isto é, escrita e com autoria assinada, ainda é folclórica nos seus temas e no seu sabor. O folclorista e comprador querendo estas últimas qualidades não estarão a favor de uma "modernização" da poesia.[160] Mas, permanece a realidade que o comprador não sofisticado é atraído pelas cores vivas na capa, pela apresentação do "novo" folheto do Sul. A nossa preocupação, porém, é que esta poesia realmente folclórica e popular seja reduzida à camaradagem e concorrência da história em quadrinhos, a fotonovela e outras publicações exclusivamente urbanas.

A opinião de Franklin Machado não é apoiada por muitos dos outros poetas no levantamento. Eles mantêm que é a forma original tradicional que dá o encanto ao folheto: a xilogravura na capa do folheto que ilustra (às vezes) a história por dentro, o sabor ingênuo simples, rural da poesia nos folhetos baratos e frágeis (em comparação aos do Sul). A concorrência (fim dos anos 1980) com a grande editora em São Paulo é importante, admitimos, mas há fatores mais urgentes.

---

[159] Vero artigo "Abrindo Caminho". <u>Veja</u>, São Paulo, 9 nov. 1977 em que o poeta J. Borges lamenta que o povo só goste "de cromos de santos e capas de revistas" nas paredes de suas casas, fato que talvez explique o gosto pela capa colorida de folhetos da Luzeiro. Comentário do autor: uma das grandes mudanças no futuro será precisamente esta: o povo brasileiro e internacional comprando as xilos de J. Borges e outros artistas como Marcelo Soares, José Costa Leite a decorar as paredes de suas casas!

[160] Mesmo assim, em conversa com o folclorista e perito da literatura de cordel, Sebastião Nunes Batista, ele disse que contanto que as editoras ficassem com a forma tradicional do cordel, isto é, a sextilha ou a septilha, etc., não fariam nenhum mal as mudanças de capa, como as que faz a Luzeiro. Reiterou que o que o povo quer mesmo, é a história rimada.

A maior dificuldade enfrentando os poetas é que eles precisam a ajuda financeira a imprimir seus versos e a liberdade de impostos pesados nas feiras para poder cantar e vender sua poesia. Precisam ser reconhecidos, por assim dizer, com uma parte do patrimônio nacional. O processo é lento, mas, note a aceitação mais ampla e o interesse no cordel no fim dos 1980 em comparação a dez anos atrás.

O obstáculo mais sério, aparte daquele financeiro mencionado há pouco, é um tanto abstrato e filosófico: o progresso, a evolução de sua sociedade essencialmente rural a uma urbana e industrializada. Sabemos que a literatura de cordel é capaz de se evoluir e agradecer um público que constantemente muda. José Soares (Jaboatão, PE) dizia isto quando escreveu: "Tenho um ponto de vista firmado que os fatores positivos para a literatura de cordel aqui a dez anos ou mais seja dois fatores básicos: primeiro, a evolução da população, segundo, o progresso".

Paulo Nunes Batista reitera suas dúvidas para o futuro quando fala destes fatores negativos:

A literatura de cordel – como todas as demais tradições populares – está fadada ao desaparecimento, em futuro próximo no Brasil. Talvez sobreviva mais dez anos, se tanto. Vários são os fatores entre os já acima enumerados: queda o poder aquisitivo, mudança da mentalidade popular, impossibilidade de impressão, em vista dos preços escorchantes cobrados pelas gráficas, desinteresse crescente dos leitores, a civilização deformando a mundo primitivo do sertão, impondo novos padrões e vida, etc.

Em outras palavras, será permitido existir esta literatura por forças que por ela são incontroláveis? Mudanças de gosto em populações migrantes, mudanças de hábitos de leitura numa sociedade dependente no rádio e na televisão (e nem falar das mudanças a vir pela internet e aplicações "sociais", fato de 35 anos no futuro), a inflação e pressões financeiras, o preconceito intelectual, a ignorância ou mesmo uma falta de percepção pelo público, todos estes fatores são além da esfera de controle dos poetas e editores.

Apesar de todo o negativismo, há muitos poetas em toda a área de cordel que continuam a suportar a pobreza e enfrentar os obstáculos que sempre existem para o artista da sociedade, e ainda mais, para o artista do povo. Talvez vá sobreviver a poesia de cordel **se assim querem os poetas**, como disse tão simplesmente J. Borges (Bezerros, PE): "No meu modo de pensar, os fatores para o futuro de cordel são a persistência e a criação dos poetas, sendo que procurem escreverem para o povo da região e mantiverem o otimismo e o amor pela poesia (descobrir coisas que o povo goste de ler).

Os poetas têm recebido o apoio, geralmente pequeno e às vezes simbólico, de organizações, fundações, e entes universitárias. Foram ajudados pela publicidade a visibilidade de sua contribuição à cultura Brasileira, mas nunca foi bastante o apoio. Sua situação permanece tal como descrita neste ensaio, melhor dito, nos comentários totais dos poetas mesmos. Talvez tudo se reduza a isto:

Em fim podemos concluir que se não fôssemos verdadeiros heróis, deixaríamos de escrever cordel, pois a cada dia que passa as possibilidades de progresso diminuem. Mas, continuaremos...

(João Crispim Ramos, Feira de Santana, BA)

O elemento do heroico na literatura de cordel desde os começos vem sendo seu tema principal e é a base de muitas de suas figuras mais famosas: Carlos Magno e os Doze Pares, Príncipes e Princesas, Pedro Malasartes e João Grilo, o Boi Misterioso, cangaceiros e valentes do sertão, e os heróis da História, da Política e da Religião. Achamos que há uma parte do herói no poeta de cordel que continua baixo as maiores dificuldades de proporcionar-nos o público ledor, uma poesia que nos diverte e uma poesia em que o poeta nos demonstra seu talento e encanto como arquivista de uma tradição popular que desaparece gradualmente a medida que o Brasil se evolui numa potência econômica neste último quarto do Século XX.

Temos estas declarações, já históricas, como documento destes tempos e lugar. E, temos os milhares de poemas nos arquivos nacionais, em coleções particulares, nas mãos dos leitores urbanos curiosos, e mais importante, nas casas daqueles sertanejos ou nordestinos tradicionais. Todos cantam a história deste segmento do povo Brasileiro que representa uma parte importante da história total Brasileira dos fins do Século IX aos fins deste Século XX. Para uma declaração específica de o que é esta História, consideramos no segundo capítulo os conceitos e ideias do cordel como é hoje em dia.

Capítulo Segundo: Os Temas da Literatura de Cordel segundo a Voz dos Poetas

Introdução: os Conceitos e a Cosmovisão

O propósito deste segundo capítulo da segunda parte do livro é considerar os temas, e, daí, os conceitos e ideias expressos na literatura de cordel no fim dos anos 1970. Não é propriamente uma classificação do cordel embora tenhamos que organizar esta vasta literatura em categorias manejáveis para cumprir com o propósito do estudo. A base do capítulo e o que o faz diferente de outros estudos sobre o assunto é que os peritos, as fontes de informação, são os poetas mesmos. Como no Capítulo I queremos resumir e comentar as respostas dos poetas a um questionário sobre o que eles expressam nos seus folhetos.

A maior parte dos estudiosos do cordel concorda que o cordel encerra, em forma escrita e popular, uma tradição literária popular, antes folclórica e uma visão popular do que acontece no mundo de seus poetas e leitores. O cordel já é reconhecido pelo que é: um arquivo, um documentário de um segmento significante da sociedade brasileira. A dificuldade que se apresenta é o seguinte: um documento precisamente de que? Existe agora pelo menos uma dúzia de livros, todos bons no seu propósito, de responder à pergunta. O que, achamos, dá valor a nossa tentativa de explicação é que a sua base são as opiniões dos poetas que não só se interessam nela, mas respiram e vivem esta realidade.

A realidade esta é complexa e gigantesca. Abrange a tradição literária popular vinda de Europa, e, até certo ponto, o Oriente, mas, é muito mais. É um retrato em verso do imaginado e do vivido, o fantástico e o concreto de um povo radicado antes no Nordeste do Brasil, e agora espalhado pelos quatro cantos do país de seu berço.

O cordel é das massas, da camada mais baixa economicamente do Nordeste, mas esta literatura reflete uma realidade bem além das de barreiras sociais. É, em grande parte, universal, como toda literatura de raízes folclóricas, e nos conta muito do que é esta realidade que é o Brasil. [161]

Pois bem, o propósito nosso então é chegar a uma declaração manejável da realidade expressa em cordel por meio do pensamento dos poetas e nossa interpretação dela. Para fazer isto, é preciso tomar uma olhada extremamente ampla do cordel baseada em folhetos de diversos períodos cronológicos, regiões, e autores. É imprescindível ter um verdadeiro perfil dos temas nos folhetos considerados, velhos e novos para ter uma amostra adequada para os comentários dos poetas.

Prosseguimos assim: revisamos nossa própria coleção de mais de dois mil títulos, um fichário nosso feito sobre a coleção da Fundação Casa de Rui Barbosa (que tinha folhetos então da coleção Cavalcanti Proença, Diégues Júnior e Orígenes Lessa), a coleção melhor dos folhetos de Leandro Gomes de Barros, e outros folhetos de coleções de nosso conhecimento na Paraíba, Pernambuco, e, de antologias ou livros sobre o cordel. Reduzimos estes títulos a uns trinta e dois assuntos. ("Assuntos" é usado aqui no sentido de "tema", "tipo", ou mesmo, "categoria" cordeliana.) Estes trinta e dois assuntos cabem dentro de qualquer das classificações principais da literatura de cordel por pesquisadores ativos no estudo desta literatura popular.[162] Dentro dos trinta e dois assuntos ou categorias, há o que melhor poderíamos chamar temas e subtemas, ou seja, subdivisões de um tema maior ou mais geral isto porque queríamos ter certeza que déssemos aos poetas uma oportunidade ampla de comentar um tema geral. Pedimos que comentassem qualquer assunto que lhes despertasse interesse, mas certamente, todos os assuntos que empregassem nos seus próprios folhetos.

Foi a parte mais difícil do questionário a preparar para os poetas, e, foi evidente a parte mais difícil de responder. Achamos que a natureza abstrata e filosófica da pergunta explica

---

[161]   Devido a isso, incluímos o cordel como parte íntegra em nosso curso de Civilização Luso-Brasileira. Acreditamos que o estudante estrangeiro (e mesmo o Brasileiro) aprende muito de sua herança só pelo estudo do cordel.

[162]   Indicamos na introdução a esta parte os livros básicos sobre o cordel que oferecem classificações temáticas.

o dito. As respostas, em geral, foram curtas assim dando espaço para incluir as mais úteis no texto deste ensaio e a falta de necessidade de fazer um apêndice especial para elas. [163]

Descobrimos que há certos assuntos da lista do questionário que se empregam no fim dos 80 muito menos como tema. Mas, os mesmos são ainda lidos e reeditados como folhetos consagrados. Isto é devido principalmente às mudanças na realidade econômica, política e social no Brasil em comparação à situação de uns cinquenta a setenta anos atrás. Mas, é de notar que **todos** os assuntos do questionário ainda permanecem no cordel, embora alguns numa escala reduzida. Um dos propósitos deste estudo foi chegar à realidade dos temas do cordel hoje em dia, mas, é óbvio que o cordel, mesmo que se adapta aos novos tempos, também fica no mesmo plano conceitual. Assim, achamos que o resultado é válido não só para o período contemporâneo (os 1970 e 1980), mas também para o cordel dos tempos de antes.

Como dissemos no começo, não quisemos nem pretendemos criar uma classificação dos assuntos de cordel, só queríamos juntar os assuntos em forma lógica e clara para o questionário deste ensaio. Por isso, se nota que concordamos e coincidimos com a ideia da história tradicional e a história do acontecido da classificação de Manuel Diégues Júnior, do elemento heroico do estudo de M. Cavalcanti Proença, de certa terminologia na forma dos "fenômenos" de Liêdo M. de Souza a divisão interna das histórias tradicionais de Ariano Suassuna.[164] Embora as histórias do cangaço e dos valentes são literariamente relacionadas às do ciclo heroico de Carlos Magnos, são heróis Brasileiros e representam uma realidade brasileira. Não são tradicionais no sentido Europeu, por isso, a divisão diferente nossa. E, finalmente, a divisão diferente nossa da sobrevivência econômica: a luta de sobreviver do povo, a nosso ver merece categoria especial.

Salientamos que toda classificação ou esquema de temas é artificial, isto porque é difícil ser completa ou sempre lógica, e, o comum é o caso quando o poeta junta dois ou até mais motivos numa narração. A nota saliente é a flexibilidade e a liberdade do poeta de variar

---

[163] Já explicamos a metodologia do ensaio ao respeito de textos e apêndices.

[164] Baseamos o nosso esquema na leitura das classificações já citadas com umas poucas mudanças que serão notadas.

seu ponto de vista, e, daí seus temas e assuntos.[165] Nada melhor para demonstrar isto que a história de um cangaceiro como Antônio Silvino que, de vez, é reportagem de um evento real, narração heroica de uma figura popular nordestina, e, às vezes, um comentário moral sobre o estado da sociedade nordestina.

Antes de chegar aos assuntos específicos gostaríamos de resumir e comentar as respostas gerais dos poetas a duas perguntas relacionadas à questão de tema: "Vê o senhor qualquer mudança nas preferências de temas do público que compra folhetos de cordel hoje em dia?" e "Os mesmos valores tradicionais da literatura de cordel ainda predominam, ou, existe uma nova moralidade e conjunto de ideias nos folhetos de cordel de hoje em dia"? Assim teremos duas perspectivas sobre a questão do tema: uma geral e outra específica e poderemos depois tirar as próprias conclusões.

Ao respeito da ideia se há uma mudança nos temas de cordel, comparando os folhetos de hoje em dia com os de um passado indefinido e a evolução destes temas, os poetas expressaram uma variedade de respostas. Não concordam e é particularmente interessante ver quem é que fala. As respostas nos deixam com informação que não tivemos antes, e nos dão uma boa indicação do que se escreve, se imprime e se vende hoje no cordel. Muitos dos poetas (17) mantêm que os temas não mudaram, que as preferências do público são as mesmas do passado. Uns poucos (4) salientaram um aumento no uso do folheto cômico e satírico. Uns comentaram no uso significante do erótico ou sexual ou nos seus termos, os temas pornográficos (3). Esta última opinião foi debatida energicamente por dois dos poetas mais idosos. Mas, um denominador comum foi que um **bom** folheto, o **bom** romance, o **bom** escritor sempre será aceito com sucesso pelo público. A dificuldade foi que ninguém definisse ou explicasse o que queria dizer por "bom".

Eis uns dos comentários referidos:

---

[165] Sempre nos intrigou o problema do motivo narrativo do autor do folheto de cordel. A nosso ver, toda história de cordel se reduz a um motivo narrativo do poeta. Também, reconhecemos que sempre houve e sempre haverá uma coincidência ou sobreposição de temas simplesmente porque a vida e as coisas da vida não são tão lógicas, fixas, ou fáceis de organizar e classificar. O poeta narra sua história sempre querendo atrair ao público e vender seu folheto, mas, cada narração tem seu propósito: divertir ensinando, e divertir informando. O comum é a mistura de tudo.

As preferências são as mesmas, salve algumas novidades de acontecimentos que surgiram e marcaram épocas na vida de um povo. Então, depois de esgotadas as edições, muita gente ainda procura, porém os folhetos antigos são muito procurados por todas as classes.

(João José dos Santos, Engenheiro Pedreira, RJ)

A preferência é a mesma: histórias de amores, de gracejos, de bravuras e sentimental.

(Manoel Camilo dos Santos, Campina Grande, PB)

Uma resposta bem pensada foi esta de Paulo Nunes Batista (Anápolis, GO) quando comentou as mudanças de temas nas áreas urbanas:

Sim, há sensível mudança. Azulão, por exemplo, em vez de estórias de serpentes encantadas, bodes misteriosos ou príncipes aventureiros, escreve agora sobre "O Trem da Madrugada" "Os Sofrimentos dos Operários", "A Saia que Suspendeu", "O Sofrimento do Pobre no Brasil dos Milionários", "Só o Divórcio Conserta", etc. O reduzido público do cordel é hoje mais realista, mais sofrido, menos sonhador. O folheto-reportagem tem mais aceitação, agora, do que o romance rimado, embora ainda haja quem procure ler a "História do Papagaio Misterioso" e "O Futebol dos Animais".

Mas, houve um número significante de poetas que disseram que embora os temas tenham se evoluído, ainda predomina a tradição. Um poeta que é o mais idoso de todos no levantamento, talvez o dissesse melhor: "Para os nortistas os temas são os mesmo de sempre.... Que de minha parte, só morrem quando eu morrer, pois para isto peço a Deus toda hora que me conserve moço a cada dia." (Dila, Caruaru, PE). É de notar que vários poetas disseram que os velhos "consagrados", os escritores e as histórias tradicionais do passado, ainda hoje se vendem mais, querendo dizer os poemas de Leandro Gomes de Barros, Francisco das Chagas Batista, João Martins de Atayde e outros.

Continuaram os poetas a expressar as opiniões mais diversas sobre os temas mais usados hoje em dia no cordel. Uns acreditam que a época do romanticismo e imaginação já é passada, que o folheto circunstancial, de acontecimentos, é que vende mais. Outros expressam a opinião oposta, declarando que é a história imaginativa, bem criada que é desejada mais pelo leitor. Há de considerar cuidadosamente cada poeta, sua região, e sua experiência pessoal para chegar a uma visão completa disto. A análise dos assuntos específicos, depois destas considerações gerais, iluminará a questão.

Em quanto aos valores expressos hoje em dia no cordel, há umas respostas maravilhosas. Dos poetas todos que responderam (40), 14 concordaram que os valores são os mesmos, mas, 14 disseram que há uma evolução no cordel. Cinco notaram uma balança entre velho e novo, e sete não responderam nestes termos. Note que nesta introdução consideramos a evolução de temas, se esta realmente existe, e nos trinta e dois assuntos, consideraremos especificamente os conceitos ou ideias expressos neles.

Geralmente, os que sustentam que o cordel não mudou, responderam em forma muito breve como Rodolfo Coelho Cavalcante (Salvador, BA) que disse: "Não existe nova ideologia na literatura de cordel. Os temas são os mesmos de anos atrás". Manoel Camilo dos Santos (Campina Grande, PB) disse: "Nada, tudo está no mesmo".

São os que notam mudanças que tendem a dizer mais. Um comentário foi o seguinte de um dos poetas radicados em São Paulo: "Os valores hoje são mais liberais. Está caindo o preconceito contra o negro; não se defende tanto o Catolicismo, e procura ficar à margem da política. Não se canta mais donzelas encasteladas a sete chaves".

(Franklin Machado, São Paulo, SP)

Uma joia de expressão popular foi a resposta de Abraão Batista (Juazeiro do Norte, Ce):

> O folheto acompanha o povo. Ora, o poeta de olhos abertos terá que notar a realidade: o homem já foi à lua, o Papa não é mais infalível. Estão gravando conversa de alma, tem aí a parapsicologia. O folheto, como o povo, sofre uma mutação. Ora seguindo, ora recuando milênios. No final, sempre evoluindo. A

ideia lógica da literatura de cordel é Deus e o homem. Se não há lógica nisso, não há lógica em nada. Não condeno nada se outros poetas usam o folheto para os seus poemas. A água e o óleo são necessários, mas, não se misturam. Pelo que nela consta, sempre existiram os folhetos "imorais" ("O Vendedor de Fumo na Feira"). Muitos leitores gostam. Outros aproveitam para vender figuras eróticas nos folhetos. Mas o folheto mesmo permanece.

Ainda mais específica é esta declaração de Paulo Nunes Batista (Anápolis, GO):

A pergunta está parcialmente respondida nas linhas acima, mas pode-se acrescentar o seguinte: o poeta de cordel evolui com o tempo, adaptam-se as novas ideias e costumes. Num tempo de minissaias e biquínis, liberdade total para os jovens, inversão de valores tradicionais, dissolução da família, a poesia de cordel não pode continuar a estacionar nos arcaicos padrões da moralidade. A ideologia predominante do cordel, atualmente no Brasil, é a defesa dos interesses das populações desvalidas: a nota social sobressai na mensagem do Aedo popular. Se ele fala sobre a ida do homem a lua, numa reportagem rimada, não está inventando nada, descreve apenas fatos acontecidos, do conhecimento geral, como o são a carestia, o desemprego, o abandono das roças pela cidade, a desvalorização da moeda, etc. etc.

Note-se que não todos os poetas vão concordar com esta resposta sobre a ideologia predominante do cordel. Por exemplo, esta declaração de Antônio Ribeiro da Conceição, "A moral sempre foi a melhor aceitação do povo nordestino. Enquanto ideologia, o poeta não gosta e nem entende". E que pensar quando José Costa Leite (Condado, PE) introduz este comentário (que nos recorda os fatores negativos para o futuro do cordel):

A literatura de cordel cresce o valor na tradição, mas ninguém pode vendê-la abertamente. Pois em várias feiras do Nordeste ou em todas as feiras, as poesias de cordel são censuradas pela polícia, e, o poeta que canta é recebido como um marginal ou um desocupado.

Como defender as classes desvalidas baixo tais circunstâncias? E este comentário de José João dos Santos (Engenheiro Pedreira, RJ) contradiz diretamente o de Paulo Nunes Batista:

> Os folhetos antigos e tradicionais são preferidos e predominam em todas as preferências, principalmente aqueles que foram escritos pelos grandes poetas como Leandro Gomes de Barros, José Camelo de Melo, Francisco das Chagas Batista, Manoel d'Almeida Filho e outros.

O que se salienta é que há uma evolução na literatura de cordel, isto apesar da popularidade dos folhetos consagrados de valores tradicionais. De fato, concluímos, é esta capacidade especial do cordel que o permite a evoluir e refletir os tempos novos. [166]

Uma questão relacionada à evolução de temas e valores foi ao respeito à linguagem e à forma métrica do folheto popular, preocupação declarada por seis dos poetas.[167] Notam estes vates que hoje em dia o poeta de cordel dá mais atenção à linguagem empregada e à métrica do verso. Embora tocando mais na forma que no conteúdo do folheto, esta mudança será de necessidade refletida neste último. É de notar que esta preocupação recente pela correção na linguagem e a exatidão na métrica foi expressa só pela minoria dos poetas. Não indica que a natureza básica do cordel vá mudar nem no futuro próximo, fato sugerido neste comentário:

> Os valores continuam. Hoje se faz cordel como há muitos anos atrás. Alguns tentam, como eu, dar certa correção e consegue, porém, não passa de uma minoria, que só depois do desaparecimento dos mais antigos poderão impor as suas mentalidades.
>
> (João Crispim Ramos, Feira de Santana, BA)

---

[166] Esta capacidade de se evoluir talvez explique a persistência do cordel no Brasil enquanto enfraqueceu e desapareceu em outros países, como é o caso de Portugal, da Espanha e vários outros países da América do Sul.

[167] Anos atrás, Luís da Câmara Cascudo lamentou a evolução que ele viu nos folhetos de cordel daqueles de tom autêntico rural aos novos menos rurais e mais urbanos. Será a situação discutida por estes seis poetas a continuação do mesmo fenômeno?

Mas, indiretamente, nos leva a uma consideração de uma preocupação dos estudiosos quanto aos autores de cordel: quando passar a geração velha de poetas populares (e muitos dos participantes são idosos) continuará a existir na sua forma tradicional esta literatura? Nos anos 1980 o poeta é diferente. Muitos deles têm faculdade e com ela uma visão necessariamente diferente à dos velhos. Pelo visto no Capítulo Primeiro desta PARTE II do livro, o cordel sim continuará, pela menos numa escala reduzida com certas características evoluídas tanto com a preservação de várias das velhas. Mas, em que forma? A ênfase numa linguagem nova, mais correta e elegante é corroborada por este poeta:

> Existem certas mudanças, uma delas é a aperfeiçoamento dos seus escritores com relação a rima, métrica, e oração, e como também no melhoramento do Português que antes era escrito de qualquer jeito.

(Erotildes Miranda dos Santos, Feira de Santana, BA)

Pois bem, que dizer do encanto básico desta poesia? É uma linguagem salpicada de imagens da terra, do sertão, uma linguagem rude, neta mente rural, às vezes errada e ingênua, mas pouco artificial. Será convertida em um "aperfeiçoamento" de hoje em dia? Há perigo que o cordel dos "novos e modernos" siga neste segundo caminho mais correto? Recordamos que o cordel, mesmo na sua forma popular, é de raízes autênticas folclóricas, mesmo o cordel encontrado no Rio ou em São Paulo. Assim a questão da evolução permanece importante em qualquer consideração da natureza do cordel.

Até que ponto existe a tal evolução descobriremos na análise dos trinta e dois assuntos do cordel a seguirem.

1. Histórias Tradicionais

a.   Carlos Magno e os Doze Pares da França

"A Prisão de Oliveiros"

Começamos este levantamento e análise dos assuntos de cordel com as histórias de Carlos Magno porque o ciclo é citado tradicionalmente como o epítome do heroico e os temas tradicionais na literatura de cordel. Esta história e outras da literatura popular da Península Ibérica, como "A Donzela Teodora", "A Princesa Magalona" e muitas outras eram entre as primeiras vindas da Península a serem transcritas em sextilhas e septilhas e espalhadas pelo Nordeste na literatura de cordel.[168] Embora numericamente pequeno o número de folhetos diferentes escritos no Brasil sobre este assunto, a importância do ciclo foi muito

---

[168]   Ver Luís da Câmara Cascudo. <u>Cinco Livros do Povo</u>. Rio de Janeiro, José Olympio, 1953.

maior do que os folhetos escritos.[169] O sucesso dos romances de cordel foi explicado pela prevalência da novela em prosa com leitura comum nas casas grandes das fazendas de gado e cana de açúcar no Nordeste.[170] Daí foi tema dos velhos cantadores e chegou à forma escrita popular nos folhetos de autores como Leandro Gomes de Barros e outros.

Há umas indicações claras pelos poetas sobre a sorte desta história tradicional na literatura de cordel atual e a opinião dos poetas contemporâneos sobre ela. Primeiro, a metade dos poetas no questionário nem comentaram indicando que, ou têm pouco interesse no assunto, ou sabem pouco dele. E é de notar que da outra metade que sim responderam, uma clara maioria disseram que não utilizam o assunto e não têm interesse nele. Uns disseram que o assunto "está batido", e, não há mais demanda para ele. (Esta opinião não foi unânime, mas foi a regra). Outo disse: "Poucos sabem que foi Carlos Magno". (Antônio Ribeiro Conceição, Salvador, BA) Uma opinião contraditória foi expressa pelo poeta João José dos Santos (Azulão) na parte deste ensaio sobre os valores no cordel hoje em dia quando disse: "Os folhetos antigos e tradicionais são preferidos e predominam em todas as preferências".

No sentido de conceito temos uma noção deste assunto na mente do bardo popular nesta resposta de Abraão Batista (Juazeiro do Norte, CE): "A bravura e a lealdade são elementos, qualidades admirados e desejados". Manoel d'Almeida Filho corrobora a opinião dizendo que "O povo gosta da bravura dos guerreiros valentes".

Uma explicação da falta de interesse talvez se encontre nos comentários destes dois poetas: "É tema antigo para mim. Os seus pares são hoje os cavaleiros, vaqueiros e cangaceiros". (Franklin Machado, São Paulo, SP). E, "Entendo o assunto de modo especial. O poeta

---

[169]   Como exemplo do ciclo citamos os seguintes folhetos: Sampaio, Marco. "A Morte dos Doze Pares da França". Juazeiro do Norte. José Bernardo da Silva, s.d.; Barros, Leandro Gomes de. "A Batalha de Oliveiros com Ferrabraz". Juazeiro do Norte, José Bernardo da Silva, s.d.; Barros. "A Prisão de Oliveiros". Juazeiro do Norte, José Bernardo da Silva, s.d.; Sem Autor. "Roldão no Leão de Ouro". Juazeiro do Norte, José Bernardo da Silva, 1960.; Sampaio, Marco. "Traições de Galalão e a Morte dos Doze Pares da França". Juazeiro do Norte, José Bernardo da Silva, 1941; e, S.A. "Batalha de Carlos Magno com Malaco Rei de Fez". Juazeiro do Norte, José Bernardo da Silva, 1942.

[170]   Cascudo, Vaqueiros e Cantadores. Porto Alegre. Ed. Livraria do Globo, 1939, p. 92. Este autor pela gentileza do pesquisador Josph Luyten possui uma cópia Xerox da novela em prosa pela Livraria Garnier no Rio de Janeiro.

há de escrever Histórias e Estórias novas e não repetir Estórias e Histórias que já foram escritas por outros colegas". (João Vicente da Souza, Campo Maior, PI)

Assim vemos a ligação tão discutida entre o velho cavaleiro medieval heroico e os modernos heróis do cordel brasileiro.[171] O poeta de hoje em dia se sente, evidentemente, muito mais cômodo com os seus próprios heróis. O ideal não mudou, mas, a forma expressa do ideal, sim. Acrescentamos: o poder criativo, o desejo de inovar aqui se declara.

A nossa conclusão na base destas respostas dos poetas é que embora o tema fosse de muito sucesso na velha literatura de cordel durante a época de Leandro Gomes de Barros e outros, agora caiu de moda e é de interesse principalmente nos sentido histórico do cordel.[172] Seu valor como assunto histórico, ligando o cordel à novela tradicional popular da Europa e ao romance (poema) é sem dúvida sem disputar. Assim, seria de interesse aos colecionadores e outros que desejam saber de temas antigos.

---

[171] Ver M.Cavalcanti Proença. "Trilhas do Grande Sertão". <u>Augusto dos Anjos e Outros Ensaios</u>. Rio de Janeiro, José Olympio Edta.,19 59, em que o autor fala da herança heroica das <u>gestes</u> medievais na forma de cangaceiros e valentes do Brasil.

[172] Esta conclusão é contradita pela experiência nas feiras do Brasil aonde ainda se encontram em edições novas estas mesmas histórias tradicionais. O público ainda compra, mas, evidentemente em número reduzido. O fator importante do custo do romance de 32 páginas certamente vem à tona também. Há reedições ainda em 2014 pelo poeta e editor Klevisson em Ceará.

b.   O Príncipe e a Princesa na História de Trancoso

"O Pavão Misterioso"

Como outro exemplo das histórias tradicionais da velha literatura de cordel, este assunto recebeu muita atenção dos poetas. O assunto tem seu ponto de partida naqueles velhos romances trazidos ao Brasil de Portugal na forma de prosa ou verso. Câmara Cascudo comenta que: "Esses romances trouxeram as figuras clássicas do tradicionalismo medieval. Cavaleiros andantes, paladinos cristãos, virgens fiéis, esposas heroicas, ensinaram as perpetuas lições da palavra cumprida, a unção do testemunho, a valia da coragem, o desprezo pela morte, a santidade dos lares". [173] Mas, é relacionado também com os contos

---

[173]   Cascudo, <u>Vaqueiros e Cantadores</u>, p. 16.

maravilhosos ou histórias de Trancoso e toda a história complicada deles como reportada por Manuel Diégues Júnior no seu estudo recente.[174]

Estas histórias tomam lugar geralmente em países longínquos, como a Pérsia, a Palestina, a Índia ou em reinos fantásticos além do mar com nomes como Passilam ou Omam.[175] São habitados por reis cruéis, duques e barões orgulhosos, príncipes valentes, princesas enamoradas e tristes, e, por fadas e monstros de toda espécie. O poeta quase sempre tem uma mensagem moral que anuncia antes de começar sua narração como, por exemplo, o grande poder de Deus, ou, "O destino é como um livro que só se fecha com a morte". A Verdade e o Bem vencem a Mentira, o Orgulho, a Impiedade, e o Ódio, mas só depois de uma luta de proporções fantásticas. Nestas histórias vemos o talento criador e a imaginação livre e fértil do poeta popular no seu ponto mais alto. [176]

Despertou muito interesse e comentários pelos poetas. As ideias principais expressas nelas se explicam bem nesta declaração: "Este tema perpetua o folclore do Brasil, numa ficção que agrada muito ao leitor. `As vezes cantando exemplo que serve como orientação a renuncia na vida de muita gente". (Pedro Bandeira, Juazeiro do Norte, CE)

O enredo sempre trata amores e obstáculos aos amores, e, um poeta conta da atração de tais histórias nesta maneira: "O amor é a essência da vida. Ele vence, cria, supera, expande e dá. Quando se ama pode-se vencer. Quase sempre há uma corrente em sentido contrário ao amor". (Abraão Batista, Juazeiro do Norte, CE)

---

[174] Diégues Júnior, Manuel. "Ciclos Temáticos na Literatura de Cordel". In: Literatura Popular em Verso. Estudos I. Rio de Janeiro, Fundação Casa de Rui Barbosa, 1973, p.. 43-47.

[175] São maravilhosas as variantes que tomam lugar no Brasil como, por exemplo, Barros, Leandro Gomes de. "História da Índia Necy". Juazeiro do Norte, José Bernardo da Silva, 1966.

[176] Uns títulos selecionados são os seguintes: Ataíde, João Martins. "O Prisioneiro do Castelo da Rocha Negra". Juazeiro do Norte, José Bernardo da Silva, 1957; Pacheco, José. "A Princesa Rosa Munda ou a Morte do Gigante". Juazeiro do Norte, José Bernardo da Silva, 1964; e os folhetos clássicos de Barros, Leandro Gomes de. "História da Donzela Teodora". Juazeiro do Norte, José Bernardo da Silva, 1965; e Ataíde, João Martins de. "História da Imperatriz Porcina". Juazeiro do Norte, José Bernardo da Silva, 1950.

Outro poeta vê este tema como simples diversão para o público do cordel e acredita que é um tema que dá aos sertanejos o mesmo sentido de contentamento como "o homem mais evoluído sente no cinema". (João Crispim Ramos, Feira de Santana, BA)

Vários poetas concordam que é tema ainda apreciado, embora muito explorado. Notam que estas histórias passam de geração a geração. (Manoel d'Almeida Filho, Aracaju, SE)

Uma nota mais sombria foi esta de Rodolfo Coelho Cavalcante: "Ainda se vende bastante, embora que se torna difícil para quem não tem editora própria visto ser de 32 páginas; com 8 ou 16 páginas não se pode escrever uma história bem feita".

É evidente que o público e os poetas ainda gostam do tema. São histórias menos escritas devido ao grande número já existentes e ao preço inflado de impressão do romance. Mas, o tema fica no cordel em suas muitas reedições e o infrequente enredo novo. [177]

---

[177] As editoras mais responsáveis por estas reedições dão a Tipografia São Francisco em Juazeiro do Norte, Ceará, que obteve uma parte significante dos folhetos de Leandro Gomes de Barros e João Martins de Ataíde, (fato tratado na primeira parte deste livro) e os romances mais recentes reeditados pela Luzeiro Edta. de São Paulo.

c.   Os Grandes Amores: os Pares Famosos

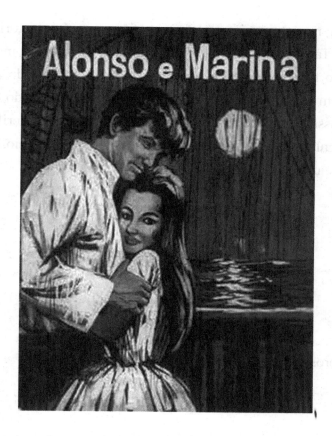

"Alonso e Marina"

Há uma quantidade enorme na literatura de cordel de histórias amorosas. O assunto já referido de príncipes e princesas revolve ao redor das forças de amor, do destino, de Deus e do maravilhoso. Mas, o assunto que tratamos nesta parte do capítulo é de predileção dos poetas: o Amor com letra maiúscula. Como características destas histórias, quase sempre levam no título os nomes dos amantes da historia como "Laureano e Carminha" ou "História de Rogaciano e Ritinha" ou "Oscar e Autora". São de 32 ou mais páginas e contam umas histórias cheias de intriga, suspenso e emoção melodramática. [178]

O cenário pode ser no estrangeiro, mas muito frequente é a história que toma lugar no Brasil colonial. Também, como característica geral, o poeta começa o romance ou com uma declaração filosófica sobre o amor, ou, com um resumo do que virá no drama amoroso a seguir (em prosa ou verso). O amor na história é declarado doce, belo, eterno, amargo, falso, impossível, traiçoeiro, e requer as maiores forças e sacrifícios a sustentá-lo e vencer seus obstáculos. Assim é que estes romances são de sacrifício, luta e vencimento. Um bom exemplo de uma introdução em poesia é o seguinte:

> O amor no coração
> de pujante mocidade
> É a primavera cantando
> junto de felicidade
> deita-se aos pés de Cupido
> a sublime majestade.[179]

Da introdução em prosa, citamos o seguinte:

Oscar e Aurora

Linda historia de dois corações que se amam. A mais interessante comédia realizada na vida de um preto africano, que tangido pela pobreza, imigrou de seu país indo arranjar fortuna em outra região, casou-se com uma linda francesa de 14 anos, que também imigrara de sua pátria deixando abandonado seu noivo para mais tarde vir matar de raiva o preto, com truques e palhaçadas. [180]

---

[178] Uns títulos selecionados são: Sena, Joaquim Batista de. "História de Rogaciano e Ritinha ou o Amor Sacrificado". Fortaleza, Folhetaria São Joaquim, J. B. Sena, s.d.; Silva, A. Eugênio da. "O Romance de Sandoval e Anita". Campina Grande, Manoel Camilo dos Santos, s.d.; e, Silva, João José da. "O Destino de Duas Vidas". Recife, J. J. da Silva, s.d.

[179] Ataíde, João Martins de. "Um Amor Impossível". Juazeiro do Norte, José Bernardo da Silva, 1961.

[180] Areda, Francisco Sales. "Oscar e Aurora". Recife, J. J. da Silva, s.d.

Perguntámo-nos: que mais se poderia desejar numa novela ou drama na TV de hoje em dia? Assim é que depois de muito sofrimento, muita luta, e muito amor, os heróis vencem tudo, e é o fim feliz esperado.

Como é de esperar, os poetas tiveram muito a dizer sobre o assunto. Concordam que o tema é eterno e sempre terá valor para o público de cordel. Foram quase unânimes na sua louvação tanto do tema em si quanto às possibilidades de vendas. Mas, são prontos a qualificar este sucesso esperado dizendo que o folheto tem que ser de "boa criação": "Tendo o poeta boa imaginação, é tema imortal". (Antônio Ribeiro Conceição, Salvador, BA) Só um poeta de todos que responderam disse que o tema não atrai mais.

Por que o poeta escolhe este tema e que pretende dizer aos seus leitores? Pedro Bandeira (Juazeiro do Norte, CE) disse que escreve "Com a intenção de provar ao mundo que o amor está encima de tudo". Segundo Benoni Conrado da Silva (Fortaleza, CE), estas histórias envolvem "Temas que se desenvolvem através de aventuras e tristezas, dando no final o colorido da realidade do que pode acontecer um grande amor". E Abraão Batista (Juazeiro do Norte, CE) conclui que: "O amor – um tema infinito, presente e indispensável, à vida, a poesia sem amor, morre".

Visto uns dos conceitos empregados pelos poetas nos comentários referidos, o poeta João Crispim Ramos chega à essência da atração melodramática que têm estes folhetos para o público quando diz: "Damos o prazer ao leitor de centros menos adiantados a mesma sensação que têm os adiantados ao ler uma fotonovela ou assistir uma telenovela". Concordamos, daí, sua atração ao povo e o continuo sucesso do assunto no cordel.

d. Animais e o Fabulário

"O Boi Misterioso"

Tema entre os tradicionais do cordel, o romance (o poema comprido de trinta e duas páginas) de animais permanece entre os mais conhecidos da literatura de cordel. "A História do Boi Misterioso", "História do Cachorro dos Mortos", e a "História do Boi Mandingueiro e o Cavalo Misterioso" são uns dos mais conhecidos. O ciclo dos heroicos bois brabos e os vaqueiros que tentam derrubá-los é famoso no cordel e toda a tradição oral nordestina. São as historias uma parte permanente do folclore da região.

Gustavo Barroso informa do "ciclo dos vaqueiros" e conta dos folhetos sobre bois e vaqueiros como parte evoluída da tradição original das lutas dos vaqueiros contra as feras que atacavam o gado.[181] Daí há as histórias de onças ferozes, tema não tão usado no cordel como o boi, mas ainda presente. A onça de vê como motivo de coragem e fortaleza no vaqueiro ou cangaceiro (Antônio Silvino ou Lampião, por exemplo) que a vence em uma luta feroz. Luís da Câmara Cascudo chama o ciclo do boi o "ciclo de gado", e "as gestas dos bois" e descreve estórias de bois e onças notando que é o cantador (e agora o poeta de cordel) que "É a defesa única mas completa e contínua do animal perseguido".[182] Nenhum vaqueiro é protagonista nestas poesias. É o animal que recebe o honor, mas que também é vítima.[183] São também informativos sobre o assunto os estudos de Manuel Diégues Júnior e Bráulio do Nascimento. [184]

Há uma forte tendência de desenhar os heróis animais sempre numa nota misteriosa, sobrenatural. Além de bois e touros, temos cavalos, patos, papagaios e bodes misteriosos. É o processo folclórico da criação lendária do animal no fabulário. Embora seja ainda de muito sucesso o assunto, e umas poucas histórias novas se escrevem, são os famosos relatos já citados que são os objetos de conversa quando os aficionados do cordel discutem este assunto. O folheto de Leandro Gomes de Barros, "O Cachorro dos Mortos", é considerado por muitos a ser o folheto mais vendido de todas as épocas do cordel (estima-se ter vendido mais de um milhão de exemplares!). [185]

Os comentários dos poetas corroboram o dito dos estudiosos, mas têm um interesse especial em si. Paulo Nunes Batista (Anápolis, GO) disse o seguinte: "Quando os poetas populares têm animais (como assunto) fazem por pertencerem ao fabulário popular. O boi, o cavalo, o cachorro no sertão são companheiros utilíssimos do homem que a eles dedica amor e até imortalidade".

Outro poeta fala de maneira semelhante quando declara: "Pela familiaridade existente entre o homem do campo e os animais, qualquer assunto que se relaciona com os mesmos

---

[181] Barroso, Gustavo. <u>Ao Som da Viola</u>. Rio de Janeiro, Departamento da Imprensa Nacional, 1949, p. 257.
[182] Cascudo, <u>Vaqueiros e Cantadores</u>, p. 9.
[183] Cascudo, op. cit., p. 9.
[184] Manuel Diégues Júnior, "Ciclos Temáticos" e Nascimento, Bráulio do. "O Ciclo do Boi na Poesia Popular" In: <u>Literatura Popular em Verso</u>. Estudos I.
[185] Lessa, Orígenes. "Literatura Popular em Versos". <u>Anhembi</u>. São Paulo, dez. 1955, p. 67-71.

torna-se interessante e atrativo, portanto bem aceito". (João Crispim Ramos, Feira de Santana, BA)

O fato que o Nordeste era nos começos de cordel e ainda hoje é uma economia agrária também explica o sucesso do tema. Explica o fenômeno bem o poeta-editor Manoel Caboclo e Silva:

> O boi, um animal que muito serviu ao homem pela sua força varonil, ajudando criar riqueza no engenho, no carro. Deles que passaram para a estória popular, "O Boi Leitão", "O Boi Mandingueiro", etc. A onça não deixou de tomar seu lugar na literatura, "Cazuza Sature, Matador de Onça".

Um comentário curioso, não ligado à ideia heroica tradicional do animal, é este de Pedro Bandeira (Juazeiro do Norte, CE): "Eu tenho, por exemplo, um folheto intitulado "Defendendo os Animais" que fiz com a intenção de mostrar aos homens que os brutos também amam, sentem e choram. Fiz como uma mensagem de instrução a muita gente que é mais burro do que o próprio burro".

Relacionado, pelo menos indiretamente, ao dito é o conceito do animal, para ensinar, o uso didático tão utilizado na fábula. Tais histórias ainda permanecem no cordel, embora numa escala menor. (O uso didático do animal se vê mais hoje em dia no poema de exemplos.) Mas, é o sentido usado no "Cachorro dos Mortos" quando Calar, o cachorro protagonista, fica fiel aos donos traídos e matados e é instrumental na vingança na morte deles. A fidelidade é levada à tumba deles onde o cachorro morre deitado depois de cumprir seu destino.

Os poetas, em conclusão, usaram expressões como "tema apreciado e inesgotável" (Alípio Bispo dos Santos, Salvador, BA), "tema muito cobiçado" (Augusto de Souza Lima, Aracajú, SE), e "muito apreciado" (Manoel d'Almeida Filho, Aracaju, SE) para descrever o interesse ainda

hoje no assunto. Mas, semelhante à sorte de outros assuntos tradicionais é a situação descrita por Rodolfo Coelho Cavalcante (Salvador, BA): "Ainda se vende, mas pouco se escreve". Supomos que seja o mesmo caso da história de Trancoso de príncipes e fadas, isto é, o custo de publicar romances de 32 páginas e a necessidade de ser original limita o número de folhetos novos. Entretanto, o assunto traz uma nota romântica ao leitor de hoje em dia. Com a mudança da população do ambiente rural e a incipiente industrialização do Nordeste, há um saudosismo pelo passado e um amor pelas aventuras e façanhas do boi e do vaqueiro.

É uma saudade também sentida, acrescentamos, pelo migrante nordestino no Sul. Daí, o interesse hoje em dia no folheto sobre a vaquejada, a instituição moderna, controlada e eficiente (não a velha do sertão) que se compara bem na sua forma atual aos "rodeos" norte americanos. Assim é que o assunto fica no cordel, principalmente no sentido aventureiro ou heroico. Existem muitas outras histórias de animais, de gracejos, de fenômenos, de índole moral onde o animal é instrumento mais do que protagonista, mas é o elemento heroico que fica como símbolo do gênero.

e.   A Religião Tradicional Nordestina

"História de Jesus, Mestre dos Mestres"

Talvez seja, na sua totalidade, o maior tema da literatura de cordel. Certamente é entre os mais velhos.[186] Reflete, a nosso ver, uma realidade ainda prevalente tanto no sertão como em áreas urbanas do povo simples do Nordeste do Brasil. É tarefa difícil distinguir às vezes entre folhetos deste ciclo e os da moralidade, assim explicando a decisão de Ariano Suassuna a combiná-los na sua classificação do cordel.[187] As raízes filosóficas nos dois ciclos se derivam de uma mentalidade única, a religião popular antes baseada na Católica tradicional da "Velha Igreja" antes do Vaticano II. Para a facilidade de leitura os dividimos (a Religião e a Moralidade) neste ensaio, admitindo o parentesco.

---

[186]   Diégues Júnior, M. "Ciclos Temáticos", p. 60.

[187]   Suassuna, Ariano. "Nota sobre a Poesia Popular Nordestina", p. 28.

"O Círio de Nazaré"

"Satanás Trabalhando na Roça de São Pedro"

A Religião é um ciclo ou tema muito abundante devido a tantos subtemas que se encerram nele. Antes e primeiro, há os folhetos sobre Jesus, a Virgem Maria e os Santos, folhetos sérios de tom sombrio. Existem folhetos de gracejo, mas em número menor, tal como os baseados no auto popular "O Castigo da Soberba", visto pelo público de outras classes na peça de Ariano Suassuna, "Auto da Compadecida."[188] Há também as histórias de gracejo sobre São Pedro, guardião do céu contra toda espécie de candidato não esperado, e os santos castigadores nos folhetos de exemplos.

"Nascimento, Vida e Morte, Educação, Signo e Sorte do Padre Cícero Romão"

"Frei Damião o Missionário do Nordeste"

Depois, em quantidade assustadora, existem os folhetos sobre Padre Cícero Romão, sua vida, seus milagres e suas profecias, e os sobre Frei Damião, um missionário que tem herdado muito da fé e devoção antes dedicadas ao Padre Cícero.[189] A natureza apocalíptica destes folhetos os liga aos "folhetos de profecias" do fim do mundo e dos exemplos, considerados depois neste ensaio.

---

[189] Um artigo interessante sobre o fenômeno que é Frei Damião é o seguinte: Magalhães, Antônio. "Frei Damião o Novo Santo do Sertão". Manchete, 18 de dez. 1976.

"O Casamento de Lusbel"

Outra parte do ciclo é aquela sobre o diabo, tema sempre de sucesso no cordel.[190] E para completar a visão nordestina, os poucos folhetos sobre o espiritismo e as diferentes formas da religião africana.

Os poetas responderam comentando vários destes assuntos dentro do grande tema da Religião. Vale o espaço citar várias e depois comentar.

> Mesmo sem saber de querer, o homem crê. Em maioria esmagadora o poeta popular é católico. Um católico ortodoxo. O espiritismo e a macumba existem no seu mundo. Lá na minha área (Nordeste) Padre Cícero tem mais valor do que o Papa.

---

[190]   Existem vários bons estudos sobre o diabo no cordel. Entre eles, há os seguintes: Pimentel, Altimar. "O Herói Demoníaco"; Borges, Francisca Neuma Fechine, "Encarnação do Diabo em Folhetos e Obras Eruditas Nordestinas", e, Mello, Linalda de Arruda. "O Pacto com o Diabo" <u>Caderno de Letras</u>. João Pessoa, UFEPB, n. 3, ano 2 julho de 1978. Outras fontes são: Pontes, Mário. "A Presença Demoníaca na Poesia Popular do Nordeste". <u>Revista Brasileira de Folclore</u>, Rio de Janeiro, 12 (34): 261-283, dez. 1972; e, Souto Maior, Mário. <u>Território de Danação</u>. Rio de Janeiro, Ed. São José, 1975.

Padre Cícero nós sentimos, o Papa está longe. Jesus, o Filho de Deus. O diabo: está por aí. A Virgem Maria: a Mãe de Deus, uma mãe espiritual transcendente. A macumba como através dos tempos, está por aí também.

(Abraão Batista, Juazeiro do Norte, CE)

O diabo: sei que jamais deveriam citar seu nome, pois, tem forças para destruir qualquer bem, assim penso. Jesus: filho de Deus e dono de nós e nossa vida, nossa felicidade. Virgem Maria: Mãe de Deus e Mãe do Mundo, nossa verdadeira companheira. Macumba: religião que também não protesto seus seguidores, pois, é direito de cada um escolher o que quer, não tentando seu objetivo principal.

(João Severino Cristóvão, Caruaru, PE)

Sobre o Padre Cícero, quando escrevo, é com a intenção de mostrar ao mundo o talento de um homem bom e inteligente que merece ser canonizado pelo Papa. Porque viveu para fazer o bem, viveu da humildade, e antes de morrer repartiu tudo que possuía com os pobres e as igrejas católicas romanas. Sobre Jesus, pela fé e admiração ao homem mais importante que já veio ao mundo, a quem sigo com prazer. A Virgem Maria: a mulher sofredora, a mãe santa, merece respeito. O Diabo: falando de suas astúcias, mas não sei se é verdade. A macumba: acho bonito o nome, escrevo para vender, mas não acredito em tal coisa.

(Pedro Bandeira, Juazeiro do Norte, CE)

Opinião divergente, mas que representa o aspecto espiritista entre os poetas foi esta resposta de Paulo Nunes Batista (Anápolis, GO):

O misticismo está na mesma essência da alma ingênua e bravia do homem comum do Nordeste Brasileiro. Nos meus folhetos falo sobre a imortalidade da alma, a Lei do Karma (cada um recebe conforme dá, colhe o que planta): a necessidade de espalhar o Bem por toda parte. Como espiritualista univérsico, que sou, sei que o homem é um espírito, imortal e eterno, destinado a ser um deus.

Sobre a religião afro-brasileira, temos este comentário por José Cavalcanti e Ferreira – Dila (Caruaru, PE): "Nunca vi milagre feito por macumba. Mas, com ela apuro dinheiro nas páginas escritas de meus folhetos, como no fechamento para cangaceiro e outros temas que o poeta tem que ser admirador".

Resposta também interessante que toca no assunto é esta de João Carneiro Fontenele Filho (Martinópole, CE): "Gosto de religião; gosto dos casos de Padre Cícero. Gosto imensamente da Virgem Maria, mãe divina. Não gosto é do Diabo e nem tão pouco de macumbas. Isto são atrações diabólicas, estrada escura.

Temos confiança que tanto uma visão do pensamento religioso do poeta de cordel quanto uns dos conceitos de seus versos se descobrem nestas respostas. Os poetas concordam que o tema ainda tem muito sucesso entre eles e um deles chegou até a dizer (e concordamos): "Sem esses temas, não pode haver trovador de cordel". (Alípio Bispo dos Santos, Salvador, BA) Indicam tais folhetos o verdadeiro status do pensamento popular religioso de uma grande parte do Brasil.

f.　Os Protestantes e as Discussões

"Aviso aos Católicos contra os Protestantes"

Este subtema do ciclo religioso foi muito utilizado nas primeiras décadas do Século XX na literatura de cordel, geralmente na forma da discussão ou exemplo. Veio da época em que os missionários protestantes chegaram ao Nordeste para evangelizar as massas e foram muito suspeitos pelos Católicos tradicionais da região. O famoso poema satírico de Leandro Gomes de Barros, "Debate de um Ministro Nova Seita com um Urubu" foi talvez o melhor poema do gênero.[191] Nele o urubu brasileiro e católico defende-se e vence o protestante numa discussão sobre a Fé e as Escrituras Sagradas. Outo poema

---

[191]　Gustavo Barroso no seu livro <u>Ao Som da Viola</u> documenta esta e outras sátiras famosas do cordel.

semelhante foi "A Religião conta o Protestantismo" de João Martins de Ataíde. O debate ou a discussão entre o Católico e o Crente (nome dado aos Protestantes) chegou a ter muito sucesso até os anos recentes.

"Discussão de um Crente com um Cachaceiro"

Um tema relacionado, na forma de discussão, é o folheto sobre a cachaça, às vezes, na forma do Católico bebedor contra o Crente abstinente. Liêdo Maranhão de Souza reporta sobre várias discussões, entre elas "Discussão de um Protestante com um Romeiro de Bom Jesus da Lapa" e nas suas palavras "A mais conhecida e mais procurada de tais estórias é "A Discussão de um Crente com um Cachaceiro" de Vicente Vitorino". [192]

[192] Ver Souza, Liêdo M. de. Classificação Popular da Literatura de Cordel: em Texto Integral de 23 Folhetos. Petrópolis, Vozes, 1976, p. 53.

Há folhetos do assunto mais recentes do que os de Leandro Gomes de Barros e outros. Acrescentamos, por exemplo, "A Discussão de um Católico com um Protestante" (Severino Borges Silva) e "Discussão de Manoel Camilo com um Protestante" (Manoel Camilo dos Santos). Mas, o Ecumenismo de hoje em dia, [193] com o eclecticismo em variantes da religião em muitas partes do Brasil, e em geral, um ambiente muito mais aberto e calmo, fazem que o tema se veja menos frequentemente.

Porém, os poetas tiveram muito que comentar sobre o assunto. Das respostas, podemos melhor compreender as ideais nos folhetos religiosos do cordel.

Parece que o assunto se vende menos do que antes, mas ainda é apreciado pelo povo e os poetas. Interessante é a atitude religiosa revelada nas respostas. Abraão Bezerra Batista (Juazeiro do Norte, CE) tenta explicar a razão histórica do assunto e revela sua própria atitude: "Por influência dos 'padres' (geração passada) há certa rivalidade entre os poetas populares e os protestantes. Aos poucos se descobrem que todos somos irmãos, inclusive, os hereges".

Outro poeta revela ainda uma atitude da velha guarda: "Protestantes são aqueles que protestam as coisas mesmo quando estas são certas. Ser protestante não é ser crente". (Erotildes Miranda dos Santos, Feira de Santana, Ba)

Opinião também tradicional foi a de Pedro Bandeira de Juazeiro do Norte, CE: "Nunca escrevi sobre tal tema. Porém, sei que toda religião tem seus rumos certos e errados. Sou admirador de Jesus Cristo. Sou Católico Apostólico Romano".

Um poeta falou "duro": "Embora o homem peque, a Religião é certa. Escrevo contra. Sou Católico". (João Vicente da Silva, Campo Maior, PI)

Uma atitude menos conservadora (e pragmática nas vendas do cordel) é a seguinte: "Sou católico, mas gosto dos protestantes e de suas virtudes. Adoro todas as religiões que

---

[193] Exemplo do moderno Ecumenismo é o caso do Padre Católico pernambucano, Antônio Barbosa Júnior que reescreveu pessoalmente o "Evangelho Segundo São Mateus" em rimas e publicou-o em forma de cordel com o motivo de "levar a população rural a mensagem de Cristo numa forma mais legível". (Reportagem na <u>Veja</u>, 12 de janeiro de 1977).

servem a Deus e ao próximo. Não gosto de quem evoca as forças celestes pra' cobrirem a "Barra"". (Manoel Caboclo e Silva, Juazeiro do Norte, CE)

O ecleticismo moderno que se vê ainda entre os poetas de cordel se vê neste comentário de José Cavalcanti Feirreia – Dila de Caruaru, PE, um dos poetas mais idosos desta geração, e um artista conhecido nas gravuras que os poetas usam para ilustrar a capa dos folhetos:

Dá bom folheto com "Discussão" com Católico. Mas eu nunca fiz por ser um admirador de todas as Seitas. Sempre nasci católico e me conservo nisto, desta e aquela Seita. Porque todos os Santos são bons personagens. Como crentes, são personagens do cordel.

"ABC do Espiritismo"

E, outra opinião eclética é esta de José Severino Cristóvão de Caruaru, PE: "Sou meio católico e meio espírita, admiro o Papa Paulo VI e o espírito de outrora ALAN CARDEC, os protestantes escolhem a religião do protestantismo porque querem, mas não gosto dela".

E, uma opinião bem pragmática se não relacionada aos conceitos ou as ideais dos poetas é esta última: "Protestantes não compra folheto de cordel, por isso o tema é muito fraco". (Antônio Ribeiro Conceição, Salvador, BA)

Assim vemos que os poetas não revelaram tanto os conceitos mesmos dos folhetos deles sobre os Protestantes, mas sim falaram de suas próprias atitudes e crenças, as quais é de esperar, que vão aparecer nos folhetos. Não há dúvida que o tema seja de menos uso hoje em dia, mas as respostas revelam que o velho Brasil ainda está presente nas atitudes de vários dos poetas. Os poemas "clássicos" de Leandro Gomes de Barros marcaram sua época.

g.   A Moralidade de Hoje em Dia

"As Maravilhas que Vê-se no Banho de Copacabana"

Como já notamos, este tema é de muita complexidade sendo relacionado com o tema geral da Religião. Assim vemos a relação: realmente os folhetos todos que comentam a moralidade da época, sejam comentários sobre a corrupção e devassidão da época presente, sejam na forma de exemplos que presentam casos e castigos de ações imorais, sejam longos comentários sobre o estado lamentável do mundo e uma visão apocalíptica do mesmo, todos têm as mesmas raízes. Refletem, no sentido mais básico, uma postura religiosa e moral que é a do Catolicismo conservador e tradicional assimilado ao Nordeste do Brasil, um Catolicismo às vezes deturpado pela superstição inevitável considerando a história do Nordeste. Sabemos que o tratamento individual do tema ou seus vários subtemas é coisa individual de cada poeta, e, que há vários motivos nos poemas, não todos nem "religiosos" nem "morais". Mas, a base das ideias expressas nestes folhetos é a mesma regida pela mentalidade Católica já mencionada e por ideais universais folclóricas (castigar o Mal e premiar o Bem). Expressam também, às vezes, uma atitude amoral no sentido de um choque de épocas: um comentário sobre os tempos modernos e as mudanças que estorvam e confundem o status quo. Assim, uma parte destas histórias se relaciona com o topos universal da "Idade de Ouro" que dita que qualquer tempo passado fosse melhor.

O já dito não quer dizer que todos os poetas sejam baluartes de defesa dos valores religiosos e morais da velha ordem. Ao contrário, uns sabem aproveitar o passado para vender mais no presente. Examinamos as suas respostas e veremos a variedade de pontos de vista sobre este ciclo importante do cordel.

A atitude tradicional, sombria e severa, entre uns dos poetas ao respeito do tema geral de moralidade se vê nestas palavras: "Ajudando a mostrar as camadas sociais como está o mundo atual" (Pedro Bandeira, Juazeiro do Norte, CE) "No meu "ABC de Amor Moderno" mostro 'a moral' atual, baseada no hedonismo pragmático que domina o mundo". (Paulo Nunes Batista, Anápolis, GO). "É um assunto que mais de vende: combater os usos imorais. O povo sertanejo adota e aprecia". (Antônio Ribeiro Conceição, Salvador, BA) "A moralidade de hoje em dia. Está quase superada pela imoralidade predominante que vem reinando em todo universo". (Erotildes Miranda dos Santos, Feira de Santana, BA) "Esta é a legítima ética de nossa temática de quem é Poeta de Cordel, se quiser vencer. Porque o que é bom é aquilo feito de amor por todos". (José Cavalcanti Ferreira-Dila, Caruaru, PE) "A moral sempre constrói; em qualquer parte onde encontramos Deus, está presente". (Manoel Caboclo e Silva, Juazeiro do Norte, CE) "Reservamos a esta um lugar de destaque enquanto tecemos severas críticas à imoralidade". (João Vicente da Silva, Campo Maior, PI)

Mas, sem dúvida, o tema é ambivalente. É fácil, paradoxalmente, reclamar o hedonismo do momento atual, e, de vez, aludir aos pecadilhos gostosos e as divergências da 'norma' que certamente divertem a muitos leitores e vendem folhetos.[194] José Soares de Jaboatão, PE, parece acertar a aludir a esta segunda possibilidade de interpretação quando diz: "A moralidade de hoje em dia não dá para arranjar a bolacha. Mas, a corrução de home em dia vende bem".

E, relacionada à declaração de José Soares é esta de José João dos Santos (Azulão) que diz que o tema da moralidade "É muito badalado hoje em dia pelos poetas que servem de um tema para muitos folhetos humorísticos". Achamos que este é um dos temas referidos pelos poetas na introdução a este capítulo quando falaram do aumento nos folhetos de tema cômico e erótico. Os poemas dos "chifrudos" são bons exemplos: por um lado o poeta castiga a imoralidade de hoje dia, por outro, goza da situação. Como falou um deles, "A imoralidade vende". É o equivalente no cordel da revista de escândalo e fofoca na banca de jornal na grande cidade.

É bom lembrar que a maioria dos poetas respondeu de maneira conservadora declarando que o tema ainda é de instruir para o Bem e criticar a imoralidade da época.

---

[194]   Uns títulos sugestivos do assunto são os seguintes: Santos, José João dos. "Os Namorados de Hoje"; Freire, João Jorge. "A Corrução Desfilando na Passarela do Diabo"; Cavalcante, Rodolfo Coelho. "A Devassidão de Hoje em Dia", "Os Resultados dos Cabeludos Hoje em Dia", e, "O Modernismo de Hoje em Dia".

1. O Exemplo

"A Moça que Bateu na Mãe e Virou Cachorra"

Este tema é outro dos tradicionais na literatura de cordel. Tem suas origens na tradição moral didática da Idade Média no Sul da Europa quando os escritores eruditos (religiosos ou nobres) trataram costumes sociais e os vícios e virtudes do homem na forma de contos didáticos. O conto moral foi mais utilizado na forma de uma fábula narrada em prosa ou uma história em verso que ilustrava o conceito moral que o autor queria expressar. Sabemos que esta forma de escritura veio dos exempla Latinos por um lado, e da história ou fábula oriental por outro. A forma evoluída que se encontra hoje em dia é uma forma muito viva e dinâmica.

Achamos que é possível chegar a uma compreensão da religião popular do Brasil por meio destes folhetos de exemplos. Geralmente, o pecador é convertido em monstro ou animal por ser "descrente" ou zombar da Fé ou de um representante da Fé. Tem ele que rodar o mundo, sofrendo, penando e fazendo o mal em vez de estar feliz nos caminhos de Deus.[195] Há umas histórias famosas do gênero como "A Moça que Bateu na Mãe e Virou Cachorra", "O Pai que Forçou a Filha na Sexta-Feira da Paixão" e uma grande quantidade de outras. (Uma forma relacionada a estes folhetos é o conselho, assunto menos divulgado que simplesmente consiste em conselhos do autor do folheto a um público determinado, por ex. "Conselhos Paternais" de José Bernardo da Silva).

O interesse dos poetas no questionário sobre o assunto foi muito grande. Rodolfo Coelho Cavalcante (Salvador, BA) chegou a dizer: "São os folhetos que mais vendo em minha vida. Cinquenta por cento dos meus folhetos são baseados nestes temas".[196] É interessante lembrar que Rodolfo é entre os mais prolíficos dos poetas de cordel com uma produção total de 1.700 livrinhos em verso de 1940 a 1986.

Ao respeito dos conceitos nestes folhetos, temos indicações claras e precisas nas palavras dos poetas: "São legais, uma vez que estão mostrando o exemplo e combatendo a maldade cruel dos praticantes". (Manoel Caboclo e Silva, Juazeiro do Norte, CE) O tom moral é repetido por um poeta da mesma cidade, Pedro Bandeira, quando diz que tais poemas existem "Para defender a fé e o amor que se tem em Jesus, Padre Cícero e Frei Damião, verdadeiro santo vivo do Nordeste Brasileiro".

---

[195] Sônia Brayner no seu artigo "O Fantástico na Literatura de Cordel". Boletim de Ariel. Rio de Janeiro, v. I., n. 2, ago. 1973, trata o assunto explicando que "A metamorfose é decorrência da maldade inata a um gênio 'tão maldito' que na infância já desafia o núcleo familiar: irmã, mãe, pai. A transformação também pode ser fruto de um desrespeito a entidade tida como divina ou quase, como é o caso de Padre Cícero. Como se vê, é ela uma forma de punição assumida pela transcendente ou por alguma instituição social ameaçada.... O aspecto de castigo religioso é fundamental. É este o lado do medo que procura ativar nos leitores, sempre com um aspecto moralizante". P. 28-29.

[196] Chegamos através os anos a fazer vários artigos sobre este importante senhor do cordel, tudo acabando com o livro "A Presença de Rodolfo Coelho Cavalcante na Moderna Literatura de Cordel," Rio de Janeiro: Nova Fronteira-Fundação Casa de Rui Barbosa, 1987. O livro trata não só a longa carreira de Rodolfo de poeta e propagandista da literatura de cordel, mas, indiretamente serve de crônica do cordel dos anos 1940 a 1980.

O mundo real e o irreal (fantástico) se juntam neste tema. Há uma porção do público ledor que acredita nestes casos. O resto zomba e goza, mas, se diverte. Foi curioso notar que vários dos poetas comentaram a veracidade de tais historias no sentido negativo explicando (mostrando assim a **necessidade de explicar**) que são histórias de ficção, imaginadas: "O 'Menino Rato do Corumba" é um folheto de exemplo. Embora imaginário, o menino nasceu rato por castigo contra a mãe". (Paulo Nunes Batista, Anápolis, GO)

A explicação popular de tais histórias, a que nos leva aos conceitos usados pelos poetas, é interessante. Antônio Ribeiro da Conceição (Salvador, BA) falou claro quando disse: "O povo ainda crê em fantasmas e exemplos ou castigos do céu, por isso, ainda muito se vende esses temas". Uma explicação mais detalhada é a seguinte de Abraão Batista de Juazeiro do Norte, CE): "O povo ouve os sermões. A imagem fica no psíquico de acordo com as particularidades. De um momento para outro surge a história fantástica. O povo acredita. Dá fé. Comenta. O poeta escreve".

É particularmente revelador este comentário. Há uma porção da população nordestina que aceita e acredita em tais fenômenos. A velha ideia da transgressão moral e o castigo certo que segue nesta forma estranha evidentemente ainda são aceitos em partes do cenário do cordel. É interessante que a maioria dos autores que comentaram estre tema fosse da área de Juazeiro do Norte com as romarias ao lugar santo do Padre Cícero. O que considera o leitor mais sofisticado como mito puro ou fantasia engraçada é uma realidade aceita por outros.

2.   Os Fenômenos: Coisas Nunca Vistas

"A Porca que Pariu um Menino em Santo Antônio de Jesus"

"O Vaqueiro que Deu a Luz no Sertão Alagoano"

Um subtema em um exemplo diferente é o folheto de fenômenos como "O Jumento que Falou no Nordeste" ou "As Meninas que Nasceram Pegadas" ou ainda "A Perna Peluda que Anda Aparecendo no Nordeste" em que o poeta lamenta o pecado no mundo e as catástrofes que virão mandadas por Deus como sinal do fim da era, assunto relacionado com o próximo no questionário, "O Fim do Mundo". É também ligado ao <u>topos</u> do "mundo virado" em que tudo anda ao revés num ambiente total de decadência, sinal do fim da era. O fenômeno naturalmente é relacionado ao exemplo que acabamos de considerar, mas com menos motivo moral e mais sensacionalismo. Quer despertar no público o interesse nestas novidades estranhas. Um caso foi a série de folhetos publicados em 1966 sobre "O Vaqueiro que Deu à Luz no Sertão Alagoano", um fenômeno estranho que resultou ter uma explicação completamente lógica (uma moça cujos pais queriam um rapaz vaqueiro e a criaram assim, até chegar o momento fatal do descobrimento do fato por outro vaqueiro).

Mas, a especulação foi a ordem do dia entre os sertanejos, e, tudo foi refletido nos folhetos contínuos dos poetas de cordel. O poeta-repórter José Soares criou dois folhetos com contínuas tiragens sobre o assunto, a imprensa local e até nacional noticiou o caso e a televisão nacional chegou a reportar. Ironicamente, depois de tudo, outro poeta pilheriou, dizendo "cuidado com os vaqueiros do lugar" e recebeu como prêmio uma facada letal por um dos vaqueiros irados.

O evento pode ser algo fora do ordinário, mas, pode representar também uma aberração do normal. Quando acontece este último, a explicação comum é que tomou lugar uma transgressão moral e daí o castigo do céu. Outra variante é o evento realmente sem uma explicação aparente, um cometa, uma luz estranha do céu. (As histórias dos cometas datam do começo do cordel.) Mas, a nota predominante em todas estas histórias é o fantástico, a criação ou pelo menos o exagero da realidade.

Os poetas se entusiasmaram muito pelo assunto. A opinião geral é que é um assunto excelente hoje em dia, muito "vendável". Temos declarações como "Esse tema é um dos melhores para vender no sertão" (Augusto de Souza Lima, Aracajú, SE), e, "É o melhor tema para ganhar dinheiro". (Alípio Bispo dos Santos, Salvador, BA) E disse Antônio Ribeiro Conceição (Salvador, BA): "Sempre é bom motivo. O bom trovador que sabe criar é comercial e por isso vence no cordel. Leandro Gomes de Barros, João Martins de Ataíde, Rodolfo Coelho Cavalcante, Minelvino Francisco Silva venceram no cordel pela fecundidade de temas sensacionais".

Seja o evento fictício, na grande maioria, ou verdadeiro, mas ainda estranho, as respostas dos poetas indicam a mesma mentalidade na sua criação. Pedro Bandeira, (Juazeiro do Norte, CE) disse: "É só para mostrar o quanto tem de capacidade o bom poeta pensador. Todos os folhetos de ficção são agradáveis para o povo". Abraão Batista (Juazeiro do Norte, CE) tem uma opinião semelhante: "Esse é o mundo complexo, fantástico, muito fantástico do cordel. Nada é estranho. Com os olhos de cordel se vê o impossível para os homens".

É fato reiterado por Paulo Nunes Batista (Anápolis, GO): "O povo tem imaginação fértil. As 'coisas' estranhas e nunca vistas atraem de pronto a preferência o público, quer no Nordeste, no Centro ou qualquer parte do Brasil (Por que não dizer, em todo o mundo?)."

Em termos diferentes, Manoel Caboclo e Silva (Juazeiro do Norte, CE) explica o fenômeno:

> As lendas fazem composição de uma história. São incentivos para a educação de um povo, distinguem a mentira da realidade. A lenda deve ser pregada, é o negativo da verdade. "O homem tem sua sobra". Até um fio de cabelo.

Vê-se a relação ao folheto de exemplos. Nas duas variantes, a realidade do mito e da lenda são assuntos legítimos para o poeta de cordel principalmente porque seu público aceita tão facilmente como esta outra realidade que chamamos a concreta e visível. Se quisermos chegar a uma compreensão dos conceitos do cordel, da maneira de pensar das massas que o leem, o fantástico e o "real" têm que receber a mesma atenção. Assim chegamos aos lobisomens e outras assombrações. É de esperar que a mesma atração nos EUA no cinema à meia-noite, nos autocinemas do passado, e na televisão com as histórias do monstro de Frankenstein, o lobisomem, Drácula ou o sem fim de espetáculos sobre os vampiros corresponda ao prazer do povo brasileiro de cordel nas historias do lobisomem, da mula-sem-cabeça e outras criaturas fantásticas. Falamos das emoções do medo e da agitação emocional visível, no chorar e até o gozo da gargalhada. José Soares (Jaboatão, PE) introduz o tema: "Folheto de lobisomem, embora não exista, é bom para vender por sua temeridade".

Para o público que o toma mais em sério, a questão é outra. Aqui, pois, o tema existe em relação à superstição de um povo. É neste sentido que foram escritas umas das melhores páginas da Literatura Brasileira: o lobisomem que assombra nas fazendas de José Lins do Rego e José Cândido de Carvalho, as entes misteriosas de <u>Grande Sertão: Veredas</u> e o mundo fantástico (e insano) que cria Jorge Amado de uma personagem em <u>Tereza Batista</u>

<u>Cansada de Guerra</u>.[197] A linha entre a fantasia e a realidade é bem fina.[198] Daí a dificuldade nossa em organizar o assunto no esquema deste ensaio. Tema de gracejo e humor? Tema moral de exemplo e de castigo dos pecados mortais? Tema fantástico de um mundo de monstros e assombrações? Todos estes. Seja como for, o assunto despertou muito interesse entre os poetas. Seus comentários são maravilhosos.

O conceito expresso no cordel é bem explicado por Pedro Bandeira (Juazeiro do Norte, CE) quando diz: "É uma maneira de Cordel imaginário, parecido com história de Trancoso que tem uma grande saída para o público ledor e diz muito do folclore do nosso Brasil".

Concordou José Severino Cristóvão (Caruaru, PE) e respondeu com uma palavra: "Imaginação". Vários outros falam do sucesso do tema no cordel, dando várias razões de maneira de explicar. Disse Benoni Conrado da Silva, "É lenda ligada ao folclore e que muita gente no interior do Nordeste acredita ser realidade". Augusto de Souza Lima (Aracajú, SE) falou que "Sempre o povo gosta de sensacionalismo ou coisas de assombração".

Contrastando com estas opiniões de imaginação e assombração foram outras de índole muito diferente!

> Existiu. Existe. Da realidade surgiu o fantástico. O vampiro na Europa. O Lobisomem no Brasil.
>
> (Abraão Batista, Juazeiro do Norte, CE)
>
> É um ser praguejado pelas mães ou pelos pais, e como a verdade, existe.
>
> (José Cavalcanti Ferreira-Dila, Caruaru, PE)
>
> O lobisomem é um homem que se transforma em bicho quando a mãe tem sete filhos homens, e o mais velho não batiza o mais novo.

---

[197] Vimos isto no livro <u>Jorge Amado e a Literatura de Cordel</u>, Salvador: Fundação Cultural do Estado da Bahia-Fundação Casa de Rui Barbosa, 1980.

[198] Vera obra referida da Sônia Brayner, "O Fantástica na Literatura de Cordel".

(Erotildes Miranda dos Santos, Feira de Santana, BA)

É Licantropia – uma forma tomada pelo homem diabólico, metamorfoseado por encantamento (semelhante insetos, lagartos) conforme desejo sortilégio. Materialização do corpo astral.

(Manoel Caboclo e Silva, Juazeiro do Norte, CE)

E, para concluir, uma opinião de acomodação: "Como alguns acham que existe e outros que não, o assunto se torna atrativo e interessante nos mínimos detalhes". (João Crispim Ramos, Feira de Santana, BA)

O tema, pois, permanece no cordel e demonstra a ambivalência de um povo tradicional regido por superstições tradicionais e um povo evoluído que goza das mesmas, um retrato que poderia ser tirado de muitas partes do cenário do cordel.

3. O Fim do Mundo

"O Fim do Mundo"

Este tema naturalmente é relacionado ao tema religioso sendo geralmente uma profecia apocalíptica ou uma descrição da decadência e corrução no mundo.[199] Daí, temos a relação aos folhetos dos exemplos com sua visão dos pecados o homem e o castigo inevitável. Leva títulos como "O Fim do Mundo", "Os Sinais do Fim do Mundo", "Os Horrores do Fim do Mundo", "A Vinda do Anticristo", "Praga de Gafanhotos", "Ninguém Ignora Mais", "O Mundo Vai se Acabar" e "O Aviso de um Poeta".

---

[199] Um bom estudo do fenômeno é do Francês Raymond Cantel. "Les Prophéties dans la Littérature populaire du 'Nordeste'". Extrait des cahiers du Monde Hispanique et Luso-Brésilien, <u>Caravelle</u>, 15, 1970.

Os folhetos seguem as seguintes linhas: uma descrição do estado lamentável do mundo com toda espécie de corrução e miséria, os sinais do fim do mundo baseados na visão do Apocalipse na Bíblia com a descrição do cataclismo e a vinda do Julgamento.

Um relato típico tratará uma profecia feita pelo Padre Cícero em que fala do estado do mundo futuro designando os males a virem em cada década ou cada cinco anos. Depois virá o anúncio do fim (com uma data específica designada) e uma descrição da Besta-Fera, o Anticristo, o Capa-Verde agindo na terra. Tudo vem acompanhado de uma descrição da natureza física e o que acontecerá com ela. Conclui-se o livro com a condenação dos pecadores e um apelo a todos os leitores a arrepender-se dos pecados e rezar as orações do Padre Cícero.[200] Depois de passar o tempo assinalado, os poetas fazem novas edições das mesmas histórias clássicas atualizando as datas e deixando o resto intacto. [201]

A maioria dos poetas respondeu que o tema é ainda bem aceito com boas vendas. (Esta opinião não foi unânime. Dois dos poetas disseram que o tema caiu, que não há mais interesse nele). As respostas revelam as ideias nos folhetos e as opiniões dos poetas sobre o assunto.

Pedro Bandeira (Juazeiro do Norte, CE) diz que o tema é utilizado "Para continuar alguns itens da História Sagrada, fazer com que o povo não esqueça Deus".

Vários dos poetas falaram do conteúdo de tais folhetos notando que se baseiam na Bíblia, o Livro do Apocalipse, nas profecias do Padre Cícero e Frei Damião, e especificamente na atuação do Besta-Fera e o Anticristo. Mas as respostas são qualificadas com declarações como: "Depende de versificação e imaginação". (Rodolfo Coelho Cavalcante, Salvador, BA) e, "Nós nos baseamos nas escrituras sagradas, e, temos que exagerar para vender bem". (José Soares, Jaboatão, PE)

Mais interessante, a nosso ver, são as respostas que revelam as atitudes pessoais dos poetas mesmos desde a mais afirmativa e tradicional de João Carneiro Fontenele Filho

---

[200] O resumo que tomamos como exemplo do assunto foi do folheto: Costa Leite, José. "Os Sinais do Fim do Mundo". J. C. Leite, Condado, PE, s.d.

[201] Cantel, op. cit.

(Martinópole, CE): "Acredito bastante, pois quando o Apóstolo Pedro andava na terra com Jesus, um dia ele perguntou a Jesus se o mundo ia se acabar, e Jesus respondeu a Pedro que tudo que teve começo terá seu fim, é claro", às opiniões "modernas" como a seguinte: "O mundo já se acabou várias vezes – Dilúvio –Idade Média. Já pensou quando se encontrar oficialmente outros seres noutros planetas? O nosso mundo acabará, nova mentalidade". (Abraão Batista, Juazeiro do Norte, CE) E temos esta ideia semelhante de João Crispim Ramos (Feira de Santana, BA): "Dá uma ideia fictícia daquilo que poderá acontecer no futuro".

E, finalmente, as opiniões não ortodoxas de dois poetas:

João Severino Cristóvão falou do assunto: "Coisa que pertence ao futuro e só Deus sabe, mas, seria eu capaz de descrevê-lo, com carestia, peste, fome, seca e as próprias pessoas procuram sem perceber o fim do mundo que está dento de cada um".

E, do Manoel Caboclo e Silva (Juazeiro do Norte, CE): "O mundo não terá fim, já existiu a milênios de anos e existirá como por vontade de Deus. O que desaparecerá são as gerações, sobre gerações. No final, o mundo quando deserto ficará um paraíso sem dores".

Da totalidade de assuntos vistos e comentados, desde a religião tradicional do exemplo, ao fenômeno, às assombrações, e ao folheto de profecias ou fim de eras, vê-se que há uma mentalidade ainda existente que reflete o passado ainda vivo numa parte do Brasil. Se estes poemas ainda são vendidos, e é fato confirmado nestas páginas, indica claramente que apesar de "Ordem e Progresso" no país nos últimos quinze anos, o passado tradicional ainda permanece em escala significante entre o povo. Ainda não venceram os tempos novos.

h. O Humor: Temas Gerais e o Quengo – o "Pícaro" Brasileiro

É evidente que o humor tem muito mais que ver com a arte de escrever que com o tema em si. Mas, quando fizemos esta pergunta aos poetas esperamos que indicasse, primeiro, os assuntos que eles consideravam engraçados ao público ledor. Queríamos saber, simplesmente, o que eles pensavam ser engraçada e boa matéria para o folheto.

Como é de esperar, uns poetas disseram (corretamente, a nosso ver) que não há nenhum tema ou temas fixos que garantem o sucesso do escritor que quer ser engraçado, mas, melhor, o humor "Depende da arte de escrever". (Alípio Bispo dos Santos, Salvador, BA) Ou, em outras palavras, "Em assunto de gracejo, toda história bem engendrada se vende". (Augusto de Souza Lima, Aracaju, SE). O aficionado do folheto de cordel que já leu obras de Leandro Gomes de Barros, obras primas do cordel no sentido de sátiras e protestos cheios de humor, vai concordar que ele era mestre na "arte de escrever". Como veremos adiante, seus temas foram semelhantes aos de hoje em dia – sogras, bebedores de cachaça e viciados do jogo do bicho, políticos, padres e protestantes, carestia na vida – mas, é o que ele fez com a matéria que nos deixou a herança humorística de seu verso. [202]

Neste assunto tão difícil de discutir (o humor como conceito em qualquer cultura), talvez o comentário mais útil para os folhetos de hoje em dia foi o de Antônio Ribeiro Conceição (Salvador, BA) quando disse: "É muito difícil explicar. O humorismo é pender para o licencioso sem expressar licenciosidade. É satirizar sem ridicularizar. Compreendeu bem?"

O humor nunca é humorístico quando se fala dele. Pode-se explicar, mas perde a graça. É uma relação entre autor e leitor. O que uma pessoa acha de estourar de riso, outro fica de boca calada. Mas, o humor consiste na combinação do assunto e a maneira de tratá-lo. Temos uma indicação dos poetas sobre a arte de escrever. Agora, vejamos os

---

[202] Ver Curran, Mark J. "A Sátira e a Crítica Social na Literatura de Cordel". In: <u>Literatura Popular em Verso</u>. Estudos I. Rio de Janeiro, Fundação Casa de Rui Barbosa, 1973, p. 271-310. A obra de Leandro que forma a base deste estudo é resumida na Parte I deste livro.

temas que os poetas consideram engraçados no cordel de hoje em dia: o marido enganado pela mulher, a sogra, a moça velha, a mentira extravagante (Abraão Batista, Juazeiro do Norte, CE); as presepadas e bravuras dos quengos, as descrições pornô-picarescas (Paulo Nunes Batista, Anápolis, GO); a sátira, o linguajar e a ingenuidade do matuto, o desafio da mulher (Elias Alves Carvalho, Petrópolis, RJ); palestra entre animais e conversa de matuto (João Crispim Ramos, Feira de Santana, BA); as situações picarescas sem ser pornográfico (Franklin Machado, São Paulo, SP); e, outra vez, a poesia matuta (Benoni Conrado da Silva, Fortaleza, CE).

É de notar a repetição do tema do matuto e seu linguajar, tema universal do humor. Usamos o matuto e suas presepadas como exemplo de um subtema neste grande do humor no questionário. O humor matuto é bem tratado na classificação de Liêdo Maranhão de Souza, já indicada.[203]

Resulta que o poeta, se é humorístico, vai vender seus versos, como disse João Vicente da Silva (Campo Maior, PI): "Compreendo que sem humor em poesia, o poeta não pode ser agradável ao público leitor".

O Quengo: o Pícaro Brasileiro

---

[203] Ver Souza, Liêdo M. de. Classificação Popular da Literatura de Cordel, p. 31, 37, e 87, para uma discussão de vários destes temas humorísticos.

"As Proezas de João Grilo"

Sabendo que não seria prático pedir aos poetas um comentário sobre vários assuntos específicos de humor na literatura de cordel, escolhemos um assunto que realmente forma um pequeno ciclo na poesia. O assunto do quengo (pícaro, amarelinho) é tema tradicional entre os velhos Europeus no cordel. Já despertou o interesse de muitos estudiosos.[204] A figura cordeliana é uma assimilação e criação bem brasileira do protótipo de Pedro Malasartes, Pedro de Urdemalas e outros pícaros Ibéricos. Mas é delicioso este anti-herói brasileiro. No Nordeste, além de astuto e enganador, é o pobre da região, feio, meio doente, enfarrapado, vítima da sociedade como é na área, que vence tudo por meio da esperteza, da inteligência e a agressividade não esperada. É o protagonista da tradição oral, depois cordeliana adaptada à peça de Ariano Suassuna o <u>Auto da Compadecida</u>. O grilo de peça era astuto e esperto, era simpático e cativante, mas, basicamente, tinha fome e fez tudo para sobreviver. A fome, a vingança (leia: justiça sertaneja) e a fé simples foram as forças atrás de suas presepadas. Este grilo foi tomado emprestado quase completamente dos folhetos de cordel.

---

[204] Ver Souza Liêdo M. de. <u>Classificação Popular da Literatura de Cordel</u>, p. 31, 37, e 87, para uma discussão de vários destes temas humorísticos.

Pois bem, queríamos saber a opinião atual dos poetas de hoje em dia sobre o assunto. Conjeturamos que os comentários deles nos diriam em forma específica algo sobre o humor no cordel. Surpreendeu-nos que uma parte significante dos poetas nem respondessem à pergunta, e, cinco dissessem que o tema já não é usado. Pensamos que a figura do quengo na pessoa do João Grilo fosse uma figura eterna nesta literatura, daí a surpresa nas respostas.

Mas, entre os poetas que comentaram em forma positiva ao uso do quengo no cordel, há ideias e conceitos interessantes. Paulo Nunes Batista (Anápolis, GO) diz que escreve empregando este tema, apresentando "o anti-herói, o sabido, porque infelizmente, vale muito mais 'ter' que 'ser'". E, como indicou Renato Carneiro Campos no seu estudo sobre o assunto, o leitor pode identificar com a luta do Grilo para sobreviver. É conceito repetido por João Crispim Ramos (Feira de Santana, BA) quando diz que é "o espírito satírico do Brasileiro e as suas astúcias para conseguir muitas vezes a sobrevivência".

Esta identificação com o pícaro foi comentada por um poeta radicado em São Paulo: "Este é o Brasileiro. Cheio de astúcia e de jeitos". (Franklin Machado) Já foi sugerido que talvez o público de cordel veja o Grilo e outros quengos como o público de outras classes viu o Rui Barbosa, brasileiro tropical entre os gigantes nórdicos em Haia. [205]

Pedro Bandeira (Juazeiro do Norte, CE) falou que o tema do humor do quengo é para "Divertir ao leitor, o bom gosto de rir. Todo mundo gosta. Quem produz, vende mais". Outra visão destes folhetos é o seguinte: "Romances humorísticos que animam o leitor com suas estórias engraçadas". (Francisco Peres de Souza, Piripiri, PI)

Um comentário filosófico e um pouco enigmático foi este de Abraão Batista (Juazeiro do Norte, CE): "A **Força** está onde estão os puros de espírito. A roda grande passa por dentro da pequena. Ninguém pode estar seguro nesta vida". (Recém-chegado de ver o filme "Star Wars" de tanto sucesso nos últimos anos, ao recebermos as respostas deste poeta, nos fez pensar como é realmente pequeno (e universal) este mundo. João Grilo (o povo) é o puro de espírito e é a fé simples dele que o salva, mesmo nesta vida de amarelinho brasileiro.)

---

[205] Campos, op. cit., p. 56.

2. Histórias Circunstanciais ou "De Época": temas gerais

Este tipo de folheto leva vários nomes: folheto de épocas, folheto de acontecido, folheto circunstancial. Representa uma porcentagem significativa da produção de hoje em dia dos folhetos de cordel. Contrasta ao que Câmara Cascudo, Manoel Diégues Júnior e Ariano Suassuna chamam a história tradicional (os temas gerais já tratados neste ensaio). Esta é a história, de tom jornalístico, que comenta o evento local, como um acidente trágico, ou nacional, como a morte de um Presidente ou o novo concurso "Miss Brasil", ou, ainda uma Guerra Mundial. É relacionado, como se espera, ao aspecto de cordel discutido no primeiro capítulo deste ensaio quando nos referimos à literatura de cordel como "Jornal do Povo". Também, é forma intrínseca à ideia do cordel como documentário das massas, no sentido histórico do documentário. É o folheto de cordel de mais interesse ao historiador ou cientista político que se interessam tanto nos eventos reportados quanto na interpretação dos mesmos.

Como dissemos anteriormente, para a expressão livre total deste ciclo do cordel, é preciso que haja um ambiente livre para os poetas. Discute-se entre eles mesmos se existe tal situação hoje em dia. Veremos mais adiante nos assuntos específicos que a situação "está difícil". Os poetas já disseram que consideram a função de informar e documentar essencial à vocação de poeta de cordel.

Como exemplo deste tema, sugerimos a morte de Getúlio Vargas e a chegada do homem à lua como assuntos específicos para comentar. Os poetas se entusiasmaram com a sugestão, e suas respostas são interessantes.

Paulo Nunes Batista (Anápolis, GO) nos ajudou com uma explicação simples do motivo do poeta a escrever tais histórias: "Tenho escrito vários. É algo parecido com uma 'reportagem rimada'. Diz do momento, dos fatos, das pessoas como eles são".

Uma variante da técnica, folheto muito comum no cordel, é a homenagem. Pedro Bandeira (Juazeiro do Norte, CE) fala da ideia expressa nela: "Quando morre um grande homem acho que o prejuízo é para todo mundo. Por isso, sempre gosto de prestar a minha homenagem poética. Para mostrar aos leitores como está grande a linda do progresso da humanidade".

Entre os exemplos dados do folheto de acontecido no questionário aos poetas foram a morte de um líder nacional, a morte de um político e a viagem à lua. Interessantes foram os comentários não tanto sobre os assuntos, mas a maneira de trata-los. "Só faço quando tenho facilidades e garantias de uma pronta distribuição". (Franklin Machado, São Paulo, SP) A morte de uma figura importante sempre é de interesse e presenta boas possibilidades, mas com certas restrições: "Sendo de repercussão o acontecimento, é de boa vendagem. Morte natural é preciso que o vulto ser líder". (Rodolfo Coelho Cavalcante, Salvador, BA) "Este tema só se vende na época, na ocasião". (Manoel d'Almeida Filho, Aracaju, SE) Uma opinião contrária a esta última é de José João dos Santos, Azulão (Engenheiro Pedreira, RJ) quando diz: "Tudo isso eu já escrevi, e, o povo ainda quer quando se esgota, principalmente o de Getúlio". O dito pelos poetas corrobora outra parte do questionário quando disseram que o cordel ainda funciona como jornal, mas só para os eventos mais destacados da época.

Conceito importante no folheto de acontecidos é a sua veracidade, ideia importante também para toda a "ideologia" da literatura de cordel. Dois poetas sentiram a necessidade de comentar sobre esta questão da verdade nas suas histórias. Disseram que "São romances de fatos reais" e "São verídicos". Por que a ênfase na verdade? Antônio Ribeiro Conceição abre a discussão dizendo que o folheto de época "Precisa ter boa ficção para o folheto ser permanentemente procurado". O historiador vai reagir imediatamente: como interpretar os "fatos" do poeta, não só do evento mesmo, mas também da interpretação? O leitor que conhece a literatura de cordel está acostumado às declarações tradicionais sobre a verdade nas histórias apresentadas. O poeta quer ser acreditado, daí uma quase obsessão com a verdade. Mas, o artifício ou a arte também regem na sua mente. Por isso a história "verdadeira" pode ou não sair do caminho dos fatos reais. A realidade da questão no cordel é fácil de expressar: às vezes, o desejo do poeta de expressar e impressionar (na arte de escrever) vence o desejo de ser sempre exato. Lembramos o caso do poeta Cuíca de Santo Amaro na história de Jorge Amado sobre as invasões de terra em Pastores da Noite. Cuíca era, segundo Amado, o poeta que, se não falsificava, pelo menos, contava de "seu jeito" certa realidade para o benefício de mais vendas ou para impressionar o público. Só precisava saber os fatos mínimos, o resto se inventava na hora.[206] Basta dizer que a verdade é muitas vezes artifício e mais nada. O leitor pronto sabe distinguir.

A conclusão? A Verdade é a essência, e a essência é de informar **e** divertir. Evidentemente, o resultado feliz é um poema que conte a verdade, mas numa maneira que distrai e diverte o leitor.

---

[206] Para uma ideia do procedimento real de um poeta-repórter de hoje em dia, leia a descrição do poeta José Soares sobre a maneira de juntar material e escrever suas reportagens rimadas. (No artigo já mencionado: "José Soares Canta a Glória de Juscelino". Manchete, 18 set. 1976.)

a.   As Figuras e Eventos Importantes no Cenário Nacional e Internacional

"Getúlio Vargas"

"A Vitória de Juscelino e Jango nas Eleições de 1955"

"A Morte que Abalou o Mundo o Assassinato do President John F. Kennedy'"

Como exemplo pragmático do folheto circunstancial pedimos aos poetas explicarem ou discutirem as histórias escritas sobre a morte de Getúlio, de John F. Kennedy ou de Juscelino.[207] As respostas foram abundantes.

Pedro Bandeira (Juazeiro do Norte, CE) repetiu seu propósito de homenagem prestada aos grandes homens. Opinião semelhante foi esta de José Severino Cristóvão (Caruaru, PE): "No meu livro "Biografia de Juscelino Kubitschek Oliveira" descrevi seus feitos dotados e da admiração que sinto pelos seus bons feitos".

O motivo jornalístico em tais histórias é repetido por Benoni Conrado da Silva (Fortaleza, CE): "O cordelista é como jornalista: procura sempre uma 'Manchete' para vender seu trabalho, como foram vendidos milhares de folhetos do episódio da morte de Juscelino".

E um motivo relacionado ao jornalismo é visto neste comentário: "E literatura que se destaca muito por ser um documento". (Francisco Peres de Souza, Piripiri, PI)

Outro poeta reportou folhetos de sua autoria sobre José Américo e Câmara Cascudo dizendo que escreveu "Enaltecendo os seus feitos, descrevendo as suas vidas". (Otacílio Batista, João Pessoa, PB)

Outra vez temos o conflito entre o fato e a fantasia: o poeta Antônio Ribeiro Conceição reporta que estes temas são escritos "Não mais em biografia, e sim em ficção caprichada". Daí tem folhetos como "O Encontro de Castelo Branco com Getúlio Vargas no Céu" ou "A Morte do Doutor Juscelino e Sua Chegada ao Céu". A fantasia já rege e o mito se cria. A relação ao histórico é diminuída e, às vezes, substituída pela fantasia completa. É um caso que veremos adiante com as histórias do cangaço. Lampião agora tem duelo com Antônio Silvino ou com o diabo mesmo, ou talvez São Pedro na porta do céu. Há a história ainda mais incrível na luta de Lampião com a criação cinemática do Kung Fu. E, anos atrás, houve histórias sobre Hítler, Mussolini e Stalin no inferno. [208]

---

[207]   Mais uma vez, vamos lembrar o trabalho do professor francês Raymond Cantel neste assunto de mortes de "vultos" da história.

[208]   Estas são da autoria do Baiano Cuíca de Santo Amaro, e, comentaremos em futuros livros sobre ele: "Cuíca de Santo Amaro Poeta-Repórter da Bahia" e "Cuíca de Santo Amaro: Controvérsia no Cordel". Ver: www.currancordel connection.com Livros.

É o processo tão comentado pelos críticos da mitificação de uma realidade histórica. Tanto a realidade concreta quanto o mito têm um lugar importante neste assunto do cordel. O futuro de tais histórias deveria ser bom se concordássemos com o comentário de Manoel Caboclo e Silva: "Foram grandes vultos na história pelos seus feitos na evolução do tempo. Cada dia que se passa é uma nova história a contar, e um novo progresso na estrada da vida. O Brasil está ficando cada vez melhor".

b.   A Política: Eventos, Figuras e Comentários

Relacionado naturalmente ao assunto anterior de figuras e eventos nacionais e internacionais é o tema da política. O questionário de 1978-1979 foi muito útil neste respeito porque indica claramente uma mudança marcada neste assunto na literatura de cordel. Esta literatura tradicionalmente tem uma orientação e interesse político, mas no sentido jornalístico quando o poeta sente a obrigação de poeta popular de informar e comentar os eventos de seu tempo. A critica e a sátira são armas tradicionais no cordel quando o poeta castiga não necessariamente uma ideologia (embora haja disto infrequentemente), mas qualquer evento que significa tempos difíceis para o povo. É o desencanto com os oficiais eleitos e suas promessas de vésperas de eleição.

Famoso é o caso da sátira política de Leandro Gomes de Barros nos folhetos de 1900-1918. Comentou a época em poemas como "A Guerra, a Crise e o Imposto", "As Cousas Mudadas", "Os Filhos do Rei Miséria", os estrangeiros no Brasil em "Os Collectores da Great Western" e "O Dinheiro", o governo em "O Dez-Reis do Governo," "Panellas que Muitos Mexem", "Doutores de 60", "Um Pau com Formigas", "A Seca no Ceará" e outros. [209]

Outra época e outro exemplo foi o caso do poeta-repórter Cuíca de Santo Amaro nos 1940 até os 1960 quando o vate baiano meteu o pau à corrupção no governo e na política durante quase vinte anos. Este aspecto político na tradição de Leandro Gomes de Barros é visto em folhetos mais novos como "A Eleição do Agave, da Cana e da Mandioca," "História da Vaca Política", e "A Vitória de Cheiroso o Bode Vereador".

Temos lido em coleções no Rio de Janeiro, Bahia, Recife, João Pessoa, Campina Grande, e na nossa particular folhetos políticos reportando e comentando eventos como a Guerra de Canudos, a Guerra de Juazeiro, a política regional nordestina, a Revolução de 30, os anos de Vargas, Kubitschek, Quadros, Goulart, e a Revolução de 1964. O cenário internacional é reportado e comentado: a Primeira e a Segunda Guerra Mundial, Suez, Coréia, a ameaça

---

[209]   Ver o estudo já mencionado: "A Sátira e a Crítica Social na Literatura de Cordel".

comunista, o conflito capitalista-marxista de nossa época. Existem também folhetos de propaganda escritos por pseudopoetas pagos a influir a opinião pública. E, finalmente, temos o folheto de propaganda paga ao candidato local, às vezes um favor político entre amigos, mas geralmente um folheto pago pelo candidato.

O dito é um breve resumo desta tradição no cordel. Vejamos agora o momento atual por meio do questionário aos quarenta poetas e editores.[210] A melhor palavra para descrever suas respostas é "cautelosas". Vários ignoraram a pergunta sobre o assunto político. Vários "deram um jeito" para não responder em termos diretos. Uns poucos deram opiniões diretas e definidas sobre a situação atual no Brasil.

Um poeta que evita a política disse: "Evito versar o assunto: é coisa para os grandes, e eu sou muito insignificante para tanto". (Paulo Nunes Batista, Anápolis, GO). Outro disse: "Não gosto de escrever política". (Augusto de Souza Lima, Aracaju, SE). Ainda outro respondeu no mesmo tom: "Eu disse que gosto muito de trabalhos sérios e tanto que me afasto da pornografia, comentários sobre assunto que tenha cheiro subversivo, ou assuntos atacantes, Política ou Religião Moral". (José Francisco de Souza, São Mateus, PE)

As respostas mais específicas foram realmente uma declaração do que resulta hoje em dia: proibição do tema (se não oficial, pelo menos pela criação de um ambiente de desconfiança e medo). José Soares (Jaboatão, PE), verdadeiro repórter de acontecidos políticos, falou simplesmente: "A política, a carestia de vidas são fatos concretos". Note que o poeta igualou as duas coisas, política e carestia de vida. Outra resposta direta foi a seguinte de Abraão Batista (Juazeiro do Norte, CE): "Um prato saboroso e perigoso, principalmente no regime da revolução brasileira de 31 de março de 1964". A história completa e verdadeira também

---

[210] No artigo "Ganhando Status" em <u>Veja</u>, 25 de novembro de 1978, o repórter Ricardo Noblat informa muito bem sobre a situação atual, informações corroborados nas respostas neste ensaio. Citamos:
Além disso, ficou constatado que os poetas, de 1964 para cá, se ressentem da falta de um maior grau de liberdade para a publicação de folhetos políticos ou de crítica social – um veio tradicional e importante no cordel. Foram citados, durante o encontro, alguns depoimentos significativos, como o do poeta José Soares, do Recife, para quem "escrever atualmente sobre política é muito perigoso". O povo, acrescenta ele, "gosta de folhetos sobre a carestia, o custo de vida. Mas qual o poeta que tem coragem de escrever sobre isso? Vai preso". Assim, a exemplo do que aconteceu durante o Estado Novo, o cordel sobre política praticamente desapareceu a partir de 1964, subsistindo apenas nas encomendas de candidatos e órgãos do governo.

se conta na resposta de João Crispim Ramos (Feira de Santana, BA): "Muito espinhosa". Antônio Ribeiro Conceição (Salvador, BA) foi mais especifico: "Atualmente é assunto morto para os trovadores. Quando houver grande líder há tema para os poetas de cordel".

Uma resposta curiosa foi a de Rodolfo Coelho Cavalcante (Salvador, BA): O povo não aprecia. Lá uma vez ou outra um poeta escreve um folheto". (Esta declaração está em contradição direta tantos dos muitos folhetos escritos pelo poeta a favor do regime militar e seus comentários em entrevistas com este autor em 1981, em preparo o futuro livro A Presença de Rodolfo Coelho Cavalcante na Moderna Literatura de Cordel (Rio de Janeiro: Nova Fronteira-Fundação Casa de Rui Barbosa, 1987).

E, para concluir, um poeta que não fala diretamente da política como tema, mas alude a ela quando diz: "Neste regime atual no Brasil os poetas não podem escrever com expressão irônica ou humorística". (José João dos Santos, Engenheiro Pedreira, RJ)

Quando se lembra de como Leandro Gomes de Barros deliciosamente satirizou Affonso Pena ou os Ingleses ou os Portugueses, de como Francisco das Chagas Batista falou da política pela boca de Antônio Silvino, das sátiras ferozes e engraçadas de Cuíca de Santo Amaro, a situação atual só pode ser vista em termos tristes. Seria de esperar uma tolerância na parte do governo e seus vários oficiais porque os verdadeiros poetas de cordel nunca tentaram subverter a ordem pública, nem o governo, nem os políticos.[211] Eles fizeram o papel de cronista político popular: fizeram públicos para o povo as fraquezas, os pecadilhos e às vezes, o ridículo da política. Fizeram o povo rir em vez de chorar

(Escrito em 1979) parece que teremos de esperar uma mudança, uma nova tolerância na parte das autoridades para criar um novo ambiente de menos apreensão nos poetas e uma volta ao espírito satírico jovial de antes. (A mudança virá depois de 1985 quando a democracia voltará ao Brasil.) Mas estas declarações vistas marcam uma época e registram os anos durante a ditadura.

---

[211]   As únicas instâncias de ataques brutais que conhecemos são naqueles folhetos, bem poucos em quantidade, escritos não pelos poetas legítimos, mas por agentes e propagandistas da Esquerda, e tudo antes de 1964. Esta situação obviamente vai mudar depois dos anos deste levantamento, com a abertura e a volta da liberdade completa de comentar os anos da "Redentora" e depois. Ver nosso livro "História do Brasil em Cordel". São Paulo: EDUSP, 1998.

c. Os Crimes

"A Tragédia Lindbergh"

Embora os folhetos mais velhos de crimes tratassem, às vezes, as façanhas dos cangaceiros, hoje em dia o tema não tem a ambivalência do criminoso-heroico de antes. É o simples crime horroroso e brutal. O assunto recebe um tratamento semelhante em toda literatura e imprensa popular. É o sensacionalismo no seu ponto mais extravagante. Os títulos mesmos revelam o tom. "A Verdadeira História do Comedor de Defunto que Está Preso em Fortaleza" ou "O Monstruoso Crime de Serginho em Bom Jesus de Itabapoana, Estado de Rio de Janeiro". Um caso de muito interesse foi "O Padre que Matou o Bispo em Garanhuns", evento espetacular em Pernambuco. Os comentários dos poetas revelam o caráter sensacionalista também: "Já são tantos que dá nojo de verseja-los. Só os extravagantes demais e que não envolvam a polícia diretamente se podem comentar". (Abraão Batista, Juazeiro do Norte, CE)

A opinião é repetida por Rodolfo Coelho (Salvador, BA) Cavalcante quando diz que "Sendo bárbaro o crime, e toque o coração do povo, muitos folhetos se vendem". José Soares (Jaboatão, PE) acrescenta: "Livro de crime de muita repercussão se vende demais".

Outro elemento importante é incluído por Augusto de Souza Lima (Aracaju, SE) quando diz que o folheto tem sucesso quando o crime é "Pavoroso, horripilante".

Assim é que a atração do macabro seja talvez o elemento que explica a demanda do público por estes folhetos, isto e a "novidade" da história. Que possivelmente seja um elemento noticiário, jornalístico que cria esta demanda, vemos na explicação de João Crispim Ramos (Feira de Santana, BA): "É quando o cordel assume o papel jornalístico, quando o leitor o vê como noticiarista, muito embora este efeito seja passageiro depois superado".

Um número significante das respostas falarou sobre a natureza do crime em si. Os poetas expressaram seu horror ante o crime, atitude expressa na resposta de Pedro Bandeira (Juazeiro do Norte, CE): "Sempre mostro que o crime não recompensa. Não sou de matar. Meus folhetos neste rumo diz como seria belo o mundo se houvesse compreensão e ninguém nunca matasse ninguém".

O tema fica no cordel. Como disse João Vicente da Silva (Campo Maior, PI): "O poeta escreve pela emoção".

d. Os Desastres Naturais: Secas e Cheias

"A Seca o Flagelo do Sertão"

Outro tema que vem de longe na literatura de cordel, como vem de longe na história do Nordeste, é sobre o desastre natural. Os que tratam as secas (problema ainda não resolvido) ao decorrer da história nordestina facilmente poderiam ser incluídos em nossa categoria de "A Realidade Econômica: a Luta de Sobreviver" desde que é precisamente este problema que criam na vida do nordestino.[212] Os técnicos do progresso e desenvolvimento econômico da região dos tempos modernos ainda não chegaram a controlar a natureza, por isso, estes fenômenos ainda aparecem no cordel. Citamos histórias como "A Cheia do Recife e do Interior", "Os Horrores da Seca do Nordeste" como exemplos do tema. Com a migração de

---

[212] O assunto também tem seu aspecto apocalíptico em que uns dos poetas decifram as secas e cheias como manifestação da decadência e o castigo de Deus.

poetas, o assunto não se limita ao Nordeste. Os poetas não mostram nenhuma parcialidade geográfica.

A opinião comum entre os poetas é que o tema sempre se venderá quando houver calamidades. Nada mais natural, indicam eles, mesmo para as vítimas, do que ler sobre o desastre que lhes aconteceu. Ao respeito das ideais expressas nestes poemas, temos várias opiniões. A ideia de servir como representante das necessidades do povo, de ser sua porta-voz é ainda presente entre os poetas (como também vimos em 1967): "É para mostrar às autoridades competentes as necessidades do povo. E também perpetuar um acontecido". (Pedro Bandeira, Juazeiro do Norte, CE). Paulo Nunes Batista (Anápolis, GO) expressa um motivo semelhante: "Abordo o problema das secas periódicas no Nordeste e aponto, como solução, a perfuração de poços artesianos pelo governo". (Pergunta-se até que ponto os folhetos podem influir nas autoridades por meio de suas palavras de vítimas?)

Uma opinião que desperta interesse é de João Crispim Ramos (Feira da Santana, BA) quando diz que o objetivo neste tipo de folheto é "Apenas reportar para os leitores de maneira que os sensibilize talvez mais do que a notícias transmitidas pelo rádio, etc.". Voltemos à ideia da função da literatura esta: diversão? Jornal? Documentário? Vemos mais uma vez porque o folheto de cordel sobrevive embora em escala menor como um meio jornalístico popular. Talvez reporte o evento depois do jornal urbano, mas é o seu comentário, sua capacidade de "sensibilizar" o leitor (como disse o poeta) e de documentar o evento em verso que lhe dá o seu valor.

Houve um comentário negativo ao respeito do poeta que "versa" calamidades. Um poeta disse: "Aqui no nordeste os poetas aproveitam bem essas coisas de épocas, quando está em quente é dinheiro. Eles dizem, mas, eu não os verso". (José Cavalcanti e Ferreira – Dila, Caruaru, PE).

Um comentário final sobre o assunto de desastres naturais é do Manoel Caboclo e Silva (Juazeiro do Norte, CE). Achamos que é central a qualquer consideração de todos que leem o cordel. "São as realidades que o nordestino enfrenta sem deixar com isso de lançar um sorriso à calamidade que o rodeia". É fácil concluir que a vida em si frequentemente é uma calamidade para este povo e esta região do Brasil. Talvez, como disse Jorge Amado em <u>Tenda dos Milagres</u>, o verdadeiro milagre é que sobrevivem de qualquer maneira na face de tais adversidades. Mas há uma certeza: o cordel é o único documento popular desta vida, seja como for. Como disse um dos poetas antes na sua evaluação do cordel: "Talvez esta literatura em si seja a maior riqueza que Deus nos Deu".[213] É sem dúvida esta capacidade de "lançar um sorriso" que faz desta literatura de tantas penas e sofrimentos o prazer que é.

---

[213] Comentário de Expedito Ferreira da Silva (Engenheiro Pedreira, RJ)

e. O Mundo Esportivo

"Brasil Campeão do Mundo 1970 – Agora a Taça É Nossa"

"Peleja de Garrincha e Pelé"

O assunto dos esportes é pequeno no cordel, mas é importante em proporção maior de folhetos editados.[214] Fica como parte dos folhetos de acontecidos e trata principalmente os grandes heróis do futebol brasileiro e a sorte de seus times mais conhecidos. Citamos obras como "Brasil Bicampeão Mundial de Futebol de 1962", "Brasil Campeão do Mundo 1970", "Brasil 1958-1962-1970 Tricampeão do Mundo", no cenário internacional; e "O Sapo que Desgraçou o Corinthians", "Corinthians Não É Mais Aquele do Sapo Cururu", ou "Discussão de um Remista com um Paissandu" no futebol nacional. Um folheto divertido de fantasia é "O Futebol no Inferno". E, uns anos atrás saiu "A Peleja de Garrincha com Pelé".

Claro que não é dos temas velhos tradicionais, mas, mesmo assim, tem sua "hora e vez". Para facilitar os comentários, sugerimos aos poetas o nome de Pelé como herói no mundo

_____

214   Ver Manuel Diégues Júnior, op. cit., p. 82-86.

esportivo. Responderam falando do futebol em geral, que o tópico tem que estar "quente" para se vender: "Quando existem vitórias". (Alípio Bispo dos Santos, Salvador, BA) "Esse tema de vultos de esporte só é procurado quando o esportista está de cima". (Augusto de Souza Lima, Aracaju, SE) O evento reportado tem que ser de escala nacional e de sucesso para ter sorte; os vencidos não dão boas notícias nem vendas.

Umas das ideias expressas no tema foram tocadas por uns poucos dos poetas. Paulo Nunes Batista (Anápolis, GO) disse que: "O futebol é cachaça coletiva, e o poeta de cordel espelha a sociedade".

Vários comentaram o caso de Pelé: "Para mostrar a que ponto chega a capacidade do homem. É querer e fazer. Com fé se faz o que quer". (Pedro Bandeira, Juazeiro do Norte, CE) "Pelé, exemplo da grandeza de quando sim é grande. Esqueceram, quase esqueceram a cor preta". (Abraão Batista, Juazeiro do Norte, CE). "Pelé – orgulho do futebol brasileiro". (José Severino Cristóvão, Caruaru, PE)

Uns poucos chegaram a informar sobre seu motivo ao escreverem tais folhetos. "Trato o esporte como comentador. Mostro seus bastidores, pois os fatos são dados pelos jornais". (Franklin Machado, São Paulo, SP) Outra ideia foi esta de João Crispim Ramos (Feira de Santana, BA): "Quando escrevi 'Pelé e a Seleção', objetivei motivar o torcedor em torno de um assunto de interesse geral que traria frutos para todo o país. Interesse popular".

Opinião outra foi esta de José Francisco Borges (Bezerros, PE): "Escrevi 'A Copa de 70', mas porque a poesia não se une ao futebol, só vendi 500 exemplares". Três outros poetas concordaram que não gostam do assunto. Vários não responderam à pergunta. É evidentemente, tema menor. Sua sorte irá junto com a da seleção no futuro.

f. Um Acontecido da Música: a Presença de Roberto Carlos

"A Carta que Satanaz Mandou a Roberto Carlos"

Pode-se pergunta se tal assunto não caberia melhor no tema dos folhetos fantásticos, das coisas nunca vistas, isto devido a estranha lógica (e muita coincidência) que criou este pequeno assunto do cordel. Por outro lado, sua existência mostra bem a vitalidade no cordel e sua capacidade de se evoluir com os tempos. Nada mais longe do espírito folclórico destes poemas do que a "jovem guarda" dos anos primeiros deste cantor de Espírito Santo. Tudo aconteceu devido a uma música de um sucesso tremendo do jovem cantor. Quando a música "Quero que Todo o Mundo Vá para o Inferno" estourou no Brasil nos anos 1960, os poetas imediatamente viram as possibilidades para um diálogo entre Roberto Carlos e um velho amigo cordeliano, Satanás. Daí surgiram folhetos como "A Carta de Satanaz a Roberto Carlos", "A Resposta à Carta de Satanaz a Roberto Carlos", e, ainda "A Carta de Jesus Cristo a Roberto Carlos". O tom dos folhetos é humorístico usando as gírias da jovem guarda e juntando habilmente conceitos velhos do diabo no cordel com ideias contemporâneas dos anos 1960 e a mentalidade da década. Como dissemos, é assunto muito pequeno e certamente não persistente, mas sim reflete a flexibilidade do cordel para agradecer o leitor de diferentes épocas e maneiras de ser.

Os poetas nas suas respostas falaram principalmente de suas preferências na música, de seu gosto pela música nordestina. Não chegaram a falar muito no assunto mesmo de Roberto Carlos. Abraão Batista (Juazeiro do Norte, CE) resume: "Roberto Carlos: quando é bom, o cordel estampa".

3. O Heroico Nordestino

a. O Caso do Cangaçeiro

"A Prisão do Célebre Antônio Silvino"

Mark J. Curran

"Visita de Lampião a Juazeiro no Ano de 1926"

Um dos assuntos mais falados e escritos da literatura de cordel, o cangaço tem um lugar privilegiado nesta literatura popular. Liga, por meio da folclorização do revoltado e bandido num herói com sede de justiça, o moderno com o velho. Há realmente uma dívida literária entre os cangaceiros Antônio Silvino e Lampião e os velhos heróis no ciclo de Carlos Magno. Já notamos estas semelhanças em particular entre o bom Antônio Silvino e Carlos Magno em outro ensaio.[215] Os atributos heroicos dos dois têm uma semelhança não coincidente.

Também é de salientar que o cangaço é um dos temas mais persistentes ao decorrer de todos os anos da história do cordel. Desde Leandro Gomes de Barros e Francisco das

[215] Ver Mark J. Curran. "'Grande Sertão: Veredas' e a Literatura de Cordel". Brasil/Brazil, Brown University. O estudo ganhou prêmio no Brasil: O Prêmio Orígenes Lessa da Biblioteca Orígenes Lessa - Fundação Casa de Rui Barbosa, 1985.

Chagas Batista, a João Martins de Ataíde e Manoel d'Almeida Filho a outros de nossos dias, o assunto permanece no cordel. Os primeiros folhetos foram naturalmente até certo ponto jornalísticos porque os poetas eram contemporâneos de Silvino e Lampião. Daí tem histórias como "A Prisão do Célebre Antônio Silvino", "O Interrogatório de Antônio Silvino", "A História Completa de Antônio Silvino sua Vida de Crimes e Seu Julgamento", "Visita de Lampeão ao Juazeiro" e "Lampeão e as Forças Legais".[216]

Nos últimos dias, digamos desde os 1950 até o momento, temos já biografias e folhetos fantásticos sobre o tema. Citamos: "Antônio Silvino" de Manoel Camilo dos Santos, "Os Cabras de Lampião" de Manoel d'Almeida Filho, "A Chegada de Lampião no Inferno" e "O Grande Debate de Lampeão com São Pedro" de José Pacheco, e, "Encontro de Lampeão com Antônio Silvino" e "A Briga de Antônio Silvino com Lampeão no Inferno" de José Costa Leite. A evolução do assunto mostra a vitalidade do cordel e agora a sentimentalidade e saudade sentidas pela geração presente com sede de heróis.

Os poetas ainda se entusiasmaram pelo assunto com a maioria deles notando sua popularidade ainda hoje em dia. Concordam que Silvino e Lampião sempre terão seu lugar na História. Vejamos os comentários mais específicos sobre eles:

> Eu mesmo admiro muito Lampião e Antônio Silvino. Nos meus folhetos e improviso mostro que Lampião foi um injustiçado e nunca fez perversidade com ninguém, e sim outros que se diziam cabras de Lampeão para fazer tudo de ruim no sertão.

> (Pedro Bandeira, Juazeiro do Norte, CE)

> O cangaceiro – injustiça social – o homem é forçado a fazer justiça. Lampião um herói bandido.

---

[216] Existem muitos estudos do tema. Um bom livro recente sobre Lampião é de: Chandler, Billy Jaynes. The Bandit King Lampião of Brazil. College Station. Texas A & M. A bibliografia brasileira é enorme, incluindo artigos e livros. Achamos que Luís da Câmara Cascudo no seu Flor dos Romances Trágicos trata bem o assunto do cangaço na literatura de cordel. Temos uma bibliografia bastante completo sobre os folhetos de Antônio Silvino e Lampião no estudo referido em Brasil/Brazil.

(Abraão Batista, Juazeiro do Norte, CE)

Silvino foi cangaceiro manço e brincalhão; só se revoltava àqueles que por um bilhete lhes negava 200 mil-réis, ou se lhes perseguisse. Eu considero Lampião em seu tempo o maior herói da vida do cangaço, e nenhum dos seus adversários teve gosto de pôr as mãos no seu esqueleto.

(José Cavalcanti Ferreira – Dila, Caruaru, PE)

Lampião, Antônio Silvino existiram na verdade. São considerados mitos de grandeza. Quando vivos se vendia muitos folhetos deles. Agora se escrever, vende muito mais.

(José Soares, Jaboatão, PE)

Antônio Silvino e Lampião entraram no cangaço pelas mesmas razões, isto é, mataram seus pais e as autoridades não tomaram conhecimento.

(Erotildes Miranda dos Santos, Feira de Santana, BA)

Vemos o resultado do processo da folclorização do bandido do Nordeste do Brasil: a figura já feita mito ou lenda e a realidade histórica já idealizada. Os grandes cangaceiros não são mais criminosos, mas heróis. O cangaço chegou a ser por uma falta de justiça. Há algo de nobre nesta opinião tão geral entres os poetas. Mas um Lampião feito palhaço em lutas imaginárias e ridículas como em uns dos folhetos espalhados hoje em dia faz muito para destruir o mito.

b. Maria Bonita: Mulher Braba e Valente

Lampião, Maria Bonita e o Grupo

A mulher heroica faz parte dos assuntos do cangaço e do valente na literatura de cordel. A figura dominante é a de Maria Bonita, mulher de Lampião. As respostas dos poetas foram muito esclarecedoras no sentido de como enxergam, como percebem a mulher valente do sertão. O tema é consagrado no cordel segundo eles. É a mesma tradição que se vê no romance "A Donzela que Foi à Guerra" e é tema repetido em Grande Sertão: Veredas. Os poetas acreditam que o assunto sempre terá aceitação. Tanto o público quanto os poetas gostam ainda de escrever e ler de Maria Bonita.

Por que existe o tema? Quais são as ideias encerradas nas descrições dos poetas? Pedro Batista (Juazeiro do Norte, CE) diz que o assunto existe "Para mostrar à sociedade o heroísmo que teve uma nordestina, e o amor até que ponto chegar. Mostrando que todos os homens bons e maus têm seus admiradores". José Severino Cristóvão (Caruaru, PE) disse: "Ela era uma das mais corajosas e destemidas do Nordeste, lutava pelos objetivos e justiças.

O colega de Bandeira na mesma cidade de Juazeiro, Abraão Batista, foi mais poético e filosófico nesta resposta: "A mulher é a flor do mundo. É a força e a fraqueza do homem. Nela e através dela o homem se faz e desfaz no labirinto da vida terrena".

Paulo Nunes Batista (Anápolis, GO) discute Maria Bonita ao respeito do tema geral do cangaço:

> O cangaceiro é um ciclo nordestino de grande importância na psicossociologia das massas. O povo cria heróis dos cangaceiros, como Lampião, Silvino, Corisco e outros. Mesmo porque os cangaceiros nada mais são do que frutos de uma época, de um sistema desumano, da injustiça.

Outro variante do mesmo tema foi nesta resposta de João Crispim Ramos (Feira de Santana, BA): "Mostrar a espontaneidade da mulher (a decisão repentina de Maria de fugir a sua outra vida de simples dona de casa) a coragem e a fidelidade (a Lampião) quando se propõem a fazer determinada coisa".

Manoel d'Almeida Filho o disse na forma mais direta e simples: "O povo aprecia a mulher sertaneja, valente e bonita".

Todos concordam que o povo adora escutar sua história, o namoro rápido e romântico, a fuga à aventura com Lampião, e o fim trágico dos dois. Pode-se concluir que o sucesso do assunto e a figura têm muito que ver com uma visão romântica, um tanto melodramática, da mulher, suas qualidades heroicas, seu desejo de fugir a uma vida mais interessante, sua sede pela justiça, e talvez, mais simplesmente, a sua atração para o homem do sertão. Maria Bonita e Lampião agora são mais lendas ou histórias de Trancoso do que uma história verdadeira de valentia e amor. Há um paralelo realmente forte entre o duo e "Bonnie and Clyde" do folclore norte-americano.

c. O Valente Sertanejo

"História do Valente Vilela"

Embora um herói diferente numa situação diferente à do cangaceiro, o sertanejo valente é de muita importância no ciclo heroico da literatura de cordel. Curiosamente, despertou mais interesse no questionário do que o tema do cangaço. Há um número considerável de folhetos escritos sobre ele, um número comparável ao ciclo do cangaço mesmo.[217] Este interesse no valente talvez reflita uma realidade mais sentida pelos poetas de cordel. O valente tem várias características do "bom" cangaceiro. É herói para os sertanejos porque enfrenta uma situação injusta com tremendos obstáculos: o mau e cruel fazendeiro (subtema a seguir neste ensaio). Consegue a justiça quando vence o dono de fazenda e os

---

[217] Uma bibliografia do gênero se encontra no estudo editado em <u>Brasil/ Brazil</u>. Histórias como "Pistoleiro de Amor", "A Vingança de um Sertanejo no Engenho Pirapama", "O Encontro de Duas Feras" e claro "O Valente Vilela" exemplificam o assunto.

cabras deste e ganha a mão da filha do fazendeiro. Com o casamento e o fim feliz, ele e ela herdam os bens do já morto ou arrependido senhor de terras e vivem sempre felizes (a não ser que o poeta decida fazer uma segunda parte da história na forma de mais aventuras dos filhos do herói). "O Romance de Mariquinha e José de Souza Leão" fala por todos eles.

Existe um grande interesse no tema pelos sociólogos e cientistas políticos. A polêmica tem como essência a questão se estas histórias refletem ou não uma realidade histórica e como a refletem. Uns dizem que encerram estas histórias uma reflexão de uma realidade de opressão de classes pelo sistema semifeudal ainda prevalente no Nordeste.[218] Mas, também é possível perguntar: onde já se ouviu falar de um vaqueiro ou cabra casar-se com filha de um dono de terra? Tudo é inventado? História de Trancoso? Qual é o papel da imaginação do poeta neste ciclo de folhetos?

Temos, mais uma vez, que concordar com Câmara Cascudo e a teoria e explicação folclórica do assunto. O folheto este, a nosso ver, sim reflete uma realidade da mais óbvia injustiça, mas o tratamento da mesma é em termos sempre folclóricos apolíticos: o Bem vence o Mal, o Amor vence Tudo, e, a Justiça é feita, tudo num ambiente não real de lutas e amores numa escala maior do que a vida, uma escala heroica. Todos os heróis, todos os vilões, todas as donzelas que aparecem, são do mesmo molde. O poeta de cordel antes de tudo nestes folhetos quer **divertir**, não informar. O folheto e seu assunto já entram no tradicional e não no acontecido, daí o tratamento especial que recebem: o poeta empregando os elementos de honor, valentia e honestidade. Os poetas mesmos concordam, na maioria, que o tema é romântico, muito como as histórias e filmes do "Far Oeste Norte Americano", sempre com o desejo que ganhem os "bons" e que o Mal seja esmagado.

Um poeta conta porque os leitores, em particular os leitores rurais, continuam a gostar do tema: "O homem do campo se sente engrandecido ao ser citado como um valente, um herói, e todos gostam de se comparar com o personagem, muito embora não tenham a coragem, mas se satisfazem intimamente." (João Crispim Ramos, Feira de Santana, BA)

---

[218]   Ver Renato Carneiro Campos na sua Ideologia dos Poetas Populares, Antônio Fausto Neto, Cordel, A Ideologia da Punição, e, Marcius Frederico Cortez, "Relação de Classes na Literatura de Cordel". Revista Civilização Brasileira, ano 1, no. 5/6, março, 1966.

Este desejo de participar subconscientemente no heroico é declarado por Pedro Bandeira (Juazeiro do Norte, CE) quando expressa o orgulho dos sertanejos: "Sou filho do Sertão e pra mim a coisa mais bela da vida é ser sertanejo. O sertanejo é valente do verbo valer, e é valente para rebater desaforo de cabra ruim. É puro e quando falo dele me orgulho muito e tudo que escrevo é verdade".

Outro comentário do mesmo molde é este de José Severino Cristóvão (Caruaru, PE): "O sertanejo respeita para ser respeitado, e, tudo faz para defender sua honra. Crê em Deus e ama seu 'duro' trabalho".

A ideia de uma vida difícil, de injustiça e maltrato, nesta corrente de causa e efeito, traz a ação heroica – comentário de Manoel Caboclo e Silva (Juazeiro do Norte, CE):

> É uma forma que toma o homem sertanejo quando lhe tiram os direitos humanos, quando um referido fazendeiro dezpresa seus princípios morais. Quando se torna apaixonado pela filha de um ricaço. O homem sem cultura perde o amor da vida e briga com quem encontrar, com quem vai de encontro a seus princípios.

A aplicação nos folhetos das ideias referidas se vê nesta resposta de Paulo Nunes Batista (Anápolis, GO): "No meu 'Filho do Valente Zé Garcia' apresento um sertanejo justiceiro, valente, honrado, combatendo um desalmado senhor de terras, explorador e desumano".

Assim é que o sertanejo defende sua honra em qualquer forma que seja atacada, pelos insultos dos cabras do fazendeiro, pelo fazendeiro mesmo, combatendo a exploração e tratamento desumano. Numa luta de proporções épicas, vence o Mal e a Justiça reina.

d. O Fazendeiro Cruel

"História de Mariquinha e José de Souza Leão"

O assunto naturalmente trata o tirano nos folhetos sobre o herói valente sertanejo. Quando perguntados sobre o conceito ou a ideia usado a escrever estes folhetos, os poetas verbalizaram o fazendeiro como elemento do Mal no sertão: "É preciso encarnar o mal em alguém para que a luta do herói se justifique". (Franklin Machado, São Paulo, SP) "O mal e o bem é tema importante para o trovador". (Alípio Bispo dos Santos, Salvador, BA) "O blasfemo castigado". (Valeriano Félix dos Santos, Simões Filho, BA) Assim vemos aplicação do universal no regional: a luta sempre presente entre o Bem e o Mal que toma várias formas no cordel. É fácil lembrar obras de José Lins do Rego, Guimarães Rosa e especialmente Jorge Amado a ver a mesma luta encarnada em obras eruditas de alto valor literário. [219]

Mas, há outro ponto de vista pelos poetas, este mais concreto e preciso e menos teórico ou filosófico:

> Os citadinos não conhecem a maneira dos chamados 'coronéis', e, nós procuramos mostrar-lhe de maneira facilmente compreensível, sem contudo se comprometer com os mesmos que até passam a agir de maneira diferente.
>
> (João Crispim Ramos, Feira de Santana, BA)

> Escrevo para ver se abrando mais a natureza do homem sem coração, mostrando que todos nós somos irmãos, e que as riquezas espirituais valem mais que as materiais.
>
> (Pedro Bandeira, Juazeiro dor Norte, CE)

> Um fato real de nossos dias.
>
> (Abraão Batista, Juazeiro do Norte, CE)

> Ainda continua em evidência.
>
> (Augusto de Souza Lima, Aracaju, SE)

> Em poucas palavras não daria para responder o poder absoluto do fazendeiro antigo, inclusive o senhor de engenho como agia com os seus subordinados.
>
> (Benoni Conrado da Vila, Fortaleza, CE)

Vários dos poetas deram títulos de folhetos seus que tratam o assunto. A descrição de Paulo Nunes Batista (Anápolis, GO) epitoma a visão tradicional nos folhetos, uma visão, por casualidade, muito aparente em <u>Tereza Batista Cansada de Guerra</u> na pessoa do

---

[219] Pensamos logo em <u>Fogo Morto</u>, <u>Grande Sertão: Veredas</u>, e, <u>Tereza Batista Cansada de Guerra</u>.

Capitão Justo: "Exemplo claro está no meu folheto 'Os Crimes do Goiano'. Ali, um grande senhor de terras, desalmado, paga caro por seus crimes".

Um teoria que explica a origem deste assunto no cordel é que o modelo vem dos cangaceiros verdadeiros que não temiam invadir fazendas e surrar "coronéis" que os opunham.[220] Com a passagem do cangaceiro do cenário nordestino no fim dos 30 com a morte de Lampião, Maria Bonita, e o bando deles, o poeta foi deixado com um vácuo: uma realidade de injustiça e nenhum herói (agente de justiça) a substituir o cangaceiro. Assim "inventou" o sertanejo valente e o grande ciclo que chegou a substituir o do cangaço. Seja como for, criação consciente ou não do poeta, hoje em dia é tema tradicional heroico e é tratada mais como uma velha história de príncipes, princesas e monstros encantados do que uma reportagem de um acontecido. Como dissemos, a linha entre o real e o imaginário no cordel é bem fina, e, o poeta caminha nos dois lados.

---

[220] Campos, op. cit., p. 41.

4. A Realidade Econômica: a Luta de Sobreviver

a. Introdução

Esta série de assuntos não cabe em nenhum outro agrupamento já discutido no ensaio. São folhetos que nem são tradicionais no sentido da literatura popular tradicional, e nem acontecido. Melhor, são comentários sobre a vida nos seus vários aspectos que levam o poeta e o leitor da literatura de cordel, essa vida de pobre tentando sobreviver no mundo de hoje em dia. Tem seu aspecto heroico no sentido que o herói não se deixa vencer por nenhuma dificuldade. Por isso, usamos o título de: A Realidade Econômica: a Luta de Sobreviver. Os ditos folhetos deste tema têm seu lado concreto comentando a vida como é e o lado abstrato, a reflexão e a meditação sobre esta realidade. Dividimos a categoria assim: A realidade concreta (a carestia na vida, o migrante no Sul) e a realidade meditada (a vida do rico – a vido do pobre, a vida no Sul- a vida no Norte, e, a vida na cidade – a vida no campo). Temos nestes cinco assuntos uma visão interessante e chocante do poeta e editor de cordel e de seus leitores, uma visão que, esperamos, vá complementar o primeiro capítulo da PARTE II deste ensaio sobre a literatura de cordel hoje em dia.

b. A Carestia na Vida

"A Gasolina Subindo e o Povo Passando Fome"

É assunto de há muitos anos na literatura de cordel. Os poetas e leitores desta literatura sempre eram da classe não privilegiada. Em toda a história do cordel há folhetos comentando s crises econômicas, os altos de preços, e a miséria que acompanhava sempre o pobre. O assunto era, e é, muitas vezes ligada à política, uma relação não toda de surpreender. E há uma relação entre a liberdade de escrever sobre a política e as condições econômicas de uma época, como veremos adiante. Pode ser assunto muito volátil. Temos títulos como "A Crize e o Imposto!", "A Carestia de Hoje em Dia", "O Poder do Dinheiro a Carestia da Vida Crise para Burro", "ABC da Carestia de Hoje em Dia", e, "Os Tubarões do Comércio e a Caristia Geral".

Pois bem, é possível tratar o assunto de duas maneiras: positivamente com sátiras, gracejos e humor, ou, negativamente numa reportagem preta da pobreza. Se esta última é escolhida hoje em dia, o poeta tem que pensar duas vezes antes de publicar seus versos. Uma atitude positiva é expressa nesta declaração: "Para ver com minha imagem, ajudo o governo e as autoridades competentes no assunto. Sobre a inflação que está sem peias e sem cabresto". (Pedro Bandeira, Juazeiro do Norte, CE) Outo poeta disse: "Gosto de combatê-lo". (Augusto de Souza Lima, Aracaju, SE) Abraão Batista (Juazeiro do Norte, CE) disse: "Sempre dá sorte. Motivo de gracejo, humor".

Mas, a atitude muda com o resto das respostas. Uma declaração irônica é esta de Manoel Caboclo e Silva (Juazeiro do Norte, CE): "A carestia tem duas razões: se o tempo nos traz abundância e a carestia aumenta, é sinal de progresso. Se o tempo está desfavorecido de produções, é justa a carestia sem progresso".

Talvez mais do que qualquer outro tema no questionário, nota-se a hostilidade dos poetas devido à violação de sua liberdade como poetas a discutir o assunto. Do poeta que disse simplesmente: "A política e a carestia de vidas são fatos concretos". (José Soares, Jaboatão, PE) ao poeta que disse bruscamente: "Nós os poetas não podemos escrever nenhum assunto desta natureza no regime atual". (Erotildes Miranda dos Santos, Feira de Santana, BA)

Rodolfo Coelho Cavalcante (Salvador, BA) que luta muitos anos na carreira, o pôs em forma mais diplomática:

Este tema vendeu, mas precisa cuidado no escrever, melhor: arte, para que o povo compre e mesmo não ofender as Autoridades, embora que não haja censura em nossos folhetos, mas cada trovador faz a sua autocensura.

Temos que concluir que no sonho econômico de progresso material no Brasil e na grande política de industrialização e internacionalização que não há lugar, nem entre estes pobres e humildes poetas de feira, para declarações que contradigam o sonho? Não há dúvida que os poetas se sentem cercados e ameaçados embora não haja uma censura oficial para eles (quem já se preocupou por eles, de qualquer maneira?). O famoso livro <u>1984</u> não fica longe e é triste que a vigilância oficial seja presente nas vidas destes pequenos poetas e editores. Como disse José Francisco Borges (Bezerros, PE) antes no questionário: "O poeta puro não pensa outra coisa a não ser: escrever e publicar seus folhetos na intenção de arranjar a sobrevivência para si e para sua família". Pode-se imaginar o que teria acontecido com a riqueza e herança que nos deixou um poeta como Leandro Gomes de Barros nos seus comentários de sua época, a ainda mais extremo a da crítica mordaz de Cuíca de Santo Amaro nos anos 1940 e 1950 se não tivessem conseguido escrever e publicar livremente? Pois, o tema existe tradicionalmente no cordel. Veremos (já em 1979) se terá condições para continuar.

c. A Migração ao Sul: o Nordestino no Rio

"Martírios do Nortista Viajando para o Sul"

Este assunto é tradicionalmente ligado ao dos desastres naturais, às secas periódicas, ao flagelo no Nordeste, e à preta sorte dos retirantes ou migrantes. Tem uma conotação especial sociológica em que é relacionado à capacidade destes migrantes a adaptar-se quando as circunstâncias econômicas os forçam a mudar de uma situação semifeudal rural a uma sociedade baseada no Capitalismo industrial com a vida de operário urbano nas grandes cidades do Sul, ou ainda em Brasília em dias mais recentes. Um subtema é as histórias dos seringais no Amazonas e a migração dos Nordestinos, principalmente de Ceará depois da tragédia de 1877, àquela região. A migração ao Sul continua, é fato de nossos dias.

Tem para a literatura de cordel outro fator de importância: a mudança de um número considerável de poetas e editores de folhetos a outras partes do Brasil e o subsequente fator de adaptação desta literatura tradicionalmente rural e Nordestina à área urbana. Falamos de poetas e folhetos no Rio de Janeiro, São Paulo, o Distrito Federal, e a área amazônica. Mas, de vez, este assunto revela em forma muito detalhada os fatores econômicos e sociais na luta de sobreviver de uma porção significante da população sofredora do Nordeste. Reflete uma realidade econômica difícil e ainda presente entre o povo do cordel.

Os poetas não fogem de responder por que muitos deles são "pau-de-araras" mesmos. Lamentamos não ter as vozes de J. Barros em São Paulo, Apolônio Alves dos Santos nem Gonçalo Ferreira da Silva no Rio como participantes neste questionário, mas, há outros sim que contribuem. Como disse Franklin Machado de São Paulo: "Descrevo-o sempre. Sou praticamente também um deles e vivo sua situação".

Um dos mais conhecidos dos poetas migrantes, José João da Silva (Azulão) comentou muito brevemente, uma pena porque ele sim podia ter nos esclarecido muita coisa. Disse só que já escreveu do assunto. Ele tem folhetos já "clássicos" no cordel como "O Trem da Madrugada" e "Zé Matuto no Rio de Janeiro". Lamentamos também não poder ficar em contato por meio de nossa correspondência com Cícero Vieira da Silva (Mocó), outro autor de folhetos deste assunto. Outros títulos indicativos são "Os Martírios do Nortista Viajando para o Sul" do referido Mocó e "A Pobresa em Reboliço e os Paus de Arara do Norte" de Francisco Sales Areda.

Uns dos poetas falaram que o tema em si do "Pau de Arara" já passou. "Acabou-se isto. O nordestino já pode viver no Nordeste". (Alípio Bispo dos Santos, Salvador, BA) Outros disseram que o tem nem interessa mais os poetas nem o público. Sabemos que a migração continua, então, é a forma de transporte que passou? (E dai o assunto específico do pau-de-arara e a descrição de sua odisseia do Sul?) A resposta de Manoel Caboclo e Silva indica que sim:

> O Pau de Arara: Já foi um transporte para emigrar a pobreza, nele continha trapos velhos, malas amarradas de cordas e pessoas famintas, que procuravam a melhora no Sul do país. Desapareceu em virtude dos confortáveis ônibus.

Realmente, o que temos é a evolução de um tema, dos folhetos descrevendo as horríveis condições da viagem mesma aos folhetos sobre a vida do matuto no Sul. Mas, no questionário uns dos poetas disseram que estes folhetos do pau-de-arara têm ainda uma mensagem didática: "Buscar informar aos que nunca foram como é a vivência do que já o fizeram, e recordar aos que lá estão os seus dias de amargura demais convincente". (José Costa Leite, Condado, PE) "Para sensibilizar ao Nordeste e mostrar que sinto o drama do povo". (Pedro Bandeira, Juazeiro do Norte, CE)

Uma resposta mais "moderna e evoluída" foi esta de Abraão Batista de Juazeiro do Norte: "Isto sempre aconteceu na terra – os Hebreus, os Incas, os Viquingües. Sei lá mais quem! Em breve teremos os paus de arara siderais fugindo do mundo terráqueo poluído".

E uma resposta curiosa de um poeta cheio de resignação religiosa: "Admiro, pois são levados pelos destinos da natureza. Pois, na Escritura Sagrada dis: que á de se chegar os tempos do povo se retirar sem aver perseguição". (João Carneiro Fontenele Filho, Martinópolis, PI)

Concluímos que o folheto sobre o velho pau-de-arara já passou de época, mas a realidade da migração e o nordestino no sul ficam.[221] Lembramos que quase uma quarta parte dos poetas, nove dos participantes no estudo, estão radicados no Sul, e, dois estão no Centro do País e o resto ainda no Nordeste de Bahia a Piaui.

---

[221] O estudo já referido de Candace Slater, "Zé Matuto no Rio de Janeiro", fez, a nosso saber, pela primeira vez uma análise dos migrantes que compram folhetos na feira nordestina e nas praças do Rio de Janeiro. Outro estudo interessante da Feira Nordestina de São Cristóvão é de Raul Lody: "Feira de São Cristóvão o nordeste na Guanabara". <u>Revista Brasileira de Folclore</u>, 13:38, jan./abril, 1974.

d. A Luta de Sobreviver: Meditações sobre a Vida do Rico e a Vida do Pobre

Neste ciclo de folhetos que trata a vida difícil no Nordeste, os folhetos das secas periódicas, os da migração ao Sul pelos paus-de-arara, e os sobre a carestia na vida e a miséria do povo, há outros folhetos de um comentário subjacente sobre o destino do pobre, sobre essa vida destinada ao sofrimento e miséria. Chegam estes comentários a ser quase uma filosofia popular da pobreza. São os folhetos que comentam as vidas respectivas de ricos e pobres.

Os poetas concordam que o tema permanecerá no cordel e sempre haverá interesse no público ledor. (Isto em si marca a mentalidade sofredora do poeta.) Mas, como nos folhetos sobre a carestia na vida, o tratamento do assunto pode variar segundo o propósito e o temperamento do poeta que escreve. Uma maneira de encará-lo é a técnica da sátira, comentando humoristicamente a vida do rico e contrastando-a com a do pobre. Como disse um poeta: É muito comum narrar sobre a vida do pobre e do rico, pois nas diferenças que existem dá para a gente dizer muito gracejo, coisa que agrada muito em cordel". (Pedro Bandeira, Juazeiro do Norte, CE)

Concorda Augusto de Souza Lima (Aracaju, SE) dizendo: "É bom que é danado. Eu mesmo tenho a vida do pobre e a vida do rico". Rodolfo Coelho Cavalcante (Salvador, BA) concorda dizendo: "É bom tema para quem sabe escrever, ou melhor, tenha estro". Esta atitude positiva sobre o assunto é repetida por João Crispim Ramos (Feira de Santana, BA) quando diz: "É sempre bom uma classe social saber como a outra vive, e, a comparação é sempre uma sátira, pela desigualdade".

O ponto de vista oposto é igualmente mantido entre os poetas. Tomam em toda seriedade a situação angustiosa do pobre, e, as repostas são expressas não com humor, mas, pela insinuação. Assim é o tom nesta resposta de um poeta: "A vida do pobre é como todos sabem, cheia de altos e baixos, enfrentando as maiores dificuldades, e a vida do rico é desnecessário dizer, pois, sabemos que é bem diferente". (Erotildes Miranda dos Santos, Feira de Santana, BA)

Temos este exemplo pessoal da vida de um dos poetas:

> A vida do rico é boa. E a vida do pobre eu tiro pela minha quando andava perseguido pelos inimigos: faltava comer nos nossos bornais, tínhamos que recorrer esmolas em nome de Deus, e ganhávamos em muitas portas. Como mostro, era assim a vida dos Ferreiras. Com tudo isto, a meu Deus me considero muito rico.

> (José Cavalcante Ferreira – Dila, Caruaru, PE)

> E, um exemplo ainda mais tocante ao tema, este de Manoel Caboclo e Silva (Juazeiro do Norte, CE):

> O rico sempre é rico. Diz um autor: "Ladrão rico é um rico; ladrão pobre é um ladrão". Dr. V. S., só poderia saber o que sofre um pobre se fosse igual a mim, daquele ano de 1966 até agora ainda não comprei uma máquina de impressão, não tive condições. Mas, tive muita vontade.

Como disse antes do ensaio, a parte mais triste (mas esclarecedora) da pesquisa foi o lamento geral dos poetas sobre a falta de condições econômicas para publicar seus versos. Existe a demanda para eles se há verbas para editá-las. Lembra a declaração do poeta que disse que os poetas continuarão, mesmo baixo dificuldades, a escrever e imprimir: o heroísmo de sobreviver baixo tremendos obstáculos. É por isso que muitos poetas seguem escrevendo, seguem sonhando embora trabalhando em outros ramos (para sustentar a família) e dedicar o tempo livro (mesmo pouco) ao cordel. [222]

---

[222]   Paulo Nunes Batista reiterou este ponto no questionário quando disse:
No Rio, por ex., alguns poetas populares, como Mocó, Apolônio Alves dos Santos e poucos outros, que **não vivem** da poesia popular, trabalhando quase sempre como operários da construção civil, ainda escrevem e publicam folhetos que levam a vender aos domingos na Feira do Nordestino (São Cristóvão), onde se reúnem dezenas de pessoas do Nordeste semanalmente e ali encontram o embolador de coco, o cantador de viola, e o escritor-vendedor de folhetos (folheteiro). E o que acontece com o Azulão (José João dos Santos), que vez por outra solta um novo folheto, mas, na verdade, não vive de só isso, pois, como cantador que é, vive mais **da viola** (do verso oral) do que da poesia escrita. E seu público é sempre o nordestino, ou o nortista, emigrado para o Rio. Em São Paulo deve ocorrer o mesmo fenômeno: a colônia nordestina ali ainda pode comprar folheto, porque o paulista mesmo não quer...

Lembra o caso de uns anos atrás, narrado por Orígenes Lessa, do poeta Francisco Firmino de Paula do Recife que escreveu seus versos, conseguiu comprar por trinta mil-réis uns tipos velhos que uma gráfica ia jogar fora, os compôs em casa, e logo pagou a gráfica pela impressão. O mesmo poeta, depois de observar a operação de uma pequena máquina plana de impressão, **fez uma réplica** de madeira e assim chegou a imprimir seus próprios versos. [223]

Os poetas que querem descrever esta triste realidade de hoje em dia enfrentam problemas: "Esse tema sempre foi explorado pelos poetas, mas agora está sendo motivo de censura quando se trata de criticar a situação atual do salário mínimo no Brasil". (José João dos Santos, Engenheiro Pedreira, RJ) Porém, temos a declaração de Antônio Ribeiro Conceição (Salvador, BA) que disse: "É a crítica mais procurada pelos leitores da literatura de cordel". E, "É um tema social preferido pelo sertanejo". (Alípio Bispo dos Santos, Salvador, BA) É uma simples questão de liberdade de imprensa para reportar e comentar a atualidade. O povo quer saber; os poetas querem informar. [224]

[223] Orígenes Lessa, "Literatura de Feira". <u>Revista Esso</u>, ano 27, n. 3, Rio de Janeiro.

[224] Como disse José Francisco Borges, falando da situação política no Brasil numa entrevista para Ricardo Noblat em <u>Veja</u>, 25 out. 1978, "A gente não é besta, é até muito vivo, e vai esperar mais para ver se essa melhora é para valer".

e.   A Vida na Cidade e a Vida no Campo

O assunto é relacionado aos já referidos, às secas e aos retirantes, ao pau-de-arara, e à vida no Sul e no Norte. Ver folhetos como "O Retirante" de João Martins de Ataíde ou "As Belezas de Brasília e as Misérias do Nordeste" de Rodolfo Coelho Cavalcante. O cenário completo inspirou uma obra notável no mundo poético erudito, a obra prima que é Morte e Vida Severina de João Cabral de Melo Neto em que o retirante Severino conta sua odisseia, não ao Sul, mas ao litoral e ao Recife, à Meca dos flagelados.

Uns dos folhetos deste assunto levam um tom bem diferente. São uma meditação, desde a distância, do campo e a cidade e não a reportagem do fato. Daí há um saudosismo do campo, um idealismo e tom bucólico que enchem as páginas de certos deles. Assim temos folhetos já clássicos como "Suspiros de um Sertanejo" de Leandro Gomes de Barros, "Discussão de um Praieiro com um Sertanejo" de José Costa Leite, "A Cidade o Recife" de Leandro Gomes de Barros ou "A Cidade do Salvador" de Rodolfo Coelho Cavalcante. São estes folhetos de tema diferente daqueles panegíricos à beleza do campo e daquelas descrições da beleza natural do Brasil. O tema é o contraste entre a vida no campo e na cidade.

Desde que o cordel tem suas raízes no campo, espera-se certo negativismo ao respeito da cidade, ou pelo menos, um favoritismo ao campo. As respostas dos poetas de hoje em dia não revelam tal atitude. Estes poetas demonstram uma flexibilidade maior do que os seus antecedentes. Acham ou que a miséria se encontra em qualquer parte: "Trato do assunto mostrando que o pobre, quer no litoral, que na hinterlândia, sofre sempre". (Paulo Nunes Batista, Anápolis, GO), ou que a oportunidade é igual: "Mostro sempre que toda e qualquer região dá para o homem viver dependendo mais dele que da região". (Pedro Bandeira, Juazeiro do Norte, CE)

Esta ambivalência de preferências é expressa por outros poetas. Mas, existe a atitude oposta, com a do Sul: "Trato dos problemas da vida na cidade grande, mas como voltar ao campo ideal? Hoje ele está relegado pelos benefícios da industrialização". (Franklin Machado, São Paulo, SP)

E, a opinião mais a favor ao campo:

> A vida na cidade é maravilhosa, mas cansável, cheia de poluição, fatos desagradáveis, etc. A vida no campo é bastante saudável e também o retrato sertanejo nordestino: o gado, a vaquejada, o ar puro, o silêncio, a paz, os pássaros, os campos. É realmente a beleza que a natureza exibe.
>
> (João Severino Cristóvão, Caruaru, PE)

E uma opinião "neutral" pelo poeta de Juazeiro, Manoel Caboclo e Silva,

> O homem atual precisa participar das duas formas: na cidade o homem se comunica, aprende e ensina. É uma vida agitada, um corre-corre, uma poluição terrível que faz diminuir a existência, menos favorável a saúde. No campo o homem respira tranquilamente.

Concordam os poetas que o assunto em si, como o do pau de arara, tem diminuído. Mas, permanece por seu valor histórico (tal como todas estas respostas de uns anos atrás marcando aquela época), especificamente os folhetos que louvam o campo, para os leitores com saudades de sua terra, do Brasil rural que permanecerá como lembrança sentimental e romântica neste documentário do Nordeste.

f.   A Vida no Norte e a Vida no Sul

Outra variante do tema cidade-campo, rico-pobre, este assunto foi incluído no questionário para ganhar perspectiva em relação ao assunto do migrante, do pau de arara. Esperávamos que o amor à terra, ideia tradicionalmente atribuída ao nordestino, viesse à luz nas respostas. A noção estereotipada é que o nordestino flagelado que deixa sua roça devido à seca sempre voltará ou quererá voltar quando tiver notícias de chuvas no sertão (Ver "Asa Branca"). Queríamos ver as respostas dos poetas sobre esta noção e também suas opiniões sobre a vida em outras partes do Brasil. Sempre foi presente o desejo de ver atitudes sobre a realidade econômica.

Em geral, há vários paralelos entre este assunto e o do pau de arara, mas neste caso os poetas filosofam mais nas qualidades de vida. Vários deles disseram como Alípio Bispo dos Santos (Salvador, BA) que "É tema morto porque o País bastante se desenvolveu Norte e Sul". É bom se lembrar em tais casos de temas já menos usados o seguinte: os folhetos que foram escritos, os já colecionados e arquivados, realmente ganham um novo valor porque eles permanecem como verdadeiro documento de um fenômeno, um aspecto de uma maneira de viver que já passou pela História. Daí, temos o valor especial da literatura de cordel que serve como um documento deste segmento da vida brasileira.

As ideais expressas nestes folhetos segundo os poetas foram várias, desde a resposta banal, mas válida esta: "Quem vive em uma região muitas vezes não conhece como se vive na outra, e, através das nossas mensagens pelo menos podem fazer uma ideia". (Alípio Bispo dos Santos, Salvador, BA), às avaliações mais específicas sobre as ideias nos folhetos:

> O nordestino é um pobretão de vida livre: ora trabalha, ora toma parte na ociosidade. Vive desconfiado, quando um ano é seco, no outro chove demais. O nordeste é terra do pobre. No Sul a vida é agitada com dinheiro no bolso. As coisas valem umas pelas outras. Sendo um sofredor por se apegar a uma nobre profissão também pobre, o escritor vive e mora pobre.
>
> (Manoel Caboclo e Silva, Juazeiro do Norte, CE)

A vida no norte é difícil, poucos recursos, pouco trabalho, poucas chances de crescer mais na vida, pouco número de ativos, mas, é calma, pacata e bonita. A vida no Sul: dificilmente se leva a vida no Sul. Poluição, desastres de todos os tipos, pouca paz, etc. Mas, é mais fácil de conseguir algo bom a mais na vida.

Há, entre os poetas, os que vão disputar esta análise do sucesso material que é possível conseguir no Sul. Mas é precisamente esta noção que é, em parte, responsável pela migração atual no Brasil. A última parte da resposta de Manoel Caboclo afirma o que foi dito anteriormente no primeiro capítulo desta Parte II do livro ao respeito da imagem que o poeta tem de si mesmo: a poesia não traz dinheiro ou conforto, mas os poetas continuam.

Já é confirmada a noção estereotipada indicada antes: o desejo de sempre voltar para o Norte, nesta resposta de Paulo Nunes Batista (Anápolis, GO): "O nortista e o nordestino emigrados para o Sul jamais perdem de todo as raízes do chão-berço: a menor lembrança, voltam em pensamento ao seu 'Planeta Nordeste', e, ao seu 'País Nortista', onde deixaram, com o umbigo, parte de si mesmos.

Lembra-se de imediato a "Pedro Pedreiro" de Chico Buarque de Holanda nos anos 1960 e a realidade expressa tão semelhante àquela dos folhetos.

A grande travessia, topos tão comum na poesia heroica de cordel (e em Grande Sertão: Veredas acrescentamos de passagem), do Nordestino, pois, é reduzida a esta busca de sobreviver. Apesar de todos os males inerentes à mudança para o Sul e todo o negativo dela, a vida fica mais fácil. O dilema é sair e viver melhor economicamente ou ficar e sofrer dificuldades na terra querida. (Como se sabe, é possível encontrar muitos nordestinos migrantes morando nos sítios de construção de arranha-céus no Rio de Janeiro ou São Paulo ganhando mais dinheiro do que poderiam sonhar no Norte.) Realmente, é o dilema também do poeta de cordel: escrever penando ou viver lembrando.

5. Temas Miscelâneos Indicados pelos Poetas

Tínhamos esperado, naturalmente, que o nosso agrupamento de trinta e dois assuntos fosse bastante amplo para incluir as possibilidades completas de temas na literatura de cordel. Mas, tomando em consideração a possibilidade de ignorar um assunto importante, acrescentamos a categoria de "miscelâneos". Pedimos aos poetas discutirem os conceitos em quaisquer folhetos de sua autoria não incluídos em nossa lista. Uns poucos novos foram indicados.

Entre todos eles foram os seguintes: a mulher ciumenta folhetos de fundo educativo, folhetos baseados em obras de autores eruditos, folhetos usados como propaganda, tratados poéticos sobre a anatomia geográfica do Brasil, folhetos de conselhos, e folhetos sobre a poesia de cordel. A maior parte dos temas ou cabem nas categorias já assinaladas, ou melhor, são subtemas deles ou são realmente tão pequenos em número e importância que só cabem numa miscelânea como esta. Mesmo assim, uns valem uma explicação maior.

a.   O Folheto de Índole Educacional e Didático

Este folheto não de índole moral, mas, pragmático existe em número muito reduzido no cordel. Incluímos uma referência a ele na parte do ensaio sobre o exemplo (1.6.1). Há títulos, por exemplo, como "A Fera Invisível ou o Triste Fim de um Trapezista que Sofria de Pulmão" de João José da Silva, "A Electrificação Rural e o Progresso do Homem do Campo" de J. Borges, "Acidentes no Trabalho no Ramo de Construção" de Severino José e "O Novo Cruzeiro Forte" de Cunha Neto. Serve de exemplo o primeiro, "A Fera Invisível", que foi de autoria de João José da Silva, um "conselho" ao povo para combater a tuberculose indicando ao povo o método de se examinar e receber tratamento. Foi um folheto de encomenda pelo Ministério de Saúde.[225] O autor usou muito engenho criando uma analogia entre "as feras do sertão", tema de muito folheto tradicional, e esta "fera invisível".

A ideia dos folhetos mencionados é relacionada ao uso do folheto de cordel como material didático do MCP, "Movimento de Cultura Popular", o programa de Miguel Arrais a combater o analfabetismo, e, hoje em dia, o MOBRAL. João José da Silva também escreveu um folheto explicando o movimento do MCP intitulado "Movimento de Cultura Popular – A VOZ DO ALFABETISMO". A ideia veio da "Carta de ABC" ou "Método ABC, Ensino Prático para Aprender a Ler", panfletos usados no sertão para a alfabetização. [226]

---

[225]   Sobre os folhetos de encomenda ou de propaganda, ver "Cordel para Tudo". <u>Veja</u>, 11 maio 1977. Tocamos no mesmo motivo, a propaganda paga, mas nas contra-capas ou "página jornalística" dos folhetos de cordel, num estudo na <u>Revista Brasileira de Folclore</u>, n. 32, jan.-abril 1972.

[226]   Ver <u>Arte Popular e Dominação</u>, p. 98-99.

b. Folhetos Baseados em Obras Eruditas

Existe na sua totalidade um número relativamente pequeno de folhetos baseados ou em obras eruditas, filmes, e agora nas telenovelas: desde a transcrição a sextilhas e septilhas de clássicos da literatura mundial ("Romeu e Julieta" de João Martins de Ataíde, "Os Miseráveis" de Manoel Pereira Sobrinho) ao cinema ("O Corcunda de Notre Dame", "Joanna d'Arc", "O Manto Sagrado", "Sansão e Delila", "O Ébrio" ou "O Cangaceiro") à telenovela ("O Direito de Nascer", "Antônio Maria", "Gabriela Cravo e Canela") e outras, reportadas no estudo de Manuel Diégues Júnior.[227] Compreendemos a lógica e incluir o assunto numa classificação, mas escolhemos não usá-lo no questionário devido ao número relativamente pequeno de folhetos no assunto na totalidade do cordel e a origem estranha do assunto no cordel.

---

[227] Manuel Diégues Júnior, p. 88-90.

c.   Folhetos de Propaganda Comercial

Enquanto aos folhetos de propaganda comercial, o assunto já foi tocado no tema da política (a política em forma de propaganda paga). Mas, há em número bem pequeno, folhetos que contêm a propaganda pura comercial. Tais poemas são tão artificiais como os da propaganda política, dirigidos não ao público geral do cordel, mas a certo público de certo localidade. Exemplos são o folheto publicado em 1966 a noticiar a abertura de uma nova fábrica de Willys em Jaboatão, Pernambuco, e os folhetos empregados como programas de peças dramáticas. Os dois podem ser escritos por agentes-publicitários ou por encomenda aos poetas legítimos, como já indicados.

d. Os Folhetos de "Belezas do Brasil", Geografia do Brasil, etc.

.

Já foram mencionados na parte sobre "A Vida no Campo e a Vida na Cidade". Embora relacionados a estes, são também de menos importância na totalidade do cordel, e, assim, ficam na categoria miscelânea. O assunto em si é muito usado nas pelejas e cantorias a ser discutidos adiante neste ensaio.

e.   **Folhetos sobre Matutos**

Fizemos várias referências ao tema-assunto do matuto no cordel, na parte geral sobre o humor na forma dos gracejos e na seção sobre o migrante no Sul e a imagem que o sertanejo tem no Sul. Usamos a figura do matuto no questionário como exemplo do humor e os poetas comentaram naquela parte do estudo

f.   Folhetos Eróticos – "Pornográficos"

Fizemos referência, também na parte do humor, e também na introdução ao capítulo dois sobre as mudanças de tema no cordel, aos folhetos pornográficos. Não incluímos o assunto entre os temas a ser comentados devido ao número pequeno, a natureza clandestina, e principalmente devido à tradição anti-pornográfica no cordel. Foi uma mudança e temática significante reportada por uns poetas no questionário na parte "A Evolução e o Futuro da Literatura de Cordel". O assunto é incluído no livro de Liêdo Maranhão de Souza, Classificação Popular da Literatura de Cordel e merece uma leitura. O pornográfico e o duvidoso sempre existiram no cordel, mas, até o momento em quantidade diminuída, assim ficando em nossa "miscelânea".

g. Folhetos sobre o Cordel e Arte Popular

"Origem da Literatura de Cordel e sua Expressão de Cultura nas Letras de Nosso País"

"A Praça Cayru"

Depois de fazer o questionário e como resultado dele (folhetos e material novo conseguido dos poetas e num novo estágio de pesquisa no Brasil em 1978), há mais uma categoria que queremos comentar, um assunto que não apareceu antes da pesquisa, mas é resultado dela. Falamos do assunto pequeno (em números de folhetos escritos) sobre o poeta, a poesia de cordel, e a arte popular, quer dizer, folhetos pelos poetas sobre a sua arte e a vida de artesanato popular.

Os folhetos são por um lado propaganda sobre o cordel e outras formas de arte popular nas feiras. `As vezes são encomendados, mas expressam a riqueza da arte popular nordestina. Referimo-nos a títulos como " Tarde de Cultura Cearense" (Abraão Batista), "A Phillips Saúda em Versos a Arte Popular do Nordeste" (J. Borges), "A Praça É da Poesia e Arte na República" (Franklin Machado), "A Feira da Bahia em São Paulo – A Festa do Coração" (Rodolfo Coelho Cavalcante) e "A Vida em Tracunhaém e o Amor pela Arte" (J. Borges).

São pequenos resumos em verso sobre o que há na feira e são escritos para distribuir como panfletos de propaganda a atrair gente para a mesma. Há um sentimento de solidariedade entre os artistas que o poeta quer engendrar. Resumem o que há de bom de arte popular nordestina nas feiras e praças e mercados.

A outra categoria é uma miscelânea de folhetos sobre o poeta, sua vida e seu verso. Citamos folhetos como "A Prisão de um Poeta em Pindobassu" (Minelvino Francisco Silva), "Autobiografia do Poeta Manoel Camilo dos Santos", "Viagem de um Trovador" e "A Ressurreição do Poeta que Não Morreu" (Manoel Camilo dos Santos), "A Arte do Cordel" de Barboza Leite, "Doutor, Que Faz em Cordel?" de J. Barros, e "O Crioulo Doido que Era um Poeta Popular" e "O Doutor Faz em Cordel o que Cordel Fez em Doutor." de Franklin Machado. Um folheto relacionado em que é comentado indiretamente o uso do folheto de cordel no teatro é "ABC de João Augusto o Criador do Teatro de Cordel" (Rodolfo Coelho Cavalcante)

Os folhetos estes não chegam a ser ciclo no cordel, mas têm valor para uma perspectiva pessoal ou autorretrato do poeta popular. Por meio deles, sabemos, por exemplo, de certas realidades dentro do cordel: a vida detalhada de um dos bons escritores da atualidade, os tempos difíceis do mesmo, uma defesa de seus versos contra plagiadores e falsos poetas, dos nomes principais de muitos autores de folhetos de hoje em dia, e uma polêmica entre os poetas de poucos estudos formais e os novos que já se formam nas faculdades, ponto necessário para entender um aspecto de cordel de hoje em dia.

6. Formas Especiais

a. O ABC

"ABC do Espiritismo"

"O ABC" foi termo usado pelo povo antigamente em certas partes do Nordeste, como a Bahia, para designar o folheto de cordel e foi usado sinonimamente com "história". Manoel d'Almeida Filho corrobora o dito no questionário quando diz: "Esse foi o nome dado pelo povo aos livros de cordel". É uso derivado de dois pontos de vista: a semelhança de tamanho entre o livreto de cordel e as velhas "Cartas de ABC", e a forma mnemônica que tomaram uns dos primeiros folhetos de cordel. O termo é de uso mais correto ao respeito da forma do folheto do que o conteúdo. Consistem tais poemas em estrofes de seis ou sete linhas de verso, e rara vez de dez. Os velhos ABCEs eram de quatro versos. Segundo

Gustavo Barroso, no velho ABC cada estrofe começava com uma letra sucessiva do alfabeto com uma estrofe extra para o til. Deu Barroso vários exemplos de velhos ABCEs como "ABC do Bode dos Grossos", "ABC da Seca dos Dois Setes", "ABC de Nicandro" e "ABC da Nova Seita".[228] Câmara Cascudo nota que antigamente era um poema de ação (daí, o uso da formata do ABC para as histórias heroicas, uso ainda visto nos romances de Jorge Amado). Mestre Cascudo data o primeiro ABC dos tempos de São Agostino e data outro da época de Carlos Magno em 841 A.D.[229]

Os poetas no questionário foram divididos de opinião sobre o uso do ABC hoje em dia no cordel. Uns quatro comentaram que é tema (e forma) abatido. Mas, cinco declararam que ainda são preferidos pelo público. O segundo volume do <u>Dicionário Bio-Bibliográfico de Repentistas e Poetas de Bancada</u> inclui uns cinquenta na sua bibliografia de folhetos e autores de cordel. [230]

Resulta que há poetas que prefiram a forma e a utilizem sempre sem ter que ver com os temas ou assuntos. Citamos Rodolfo Coelho Cavalcante com seus muitos ABCES sobre figuras importantes nacionais e regionais, de natureza biográfica. (Jorge Amado também emprega o ABC neste sentido nos seus romances: por exemplo o herói de <u>Jubiabá</u> sonha com seu próprio ABC contando aventuras de sua vida). E, merece destaque especial o poeta que contribuiu tanto nas suas respostas ao questionário, Paulo Nunes Batista (Anápolis, GO) que disse:

> Bom, esse é meu terreno próprio. Tenho me especializado em abeces, e já escrevi dezenas deles, a maior parte inédita. Considero o ABC um modelo de poesia popular muito funcional, econômico, didático, apropriado aos nossos dias. Meu próximo livro, "Ao Embalo do Cordel", contem somente abeces.

---

[228]   Gustavo Barroso, <u>Ao Som da Viola</u>, p. 355-383.

[229]   Cascudo, <u>Vaqueiros e Cantadores</u>, p. 53-54.

[230]   Ver o <u>Dicionário</u>, Tomo II, pp. 329-331.

A nota didática é repetida por Franklin Machado (São Paulo, SP) quando diz: "É uma forma que já escrevi e que continuará viva porque ajuda a memorizar um fato, um exemplo, etc.".

Daí, a resposta em verso do poeta Manoel Caboclo e Silva (Juazeiro do Norte, CE): "Gosto do ABC. Foram as minhas primeiras lições: Ave Maria/ Bondosa e bela/ Corte de graça/ Divina Estrela.".

Outros poetas deram títulos de temas de famosos ABECES. Mesmo sendo uma forma menos usada, permanece no cordel pelo seu valor mnemônico e pela longa tradição do gênero.

b.   A Peleja

"Peleja de Ventania com Pedra Azul"

"Duelo de Garrincha e Pelé"

Deixamos por último o primeiro. O tema despertou mais interesse nas respostas do que qualquer outro com a possível exceção da Religião. Incluímos o desafio sob a designação de forma especial porque não é nem história nem acontecido, mas leva uma forma e estrutura especial. É basicamente a transcrição ou a composição original de um duelo poético às vezes verdadeiro, mas geralmente imaginado) entre dois cantadores-repentistas.

Há uma literatura abundante sobre o assunto, e, todo livro sobre a poesia popular do povo brasileiro tem que trata-lo.[231] Há uma ligação entre o cantador-repentista e o poeta de cordel. Muitos dos poetas populares ainda são cantadores ou já o foram em tempos passados.

---

[231] Os vários livros de Leonardo Mota, <u>Vaqueiros e Cantadores</u> de Luís de Câmara Cascudo, o livro de Chagas Batista já citado e o estudo de Diégues Júnior são umas fontes boas para o tema.

O cantador na forma que conhecemos agora existe desde os começos do Século XIX, isto é, o poeta oral cantador de poesias tradicionais, mas também improvisador de verso na hora.[232] Assim é que o desafio ou cantoria consiste realmente em dois tipos de verso: a "obra feita", poesias decoradas ou já compostas que o bom cantador guarda na memória, entre os bons, conhecimentos espantosos sobre a Bíblia, a mitologia, a astrologia, a geografia, etc., e o improvisado que vem na hora.

Os desafios ou pelejas foi um dos temas que os poetas de cordel adaptaram ao folheto, e como veremos, é assunto ainda importante. Todo bom poeta de cordel tem que haver escrito "seu" desafio ou uma imitação dos mais conhecidos. O desafio e seu papel de antecedente do cordel são importantes não só pela forma e estrutura em si, mas também porque nele se encontram muitos dos assuntos e a maioria das formas métricas que vão se utilizar no cordel depois.

Os velhos desafios eram em quadras, ou "versos de quatro pés", no linguajar sertanejo, quer dizer, estrofes de quatro versos com sete sílabas em cada linha de verso. Hoje em dia há uma variedade de formas métricas, a sextilha, a septilha, a décima, muitas outras. Muitos dos mais conhecidos desafios foram transcritos, em parte, ao cordel onde ficaram no documentário do povo. Muitos desafios imaginários foram escritos por poetas de cordel, e, às vezes, os cantadores decoraram versos escritos para incluir nas cantorias orais. De toda esta longa e complicada tradição, temos o desafio de hoje em dia e o grande interesse ainda hoje pelos poetas.

No cordel há centenas de desafios, dos mais famosos já lendários aos dos contemporâneos os fantásticos de hoje em dia. Daí tem títulos como "Peleja de Patrício com Inácio da Catingueira", "Peleja de Manoel Riachão com o Diabo", "Peleja de Ventania com Pedra Azul" "Peleja de Serrador e Carneiro", Peleja de Bernardo Nogueira e o Preto Limão", "Peleja de João Atayde com Leandro Gomes de Barros", "Peleja de Cego Aderaldo com Zé Pretinho", e, coisas de hoje como "Peleja de Garrincha e Pelé", e "A Diferente Peleja do Crioulo Doido com Coronel Ludugero".

---

[232] Os mais conhecidos do Século XIX e os antecedentes dos de hoje são descritos no livro <u>Cantadores e Poetas Populares</u> de Francisco das Chagas Batista, João Pessoa, Tipografia Popular Edta., 1929.

E devemos salientar que há um folheto relacionado que vem diretamente da tradição do desafio. Falamos do costume do velho cantador no desafio a construir seu castelo imaginário, descrevendo-o detalhadamente em verso e desafiando outros poetas a derrubá-lo ou fazer um ainda maior.[233] Este topos do castelo chegou a ser artifício literário do gênero. Daí, temos os folhetos de marcos, navios e até foguetes que continuam a mesma tradição: "A História do Marco Brasileiro" (Leandro Gomes de Barros), "O Marco do Meio Mundo" (João Martins de Atayde), "O Marco Pernambucano" (João Ferreira e Lima), "O Navio Brasileiro" (Manoel Serafim), e "O Maior Foguete do Mundo" (Geraldo Rodrigues Silva) são exemplos do fenômeno.

Com toda esta longa e necessária explicação da tradição do desafio, vejamos agora os comentários dos poetas sobre o tema hoje em dia. A grande maioria deles concorda que o tema ainda é muito apreciado, e, realmente se entusiasmaram nas respostas. Manoel d'Almeida Filho (Aracaju, SE) notou que "Esse foi e continua sendo uma profissão que sustenta inúmeros profissionais de viola". A discussão principal foi sobre a natureza do desafio hoje em dia e as mudanças da tradição passada. É evidente uma ênfase no aspecto improvisador hoje em dia, em comparação à "obra-feita." Vejamos os comentários.

"... é uma pugna rimada entre menestréis sertanejos da viola".

(Paulo Nunes Batista, Anápolis, GO)

É talvez o gênero ao qual eu mais me afino, é como a luta ou combate entre dois vates repentistas nas suas airadas discussões e na expansão das suas ideias.

(João Crispim Ramos, Feira de Santana, BA)

A figura mais bela do Nordeste, a sua mensagem é tão Brasileira quanto a sua característica simples e inteligente.

(Benoni Conrado da Silva, Fortaleza, CE)

---

[233] Cascudo, Vaqueiros e Cantadores, p. 150.

Aí uma espécie de confessionário. Uma oportunidade de se conhecer a alma do poeta, nas fraquezas, nas grandezas.

(Abraão Batista, Juazeiro do Norte, CE)

Houve uma preocupação entre uns dos poetas de aclarar um ponto já visto na introdução nossa ao tema: a veracidade dos desafios:

O povo gosta mais no vivo do que na ficção. Muitos poetas que não são cantadores escrevem desafios, e, só acreditam os que residem em outras regiões distantes que não conhecem o trovador. Por isso, muito caiu.

(Antônio Ribeiro Conceição, Salvador, BA)

Maior parte de pelejas é escritas por poetas que nem sequer pegou em viola, e as vezes, é feito por repentistas.

(José Cavalcanti e Ferreira – Dila – Caruaru, PE)

Estas pelejas na maioria são imaginadas dos poetas e não realizadas. Existem pelejas e desafios verbalmente e não escritas.

(Erotildes Miranda dos Santos, Feira de Santana, Ba)

Desafio de cantador é combinado, não é verídico. Chama-se peleja.

(José Soares, Jaboatão, PE)

O orgulho dos poetas que são de vez cantadores se mostrou nestes comentários. É bom se lembrar de que uns deles escrevem folhetos, mas consideram-se antes poetas repentistas.

Mas, os conceitos e a natureza do desafio velho já mudaram na época presente. Alberto Porfírio da Silva (Fortaleza, CE) comenta o velho desafio:

As pelejas de cantadores não têm mais sentido em face da sofisticação desses artistas (novos) e as antigas pelejas. Já poderão ser recolhidas e consideradas peças de museu. Continuaram sendo lidas, mas, jamais serão substituídas.

Outra diferença é notada por Manoel Caboclo e Silva (Juazeiro do Norte, CE): "As pelejas e desafios que eram mais usados em 1940 e 1950 eram desaforadas, e, o povo gostava de ouvirem as contendas. Hoje temos mais cultura. Não se usa mais desaforos.

A explicação melhor, a nosso ver, entre o velho desafio e o de hoje, o moderno, foi dada por Pedro Bandeira (Juazeiro do Norte, CE) cantador de muitos prêmios:

Hoje o grande desafio é o assunto, o mote, o tema, a segurança no improviso. Os cantadores-violeiros quase que não discutem – dizendo palavrões ou pilherias com o outro. Hoje quem se saber é quem é mesmo poeta-repentista e não decoreba. Mas, ainda tem pelejas que servem apenas para imortalizar os autores.

Talvez, a conclusão correta, então, é esta de José João dos Santos, Azulão, (Engenheiro Pedreira, RJ): "É um tema que nunca cai, está sempre na preferência do povo, tanto as antigas pelejas como as novas, porém sendo escritas por **bons** poetas".

Conclusões

No primeiro capítulo vimos que o cordel fica na mente dos poetas, ainda principalmente como diversão para seu público. Existe, indiretamente e não necessariamente para o público leitor, como documento escrito do povo nordestino, instrumento útil especialmente ao historiador que quer fixar o povo e a época. Compete rara vez com os jornais, mas, sempre com mais ênfase no grande evento e como o propósito não só de informar, mas fixar o assunto na memória do povo. E, para um público tradicional do cordel, ainda instrui em assuntos religiosos e morais.

Os poetas de cordel mantêm sua imagem orgulhosa de si mesmos e a profissão. Consideram-se semiprofissionais, artistas populares com os mesmos direitos e merecendo os mesmos privilégios que a sociedade acorda aos "grandes" artistas. São representantes de seu público leitor e escrevem de um mundo como um que os fregueses gostariam que ele fosse, e, numa linguagem que o público vai entender. São geralmente conservadores no sentido que apoiam o status quo e têm um saudosismo folclórico do passado. Não têm, geralmente, uma ideologia política fixa, mas, são no sentido ideológico, apolíticos. Os valores que têm são do folclore universal: louvar o Bem, criticar e castigar o Mal, e estão em contra qualquer entidade ou pessoa que maltrate o povo. São religiosos e de raízes tradicionais Católicas, mas, pragmaticamente, podem praticar uma religião eclética. Creem que são seres de um talento não aprendido, mas especial e superior. Sabem que a vida de poeta é de muito sofrer e penar, mas fazem tudo para não "sair do ramo".

O pequeno editor da literatura de cordel existe na base de economizar tudo: tempo, material e mão de obra. O maior inimigo para ele é a inflação no custo de impressão. Uns conseguem viver fazendo do negócio uma operação familiar com mulher e filhos ajudando. Negociam quando podem com outras gráficas pelos serviços necessários para editar seus versos e os dos outros poetas. Outros "editam" os folhetos, mas, pagam a impressão sempre em uma gráfica. Aqui a situação pode ser ainda mais difícil. Mas, mantêm quase todos a tradição velha de escrever, imprimir e vender os próprios folhetos nas feiras.

Editores e poetas negociam no sistema do quinto – a quinta parte da tiragem vai ao poeta em troca do direito do editor de vender as outras quatro partes pelo serviço da impressão. Geralmente, não há troco de dinheiro entre editor e poeta.

É difícil estimar a totalidade de folhetos impressos cada ano. Dos editores que responderam, citamos entre 500 e 750 milhares de exemplares impressos por ano, e, com os que não comunicaram no questionário, diríamos certamente mais de um milhão a um milhão de meio cada ano. Mesmo em estado de declínio, é ainda impressionante a produção do cordel. Os editores reportam que o interesse e a demanda existem para o cordel. A luta é imprimir e a um preço que o povo possa pagar.

O cordel muda em certos sentidos, fica o mesmo em outros, mas sua força consiste na sua capacidade de se evoluir com o tempo. Mesmo em uma luta com o progresso material e a organização do Brasil, o cordel surpreende pela persistência e a capacidade de progredir também. Embora numa escala menor e com fregueses diferentes, ele fica. Os poetas acreditam que a concorrência com outros meios de comunicação tanto ajudou quanto prejudicou a sua causa. Citaram dos dois. O efeito principal foi a diminuição da demanda na zona rural e o aumento na urbana. Os compradores do cordel não são só da camada pobre rural, mas, tem muitos da classe média na forma de estudantes, turistas, pesquisadores e "curiosos".

O futuro de cordel revolve-se ao redor de dois elementos principais: o econômico e o político. Os poetas querem que o governo inicie programas de apoio para despertar o interesse do povo brasileiro no cordel explicando seu papel na cultura nacional. (Isto foi feito com grande sucesso em 2001 em São Paulo com a exposição de "100 Anos de Cordel" quando literalmente centenas de milhares de pessoas tomaram conhecimento do cordel e os principais poetas e artistas de xilogravuras apareceram no "oficio" de cordel durante vários meses.) As autoridades desde as entidades altas (o MEC, as fundações, as universidades) até os oficiais locais (fiscais de feiras) têm que criar um ambiente livre para o poeta operar. Isto, e de alguma maneira, o apoio financeiro para que o poeta possa publicar seus versos a um preço razoável que o povo possa gastar. (Mais uma vez, a realidade escrita neste livro é de uma época passada, os anos 1970 e 1980. A realidade do cordel no Século XXI se mudou radicalmente com a chegada do computador e impressor ao lado, "ferramentas" usadas hoje em dia em 2014 pelos poetas. A velha gráfica quase que quase desapareceu. Também a ditadura e a censura e opressão. Mas, também foi embora o freguês tradicional – o nordestino pobre e semianalfabeto do sertão.) Se não acontecerem estas coisas (os poetas falaram em 1980), o pequeno editor falirá, e, os poetas terão de escrever e vender (quando possível) só às editoras grandes no Sul, o que não querem fazer. Muito depende do progresso total do país e o ambiente cultural: quererá o Brasil manter sua tradição folclórica popular nesta forma? Os poetas têm muito do heroico de seus protagonistas. Não querem parar e seguirão enquanto puderem.

No segundo capítulo do estudo fizemos uma análise dos temas empregados no cordel nos anos 1970 até o fim dos 1980, e, tentamos averiguar os conceitos principais dos poetas ao escreverem sobre tais assuntos, isto nas palavras deles mesmos.

O fato básico que descobrimos foi que não sempre concordam os poetas, e, que é preciso ver todas as respostas e tomar em consideração o local, a idade, a experiência pessoal, o talento, e mesmo a personalidade de cada poeta para entender bem o assunto discutido. Como toda literatura, erudita e popular, a visão de cada indivíduo necessariamente tem que ser diferente. Aí está muito de seu encanto.

Mas, houve certas indicações de mudanças gerais na temática do cordel: uns poetas assinalaram um aumento no folheto cômico e satírico, um aumento no tema erótico sexual; outros mantiveram que não houve nenhuma mudança; uns acreditam que a idade do romantismo e a imaginação já passaram e o folheto circunstancial, de acontecidos, é mais comum. E, finalmente, há outros que disseram o oposto: a história imaginada, criada é que tem mais valor hoje em dia. A única conclusão possível, baseada nas respostas do questionário, tem que ser consequência de um caudaloso exame de todos os trinta e dois assuntos comentados pelos poetas.

Enquanto aos valores expressos no cordel, tampouco concordaram os poetas, a metade dizendo que não mudaram nada, a outra metade notando certas mudanças. A conclusão foi que o cordel sim se adaptar a refletir o seu tempo, e, isto é sua maior força e seu maior encanto.

Entre os trinta e dois assuntos do cordel comentados pelos poetas, podemos fazer estas generalizações em quanto ao **uso** dos temas hoje em dia (em quanto aos conceitos usados, há de ver o texto do ensaio). O assunto de Carlos Magno e os Doze Pares da França é ainda importante no sentido histórico documentário, mas é de pouco interesse entre os poetas e público hoje em dia. As histórias de Trancoso dos príncipes e princesas ainda são apreciadas, mas devido ao tamanho de tais folhetos e romances, poucos novos se escrevem, e, só os mais conhecidos são reeditados. Igual é o caso dos grandes amores e dos famosos romances de protagonistas animais. Os grandes ficam e se vendem.

O tema da Religião sempre é prestigiado e vende muito. As histórias sobre Padre Cícero continuam a ter muito sucesso. O exemplo, a historia moral de pecadores e castigos em formas estranhas e exóticas, vende-se cada vez mais. As histórias sobre o fim do mundo, especialmente as profecias de Padre Cícero, têm ainda aceitação. O humor, quando é bom e bem escrito sempre tem sucesso, e, os poetas notaram os temas de histórias de matutos e histórias picarescas como favoritos. Os quengos tradicionais, João Grilo, Cancão de Fogo, e Padro Malasartes caíram de interesse, mas se reeditam em números pequenos.

No folheto circunstancial, tudo é muito relativo. Em geral, são os grandes eventos, as grandes figuras que chamam a atenção: Getúlio ainda, a morte de um Papa, de um Presidente querido, o homem na lua, um crime bárbaro e horrível, um desastre terrível, o tricampeonato de futebol, etc. A política só é discutida hoje em dia em termos positivos e nas reportagens; não há o forte protesto do cordel tradicional.

O heroico é ainda procurado pelo leitor de cordel. O cangaço, seja a reportagem histórica, seja a fantasia inventada, não morrerá no cordel. O valente sempre é louvado em suas várias formas. A personificação do Mal no cruel fazendeiro simboliza a opressão e a miséria vencidos pelo herói.

A carestia na vida, assunto sempre presente para o povo, hoje é tema perigoso. Mas o povo quer ouvir notícias do tema, e o poeta quer escrevê-las. Só espera-se um ambiente melhor para ventilar o assunto. As meditações sobre a vida seja do pobre e rico, no Sul ou no Norte, na cidade ou no campo, representam uma declaração das velhas raízes do cordel no poeta sertanejo tradicional e nas novas aspirações do poeta migrante no Sul.

Há diversos assuntos pequenos, não do tamanho de um ciclo, mas presentes em escala menor que são indicados no texto do estudo. Um assunto que recebe muito interesse hoje em dia é a poesia de cordel em si e a arte popular nas feiras na forma de folhetos de encomenda e de propaganda.

O ABC como forma permanece, mas em números pequenos. Mas, o desafio-peleja permanece como a inspiração tradicional oral quer era e ainda é para muito poeta popular que mantem sua ligação com as fontes orais do cordel. Segundo os poetas, é evoluído, mas ainda de valor.

Não é possível neste resumo reproduzir os comentários sobre os conceitos ou as ideais nos folhetos (mas, se veem no texto do ensaio), nem o sabor que há nas respostas dos poetas e editores. Mas, os poetas sim divertem, documentam, informam e instruem, não só nos seus versos, mas também nos seus comentários e na sua própria existência. Continuam baixo as maiores dificuldades a criar um mundo encantador e às vezes assustador para nós, seus admiradores.

Apêndice I. Dados sobre os Poetas que Participaram no Estudo

Propósito: Atualizar os conhecimentos de estudiosos brasileiros e estrangeiros da situação dos anos 1970 e 1980

Perguntas:

1. Nome completo

2. Endereço atual

3. Lugar de data de nascimento

4. Estudos formais

5. Vive o senhor exclusivamente de ser poeta de cordel? Se não, qual ou quais são as formas de renda para o senhor?

6. Por que começou a escrever folhetos de cordel?

7. Quando ingressou como poeta de cordel? O título do primeiro folheto?

8. Quanto folheto já escreveu na sua carreira de poeta popular? Os mais vendidos? As vendas?

9. Imprime o senhor os próprios folhetos, ou, são impressos por outros?

10. Vende o senhor os próprios folhetos, ou, são vendidos por outros?

11. Quais são as qualidades que o senhor acha que são próprias ou especiais nos folhetos de sua autoria?

12. Acha o senhor que os poetas da literatura de cordel, como classe ou entidade profissional, representam certa maneira de pensar e têm certos valores em comum?

13. Se a resposta a número 12 for afirmativa, descreva esta maneira de pensar e estes valores.

MANOEL D'ALMEIDA FILHO

1. Manoel d'Almeida Filho.

2. Rua Gal. Valença, 66, Cidade Nova, Aracaju, SE

3. 13/10/1914, em Alagoa Grande, Paraíba.

4. Equivalente ao ginásio, em algumas matérias.

5. Também de venda de livros e revistas.

6. Porque me chegou a inspiração.

7. Em 1936, "A Menina que Nasceu Pintada".

8. Mais de 100. "A Vitória dos Aliados", 86 mil; "A Morte de Getúlio Vargas", 60 mil; "Vicente o Rei dos Ladrões", mais de 600 mil; e "Josafá e Marieta", mais de 400 mil.

9. Mando imprimir e vendo direitos autorais a Luzeiro Editora Ltda., de São Paulo.

10. Vendo e são vendidos por outros.

11. Os de amor, luta, sofrimento, mistério e gracejo.

12. Sim

13. Como se diz "A união faz a força". As entidades têm mais força de fazer reivindicações. No entanto, a classe é muito desunida. Todas as associações de poetas violeiros que foram criadas, até hoje, morreram ou existem quase sem função social. Mesmo porque não há arte de escrever versando e metrificando.

JOSÉ MARQUES DE ANDRADE (Zé Duda)

Não respondeu a esta parte do questionário.

TEÓFILO DE AZEVEDO FILHO

Curran e Teófilo de Azevedo

1. Teófilo de Azevedo Filho.

2. Rua Vitória 491 S/ 101 São Paulo, Capital, Brasil.

3. 2 de julho, 1943, em Pires de Albuquerque, Município de Bocaiuva, MG.

4. Em toda minha vida só estive seis meses na escola. Minha escola foi o mundo.

5. Só vivo de cordel e palestras de folclore.

6. Segui a linha do meu pai, um poeta do norte de Minas.

7. Desde 1958.

8. 64. Alguns fora de catálogo. O mais vendido é "João Sete Bolas".

9. N/R

10. N/R

11. N/R

12. N/R

13. N/R

ABRAÃO BATISTA

Abraão Batista, Xilógrafo, Poeta e Editor de Cordel, São Paulo, 2001

Abraão Bezerra Batista.

1. Rua Santo Antônio, 499, Caixa Postal n. 104, Juazeiro do Norte, CE. 63.180.

2. Juazeiro do Norte, CE. 04/04/1935.

3. Primeiro, segundo, e terceiro graus completos.

4. Não. Farmacêutico, magistério, xilogravura e pintura. Gostaria de me voltar mais, muito mais para as artes.

5. Por causa da contradição da descanonização dos "Santos" pelo Papa. Ou o que os canonizou estava enganado ou o que os descanonizou. Não eram e nem os são infalíveis!

6. Creio em 1970. "Entrevista de um Repórter de Juazeiro do Norte com os 44 Santos Cassados".

7. Mais ou menos 1970. "O Homem que Deixou a Mulher para Viver com uma Jumenta na Paraíba", "O Industrial Fracassado ou o Senador Caloteiro de Pernambuco", "As Profesias de Pe. Cícero", "O Fazendeiro que Castrou o Rapaz porque Namorou a Filha", "A Corrução no Ceará ou a Intervenção do Governador em Juazeiro do Norte", "O Pássaro Encantado de Gruta de Ubajara". 15 milheiros; 10 milheiros; 8 milheiros; 6 milheiros; e 4 milheiros.

8. Agora estou fazendo assim: Composição em uma gráfica; impressão noutra gráfica; dobragem e encadernamento em minha residência (filhos e esposa ajudam). Isso assim diminui o custo e aumenta o meu lucro, é claro.

9. Mais ou menos 80 % eu os vendo aos folheteiros. O restante em casa ou a quem os procura.

10. Eu procuro ser sincero. Quando se trata de um acontecimento real, evito ao máximo as fantasias. Quero que o meu leitor acredite em mim, naquilo que eu digo.

11. O poeta popular, acredito, é uma essência do pensamento do povo. É a fisionomia do complexo da "gente".

12. Ora, nós buscamos aquilo que sintoniza conosco. Nós só gostamos de alguém se ele nos é simpático. Os poetas escrevem aquilo que o povo gostaria de escrever, de ler, de fazer, de viver. Em se comparando os poetas populares ver-se-á que eles têm ou quase têm o mesmo diapasão. É claro que não pode haver uma igualdade absoluta. O que não há em canto nenhum. Em geral (90%), nós acreditamos no INFINITO em DEUS; no espírito, na Vida Eterna. A morte é somente uma mudança de estágio. Nós somos algo mais do que esse organismo tão quase frágil. O poeta atrai – tem imã – vejam nas feiras livres, nas ruas, nos campos.

OTACÍLIO BATISTA

1. Otacílio Guedes Patriota (Otacílio Batista).

2. Conjunto, INPS, Quadra s. n. 471, João Pessoa, PB.

3. São José do Egito, 26 de setembro de 1923.

4. Primário incompleto.

5. Não. Cantoria, livros e discos de minha autoria.

6. Para melhor divulgação da poesia popular.

7. Em 1951. "A Morte do Rosado, Ex-Governador do Rio Grande do Norte".

8. Oito folhetos, todos muito bem vendidos.

9. Mando imprimir. Não.

10. Sim, vendo os próprios folhetos.

11. Humorismo.

12. Sim, têm muitos valores em comum.

13. Porque a literatura de cordel leva ao povo conhecimentos gerais em versos populares.

PAULO NUNES BATISTA

1. Paulo Nunes Batista.

2. Rua Inglaterra, Quadra 11-A, Lote 5 – Conj. Resid. Nações Unidas, Anápolis, GO.

3. João Pessoa, Paraíba do Norte, aos 02 de agosto de 1924.

4. Curso primário completo, concluído em 1937, em João Pessoa – PB; Curso Secundário, só até o término do segundo ano, feito na ex -Escola Técnica Profissional "Visconde de Mauá", em 1940, no Rio de Janeiro; Curso de Bacharelato em Direito, concluído em 1977, na Faculdade de Direito de Anápolis, GO.

5. Por cerca de 4 (quatro) anos – de 1954 a 1957 – no estado de Goiás, **vivi** exclusivamente da minha **profissão** de **poeta de cordel**, residindo em Anápolis e Goiânia (capital), escrevendo, editando por conta própria e depois vendendo meus poemas rimados em praças, feiras, mercados e festas.

Em 1952, entre os meses de maio e agosto, **vivi** também na Paraíba (João Pessoa e Santa Rita) dessa mesma atividade profissional, vendendo **poesia de cordel** em praças, mercados e feiras.... Em 1958, de março a setembro, voltei a viver exclusivamente da **literatura de cordel**, vendendo folhetos de **minha** autoria e de outros poetas populares editados pela ex-Prelúdio de São Paulo, SP – hoje Luzeiro Editor Limitado -, sendo os "pontos" mais frequentados por mim: Feira da Penha e ponto final do bonde "Penha" (subúrbio carioca); imediações da Estação Ferroviária Leopoldina, próximo a ex-Ponte dos Marinheiros; Central do Brasil; Largo do Machado e Praça do Cearense, em Copacabana (à noite, sábados e domingos) e Feira de São Cristóvão, chamada a "Feira do Nordestino", aos domingos pela manhã.

Em todos os mencionados períodos (1954 a 1957 e 1952 a 1958), **vivi** como profissional da poesia popular. Além dos folhetos que eu compunha e editava, vendia também os de outros autores nordestinos, sendo, entre 1953 e 1956, os principais donos de folhetarias do Nordeste a quem eu comprava folhetos para revender os seguintes: José Bernardo da Silva, de Juazeiro do Norte, CE; João José da Silva, de Recife, PE: Manoel Camilo dos Santos, de Campina Grande, PB; Rodolfo Coelho Cavalcante, de Salvador, BA, além de outros.

Quanto a outras fontes de renda, exerci ao longo da existência as mais diversas atividades profissionais; trocador de ônibus, vendedor de frutas, auxiliar de escritório, professor (de alfabetização, primário e de curso médio), corretor de imóveis, dono de banca de jornais, revistas e livros, escriturário, auxiliar de guarda-livros, etc. sendo, desde 28/02/1969, funcionário do Fisco Estadual em Goiás (Agente Arrecador).

Mas, os primeiros contatos com a **vida de vendedor de cordel** eu os tive ainda aos 12 anos de idade (1936) quando, na Paraíba, menino, ajudava o poeta Manoel d'Almeida Filho a vender folhetos (seus e de outros) nas feiras da capital, e depois, em Recife e Maceió, viajando pelo Estado de Alagoas, vendia folhetos (inclusive da autoria da minha irmã, a poetisa de cordel Maria das Neves Batista Pimentel), autora, entre outros, de "O Violino do Diabo" com o pseudônimo de Altino Alagoas. Cidades como Rio Largo, Viçosa, Atalaia e outras, eu percorri, vendendo folhetos nas estações de trem, nas feiras e oferecendo de casa em casa.

6. Por seguir uma tradição de família: Meu Pai, **Chagas Batista**, escreveu e publicou mais de 100 folhetos, entre os quais alguns dos mais conhecidos são: "O Triunfo do Amor" ("História de Celina – Quo Vades?"), "A Imperatriz Porcina", "A Escrava Isaura" (Escrava Heroica) e "História Completa de Antônio Silvino"; era livreiro-editor e, segundo informa Luís da Câmara Cascudo, in "Vaqueiros e Cantadores": "Leandro Gomes de Barros e Francisco das Chagas Batista, falando apenas de dupla mais ilustre, publicaram milhares de sextilhas, descrevendo batalhas entre cantadores tradicionais ou imaginários". "Francisco das Chagas Batista não

foi cantador, mas um dos mais conhecidos poetas populares". Meu tio paterno, Antônio Batista Guedes, além de cantador, escreveu e publicou folhetos, como "As Aventuras de um Príncipe", "A Guerra de Juazeiro", "O Júri de Antônio Silvino", etc. Meus irmãos Luís Nunes, Pedro Werta, Sebastião e Maria das Neves Batista, além de poetas cultos, foram ou são poetas populares.

Em princípios de 1949, achando-me desempregado, em Ceres – GO, resolvi escrever e publicar folhetos de cordel, como fonte de renda para manter minha numerosa família.

7. Como ficou dito linhas acima, foi em janeiro de 1949 que iniciei minha **carreira** de poeta de cordel, escrevendo e fazendo editar meu primeiro folheto, residindo eu então em Ceres, na Colônia Agrícola Nacional de Goiás, onde trabalhava como auxiliar do Dr. Bernardo Sayão Carvalho de Araújo, construtor da cidade de Ceres, da rodovia Belém-Brasília e um dos construtores pioneiros de Brasília, ao lado de Juscelino.

Meu primeiro folheto publicado tem por título "A Vida Atrapalhada do Zé Bico Doce" e foi editado pela "Tipografia do Jornal 'A Luta'" de A. G. Pinto, em Anápolis, GO. Era um folheto de 18 páginas (22 com as capas), em sextilhas, contendo anúncios em verso e prosa nas contracapas e na última capa. Conta a estória de um malandro "escolado" que chegou a enganar o próprio Cancão de Fogo.

Este folheto teve mais duas edições: uma, com o título "Zé Bico Doce, o Rei do Roubo" (16 páginas, edição de "A Luta") e a outra, definitiva, de qual já se tiraram dezenas e dezenas de edições pela "Preludio" com o título "Zé Bico Doce, o Rei da Malandragem"

(32 páginas, com ilustrações do texto- São Paulo, SP).

8. Entre editados e inéditos já escrevi mais de 100 folhetos, entre "folhas volantes" (4 páginas) até "romances" (32 a 64 páginas)....

Os mais vendidos dos editados, foram até hoje: "Os Namoros de Anápolis", "A Morte de Dr. Sayão", "ABC dos Advogados", "ABC da Festa da Trindade", "ABC para Brasília", "Zé Bico Doce, o Rei da Malandragem", "Desafio de João Fava com Juca Baiacu", "Um Drama das Selvas de Amazonas", "Novas Proezas de João Grilo", O Filho do Valente Zé Garcia", "A Herança que Minha Sogra Deixou", "Lábias de Core Mãozinha", etc.

9. Nunca imprimi, eu mesmo, os meus folhetos. Sempre os mandei imprimir, por minha conta e risco, em tipografias (em João Pessoa, PB, Anápolis e Goiânia, GO, e Brasília, DF.)

Entre 1957 e 1958 vendi à ex-Gráfica Editora Prelúdio, da Pauliceia, 17 originais de folhetos, dos quais 14 foram publicados durante vários anos, em tiragens de milhares de exemplares, vendidos por todo o Brasil, desde o Rio Grande do Sul até o Amazonas....

Na mesma época, vendi, também a Tipografia Souza, da capital bandeirante, os originais de meus folhetos de 8 páginas... Todos os demais de minha autoria foram publicados em "edição do autor", impressos em gráficas contra pagamento. Para custear as edições, comecei, desde o meu primeiro folheto, a inserir anúncios nas capas, contracapas, e às vezes, nos rodapés de páginas. Assim, conseguia pagar a impressão e conseguia mesmo, em alguns casos, obter lucro com a edição do folheto antes mesmo de expô-lo a venda, só com o dinheiro advindo das propagandas comerciais nele veiculadas. Foi uma experiência positiva, no campo do cordel, que fiz em Goiá, podendo, assim, **viver** cerca de quatro anos só da poesia de cordel, chegando até, como o ganho nessa **profissão**, a comprar uma casa, a Rua Leopoldo de Bulhões n. 927, em Anápolis-Goiás, onde morei por dez anos com minha família. A poesia cordelista, ao contrário da erudita (que faço desde os 12 anos de idade), me deu bons resultados financeiros. Ainda em outubro/76 vendi, por 3 mil cruzeiros, a 1ª. Edição (não o original, só a edição) do meu ABC "Galheiros com Arizona", um "poema eleitoral" que não levei nem meia hora para compor.

10. Quando **vivia** do cordel, eu mesmo vendia os meus folhetos, levando-os diretamente ao leitor, nas calçadas, largos, praças, mercados, feiras, festas e romarias religiosas, nas diversas cidades por onde andava, dentro e fora do Estado de Goiás.

Vendia também meus folhetos em minha banca de livros e revistas, e raras vezes, vendia, ou trocava, ou deixava para serem vendidos com outros poetas de cordel.

11. Em todos os folhetos rimados (cordel) que fiz e editei os quais somam mais de 60 títulos, desde 8 a 32 páginas, primei sempre por escrevê-los com total espontaneidade, sem forçar nada, sem pretender fazer "obra literária". Usei do linguajar popular, empregando expressões regionalistas, geralmente do Nordeste. A espontaneidade é, pois, uma qualidade inerente a todos os meus folhetos.

Quanto aos temas tratados, variam mito: vão desde a simples "reportagem em versos" até a estória (romance) e o "conto rimado", das pelejas imaginárias até a ficção, das lendas, como o "Negrinho do Pastoreio", a narrativa de fatos reis ("Um Drama das Selvas do Amazonas", baseado nas experiências sofridas pelo meu mano José Nunes Batista em seringais amazonenses), dos casos humorísticos ("A Carne de Boi Faz Falar Fino"), "Lábias de Core Mãozinha", etc., as estórias meio fabulosas ("O Filho do Valente Zé Garcia"). Mas, a nota predominante, que eu diria ser "qualidade especial" de meus folhetos é a preocupação com os problemas sociais: os desníveis, as injustiças, a carestia, a pobreza, a miséria, etc. Meus folhetos encerram quase sempre uma mensagem, um apelo ao Amor Universal, à solidariedade humana, à compreensão entre os homens.

12. Penso que sim.

13. Primeiro, os poetas de cordel são porta-vozes dos sentimentos e das aspirações populares. Integrados em seu meio, refletem exatamente o ambiente onde vivem. O povo adora o miraculoso – então os poetas de cordel escrevem histórias fantásticas, de bois misteriosos e pavões, dragões, príncipes encantados e heróis fabulosos. O povo sofre aperturas – e surgem os folhetos sobre a carestia da vida, a exploração,

a fome, a necessidade. Logo a classe profissional dos poetas de cordel tem em comum este pensar e esse sentir do povo, intérpretes que são, os poetas, da alma popular.

Quanto aos valores comuns, cito: fidelidade às raízes; preservar o idioma, através do uso da genuína língua falada pelos de sua região; denunciar os erros da sociedade, apontando mazelas e injustiças sociais; difundir a cultura entre asgrandes massas, principalmente do meio rural (o folheto ainda é, embora cada dia menos, em certas regiões do Brasil, "o jornal do pobre", "o livro do analfabeto". Ainda com "certa maneira de pensar", convém dizer que o poeta de cordel tem consciência de sua importância como **artista**; ama sua **profissão**, sente se realizado quando vê os populares rodearem-no, atentos, para ouvi-lo "cantar" ou "contar" um folheto, fazendo os circunstantes rirem ou chorarem, emocionarem-se com os lances que vai descrevendo, como um verdadeiro ator, na apresentação de sua estória. Convivi com os maiores poetas do cordel do Brasil (Manoel d'Almeida Filho, Cícero Vieira da Silva (Mocó), Minelvino Francisco Silva, Antônio Sena Alencar e outros) e **sei**, por experiência própria, que o poeta de cordel tem orgulho de ser o que é, por mais humilde que seja sua vida, por mais duro que possa ser ganhar o pão de cada dia a custa da sua poesia popular.

(Obrigado, Paulo, a dívida que todos nós te devemos, nunca será paga!)

J. BORGES

J. Borges, Xilógrafo, Poeta e Editor de Cordel

1. José Francisco Borges.

2. Av. Capitão Eulino Mendonça, 193, CEP 55660, Bezerros, PE, Brasil.

3. 20/12/1935, Sítio Piroca, Município de Bezerros, PE.

4. Dez meses em escola no sítio de maio de 1947 a fevereiro de 1948.

5. Vivo atualmente da literatura, escrevendo, ilustrando e publicando meus e dos colegas.

6. Porque gostava muito e senti que só lidando com ela matava a vontade.

7. Em 1964 escrevi e ilustrei o primeiro folheto: "O Encontro de Dois Vaqueiros no Sertão de Petrolina".

8. Até hoje tenho 32 publicados além de 8 só escritos. Os mais vendidos, 30.000 exemplares e 26.000 exemplares; o menos vendido, 500 exemplares.

9. Imprimo meus e de outros poetas, e já vendi vários originais com direitos aos outros.

10. Já vendi durante 17 anos, mas, atualmente vendo em grosso para revendedores de grosso e varejo.

11. Todos que escrevo são assuntos próprios, e, acho especial porque escrevo para o povo da região e todos são vendidos rápidos.

12. Acho sim. Sendo bom poeta, pensa bem, sendo que no Brasil são explorados e não recompensados.

13. O poeta puro não pensa outra coisa a não ser: escrever e publicar seus folhetos na intenção de arranjar a sobrevivência para si e sua família. E acho que temos certo valor, só não temos condições financeiras e liberdade para expormos os nossos produtos em toda parte que transita gente. Servimos apenas de instrumentos para os estudiosos e até agora ainda somos humilhados em várias partes, em setores públicos ou privados.

JOAO BANDEIRA DE CALDAS

1. João Pereira de Caldas (João Bandeira).

2. Rua 15 de novembro, n. 270. Juazeiro do Norte, CE.

3. São José de Piranhas, Est. da Paraíba. Dia 16 de abril de 1944.

4. Segundo grau.

5. Faço programas sertanejos nas emissoras de rádios ao som da viola. Sou violeiro repentista, canto pelo sertão, etc.

6. É o poeta uma fonte que jorra; nada passa a sua vista que não lhe chame atenção para escrever algo, também por gostar e precisar.

7. Em 1970, o primeiro folheto "Triste Fim de um Orgulhoso".

8. Entre folhetos e poemas, já passa de 200, duzentas composições poéticas. Estes são dedicados a maior parte aos meus fregueses e amigos gratuitamente.

9. Mando imprimir meus poemas e meus folhetos nas tipografias da minha cidade, nem vendo meus direitos autorais a ninguém.

10. Vendo meus folhetos nas minhas cantorias de sertão e nos meus programas de rádios.

11. Bem poetizadas ao meu gosto, um enredo sem plágio de ninguém.

12. Acho sim.

13. São os escritores de cordel e violeiros nordestinos verdadeiros veículos de comunicação entre o povo do nordeste do Brasil. Têm classe organizada e entidades fundadas por todo o Nordeste.

PEDRO BANDEIRA DE CALDAS

Pedro Bandeira, Cantador, Poeta e Editor de Cordel, Juazeiro do Norte, Ceará

1. Pedro Bandeira Pereira de Caldas (Pedro Bandeira).

2. Rua Conceição 841, Juazeiro do Norte, Ceará.

3. Sítio Riachão da Boa Vista, Município de São José de Piranhas, Estado da Paraíba. No dia 01 de maio de 1938.

4. Até 1977 só tinha o primário, resolveu estudar, fez supletivo primeiro e segundo grau, já hoje é acadêmico de Filosofia, faz letras.

5. Vivo de Cordel, de cantorias improvisadas e convites especiais dos admiradores, e também de livros e poemas (tipo boletins) publicados avulsos.

6. Por gostar, saber fazer, e entender que a literatura de cordel ajuda a perpetuar o escritor e a história de um povo.

7. Em 1969 meu primeiro folheto foi "O Homem da Cruz". Vendi logo uns 5 mil e dei uns 5 mil. Costumo distribuir muito folheto grátis.

8. Não sei bem, mas tenho mais de mil produções entre: folhetos, poemas, canções, vaquejadas, sonetos, etc. Meu cordel mais vendido foi "Missa de Vaqueiro". Contando um caso verídico que aconteceu no sertão de Pernambuco, de um vaqueiro que foi assassinado e ficou impune, 15 anos depois. Eu (Pedro Bandeira), Padre João e Luiz Gonzaga resolvemos fazer uma missa no local todo ano. Hoje é uma atração turística do Nordeste. Fica no Município de Serrita, sertão de Pernambuco, Brasil. O dia da missa é todo terceiro domingo do mês de julho.

9. Eu mesmo imprimo e arranjo para muitos propaganda comercial para a capa de fora, e, a firma paga, eu oferecendo uma grande parte dos exemplares para distribuição com os fregueses da mesma.

10. Eu mesmo vendo no meu Auditório, nas minhas cantorias em Fazendas, vilas, cidades, Festivais, etc.

11. Para lhe ser sincero, acho meus folhetos completíssimos em tudo. Rima viva, métrica, sentido do assunto, imagem poética agradável, sabor de leitura, etc.

12. Sei perfeitamente que o cordelista hoje faz parte da história da Nação em todos os sentidos, são verdadeiros jornalista do povo.

13. O bom cordelista conta com base fundamental os acontecidos: políticos, desastrosos, como: virada de caminhão, queda de avião, seca na região dele e dos outros, enchentes destruidoras, vida de artista. Fala do Banco do Brasil e outros bancos, fala da SUDENE, etc.

ELIAS ALVES DE CARVALHO[234]

Elias Alves de Carvalho, Feira de São Cristóvão, Rio de Janeiro, 1978

1. Elias Alves de Carvalho.

2. Rua Vigário Correia, 1345 – Correas, Petrópolis, RJ.

3. Timbaúba, PE. 26 de março de 1918.

4. Segundo grau.

5. Não. Sou funcionário público federal.

6. Até a idade de 20 anos cantei Coco de Embolada. Por problema na voz fui obrigado a deixar e passei a escrever folhetos.

---

[234] O tempo passa, mas lembro bem; Elias era o poeta de cordel mais idoso que encontrei na Feira de São Cristóvão naqueles primeiros anos de 1966 – 1967 -1969.

7. Em 1948. "Farrapo do Destino". Romance.

8. Sete folhetos. "O Brasil de Ponta a Ponta" e "Desafio da Mulher" os mais vendidos.

9. Mando imprimir.

10. Não. Entrego-os aos distribuidores e folheteiros.

11. A realidade dos fatos.

12. N/R

13. N/R

RODOLFO COELHO CAVALCANTE[235]

Rodolfo Coelho Cavalcante, Núcleo de Cordel, Salvador, 1985

1. Rodolfo Coelho Cavalcante.

2. Caixa Postal 916, Salvador, Bahia.

3. 12/3/1917.

4. Curso de capacitação jornalística.

---

[235] Por estranho que seja estes comentários tão breves não indicam bem a verdadeira personagem de Rodolfo. Depois deste depoimento escrito, muitas águas rolaram na vida e carreira dele. Chegou a escrever e/ou editar uns 1.700 folhetos de feira, provavelmente o poeta mais prolífico do gênero. Depois de muitos anos de correspondência e logo encontros e entrevistas ao vivo em Salvador, cheguei a escrever e editar o que acho que é um livro bastante importante sobre o cordel: "A Presença de Rodolfo Coelho Cavalcante na Moderna Literatura de Cordel" (Rio de Janeiro: Nova Fronteira-Fundação Casa de Rui Barbosa, 1987). Não só conta a história e o papel de Rodolfo, mas, realmente é um resumo de uns quarenta anos do cordel no Brasil, desde os 1940 até os 1980.

5. Periodicamente, quando a vendagem de folheto fracassa, vendo lenços nas ruas.

6. Por necessidade. Tinha a veia poética e achei a melhor maneira de ganhar o pão honestamente.

7. N/R

8. Passa dos 1.600 exemplares

9. Mando os imprimir.

10. Eu mesmo os revendo e vendo-os aos revendedores.

11. Folhetos moralistas e culturais, explorando o fabuloso.

12. Dá nome a Literatura de Cordel e encoraja ou identifica melhor os trovadores.

13. O trovador credenciado tem melhor disposição de vender os seus folhetos.

ANTONIO RIBEIRO DA CONCEIÇÃO

1. Antônio Ribeiro da Conceição (Bule Bule da Bahia).

2. Aos cuidados de Rodolfo Coelho Cavalcante: Cx. Postal 916 – 40000 – Salvador, Bahia.

3. Cidade Antônio Cardoso, BA. Nasceu a 22 de outubro de 1947.

4. Primeiras letras do alfabeto e nada mais.

5. Atualmente exclusivamente da viola. Sou Violeiro Repentista e às vezes publico poemas, canções e folheto.

6. Porque sempre vivi dos versos e qual o autor que não tem prazer de publicar os seus próprios trabalhos?

7. Comecei a cantar repente em 1970, mas somente em 1977 a Ordem Brasileira dos Poetas da Literatura de Cordel editou meu primeiro folheto: "A Tragédia de 3 Amantes".

8. Só escrevi o folheto acima, embora tenha outros para publicar.

9. Mando imprimir meus poemas e canções, é o que farei com os meus folhetos.

10. Eu mesmo os vendo.

11. Temas de valentia, humorismo e religião.

12. Sim, as Entidades de Classe facilitam mais aos profissionais em questão de conceito perante a sociedade e valoriza mais os profissionais.

13. Afirmei o que deveria afirmar, acima.

JOSÉ SEVERINO CRISTÓVÃO

1. José Severino Cristóvão

2. Rua Mem de Sá, 335 B. Indianópolis, 55,100 – Caruaru – PE.

3. 04/08/1934 Nasci na cidade de Limoeiro, PE.

4. Tenho a instrução primária.

5. Não. Funcionário público.

6. Para cumprir minha missão de poeta.

7. "Caruaru Brasil em Poesias", 54 páginas. Mas com 16 anos de idade já fazia versos em trabalhos de colégios.

8. Entre folhetos de 8 páginas a 27 escrevi 22. Vendo em minha própria residência. "Caruaru de Ontem e de Hoje" e "Biografia de Juscelino Kubitschek Oliveira", vendidos para todos os países do mundo.

9. Pago para imprimir. Nunca vendi meus direitos autorais.

10. Eu mesmo vendo.

11. O mundo dos invisíveis e Deus, o homem e o diabo.

12. Sim, acho sim.

13. Todo poeta tem inspiração, assim dizia um sábio em filosofia. Para isto os jornalistas ao fazer o curso de jornalismo, antes ouvem os poetas e universitários também.

JOSÉ CUNHA NETO

1. José Cunha Neto

2. Rua Maranhão, 48, 64280, Campo Maior, Piaui.

3. Campo Maior em 02/06/1924.

4. Ginásio.

5. Quase somente de Literatura de Cordel, vendo por atacado, e outras mercadorias.

6. Comecei sem pensar que ia fazer profissão.

7. "O Ladrão de Frito" em 1942.

8. 58 folhetos publicados. Os mais vendidos: "Brasil na Copa do Mundo", "Vida e Morte de Magalhães Barata, Ex-Governador do Pará", "Belém em Revista", "Viagem do Homem à Lua", "Tragédia de Juscelino", "Manaus em Revista", etc.

9. Mando imprimir e vendo a grosso e diretamente ao leitor.

10. Resposta acima.

11. Sinceridade e linguagem fácil, correta, que agrada a todas as camadas.

12. Tem valor como entidade e como classe, pois hoje já temos nossa associação na Bahia e em outras partes do Brasil, em Teresina também.

13. Houve um congresso de poetas em Brasília nos dias 16, 17, e 18 de julho deste ano (1978) com a participação de 300 poetas e violeiros de todos os recantos do Brasil. Lá, podemos constatar que a literatura de cordel não caiu. Houve outro em Teresina, Piauí, em agosto nos dias 18, 19 e 20. E lá ficou confirmado o que vimos em Brasília. Existem aqui no Brasil muito pesquisadores e amantes da literatura de cordel.

JOSÉ CAVALCANTI E FERREIRA (DILA)[236]

1. José Cavalcanti e Ferreira Dila.

2. Rua Antônio Satu, 36. Bairro Riachão. 55100. Caruaru – PE.

3. 17 de setembro de 1905. Cidade – Barbalha, CE.

4. Segundo ano primário.

5. Poesia – cordel, carimbo, rótulos, xilogravura, tipógrafo, etc.

6. Para aproveitar e colocar as mais ricas histórias do cangaço nos devidos lugares em versos e prosas. Que muitas não chegavam ao pé da letra.

7. Primeiro folheto é de título: "As Questões de Mossoró", o segundo: "Teófanes". Os folhetos e xilogravuras passaram a comércio nos anos de1940.

8. 300 e poucos folhetos, sendo 114 de histórias do cangaço nordestino. Só dois não foram aceitos: "Sofrimento do Pobre" e "Profecia de Aquileu". Os outros é cheque visado. São tão procurados que muitos deles não tenho sequer o original. Graças a Deus e a vocês que propagam e procuram enriquecer o cordel aí no Sul e no exterior.

9. Comecei meus folhetos numa prensa de madeira. Desde os anos de 1957 venho com pequena máquina nossa que deixo feito o serviço de impressão dos meus folhetos e de alguns amigos que paga a mim a impressão dos serviços deles.

10. Vendo nas feiras e aos folheteiros, grosso, etc.

---

[236] Dila participou na primeira entrevista escrita pedida por nós em 1967, e publicada no meu primeiro livro "A Literatura de Cordel" (Recife: UFEPE, 1973). Parece que pouco mudou; as respostas são um tanto extravagantes! O principal é que o poeta se destacou pelos folhetos sobre o cangaço, e, talvez, mais importantes, lindas xilogravuras feitas na borracha e não a madeira, coisa quase única na época.

11. Cangaço, santo, Diabo é uma fonte de minha cultura que dá para viver. Como dizia nosso Padrinho Cícero, trabalha de dia para comer de noite.

12. Cada tem o que é seu. Seria bom um estudo a natureza de cada poeta. Uns versam displicências, outro é personagem de si próprio e outro que faz passa tempo, outros só versam aventuras.

13. 12 é Mercúrio; pensamento explosivo, não guarda segredo, confia em si mesmo. O poeta deste Signo ou Natureza aproveita as melhores Histórias de seu alcance, como se dá de presente o bem pelo bem, e não o mal pelo mal. Aqui posso dar uma explicação de minha pessoa, que 12 é como meu arcano favorável. Comecei no folheto com um nome sem ser de batismo; José Soares da Silva, e venci. Dentro dos anos de 1960 um meu sobrinho com este nome começou escrever poesia, e, muitos folhetos meus tinha versos dele. Foram bem aproveitados por mim, fiz destaque a ele e outros José Soares da Silva que também vendiam seus versos. Deixei vaga para eles. Fiquei no meu nome de batismo: José Cavalcanti e Ferreira – Dila sem esgotar meus sucessos. Dei margens e valor para os outros que todos merecem os nossos respeitos. Cada um deles tem os valores da Natureza, porque a poesia não mora com o poeta, e sim com o Dom Divino e o respeito dos seus admiradores. Todos os poetas têm valores de grande proveito porque cada um deles descreve um sentido.

JOÃO CARNEIRO FONTELE FILHO

1. João Carneiro Fontenele Filho

2. Rua José Arcanjo, n. 10, Martinópole, CE.

3. Alto do Assobio, Município de Granja, Ceará. Nascido em 9/05/1921.

4. Apenas estudo primário.

5. Vivo somente de Literatura de Cordel há 37 anos; e demais carpinteiro, pedreiro, marceneiro, industriário, poeta, profeta, e astrólogo.

6. Porque fui inspirado por Deus aos meus 20 anos de idade (ou seja em 1941).

7. Verso sobre o movimento do Estado do Ceará, sobre lavoura, criatório, comércio, fome, carestia, e a mocidade.

8. Escrevi e foram publicados uns 70 tipos. Os mais vendidos anuais são "Profecias Astrológicas de São Francisco", já na 16ª. Edição, pelas astrologias e mais diverso.

9. Não tenho gráfica própria; os pago em gráficas diversas. Também, não vendo poemas de outros poetas, pois temos próprios.

10. Tanto eu os vendo como temos agentes revendedores.

11. 1 Profecias astrológicas de São Francisco para os anos indicados. 2 "Seu Chico do Boi e Pega do Barbatão", "A Princesa Séria e o Vellho de Bengala Misteriosa". 3 "O Valor da Pobreza e a Miséria do Rico", e mais.

12. Têm muitos valores, são inspirados por Deus. São cientistas, pois a poesia é cultura, educação, moral e cívica; é da alta Sociedade.

13. Os poetas, já vêm do Velho Testamento da Escritura Sagrada. São inspirados por Deus, pois não há professores ou professoras de Poetas e Profetas. Estes são inspirados para o bem e não para o mal; procuram a luz e não as trevas. Nenhum aconselha para o mal e sim para o bem.

São sociais, familiares, mais sofredores. Mas, todos nois temos que oferecermos Sacrifício a Deus. Procuramos a Salvação e não a perdição.

Trabalhamos para aculturar os que não conhecem, pois a Escritura Sagrada diz ensinai os que não sabem; e daí, o bom exemplo àqueles que nos procuram. É justamente o que aqui está mencionado. Estes três capítulos indicam Jesus, José e Maria; Pai, Filho, Espírito Santo.

JOSÉ COSTA LEITE

José Costa Leite, Xilógrafo, Poeta e Editor de Cordel, João Pessoa, 2005

1. José Costa Leite

2. R. José Malheiros, 72, CEP 55940, Condado, PE.

3. Sapé, PB. Em 27/07/1927.

4. Sou semianalfabeto.

5. Além de poeta popular, sou ambulante, pequeno proprietário de imóveis, etc. etc.

6. Obrigado pela necessidade.

7. "Eduardo e Alzira" com 8 páginas sem clichê.

8. Creio que até hoje tenho escrito mais de 200 títulos. Os mais vendidos: "Dicionário de Amor", e, "A Carta do Padre Cícero".

9. Mando imprimir e tenho vendido originais a outros.

10. Uma coisa e outra.

11. Profecia e gracejo.

12. Sim.

13. Sim, porque o poeta popular tendo certo apoio dos homens de autoridades, como deputado, senador, governador, prefeito, etc. etc. Tendo o campo livre para trabalhar com um serviço de som, como eu mesmo já fiz, assim seria outra coisa e a poesia tornaria um maior impulso, ou como se diz: RENASCIA.

CAROLINO LEOBAS

1. Carolino Leobas de França Antunes

2. Q.N.M. 24 – Conjunto K – Casa: 01, Ceilândia Norte, Brasília, DF.

3. Fazenda Caruá, Municipio de Remanso, Estado da Bahia.

4. Quarto ano primário.

5. Sim, só esta.

6. Inspirado pela natureza.

7. Em 1953. "O Pequeno Lavrador".

8. Pra mais de 100. "O Meu Encontro com Juscelino", "O Valor da Mulher Carinhosa", "A História de Minha Vida", "As Riquezas de Amazonas", "A Caneta de um Poeta", e muitos outros.

9. Não.

10. Vendo.

11. A métrica, a rima, e o assunto da história.

12. Sim.

13. A união faz a força

   E o pensamento é um imã

   Quando se pensa pra o bem

   Atrai as forças de cima

Como prova da verdade

Repare a facilidade

Com que eu faço esta rima.

Um gravador excelente

Tenho na minha memória

Gravando versos bem feitos

Como este que fiz, agora.

Faço com todo cuidado

Para não ser reprovado

Por alguém que está de fora.

JOÃO DE LIMA

1. João Pereira Lima (João de Lima)

2. Rua do Comércio, 158, Maceió, AL.

3. Porto-Real do Colégio Alagoas, 10/01/43.

4. Terceiro ano ginasial.

5. Sou violeiro e canto nos rádios, etc.

6. Porque desde criança lia-os com interesse.

7. Comecei escrever e cantar nos Rádios em 1964.

8. 18. Todos os meus trabalhos são aceitos, pois, eu escrevo-os e canto pelos Rádios ao som de minha viola. Sou o repentista mais famoso do norte, nordeste.

9. Que imprime é a Universidade Federal de Alagoas.

10. Eu vendo.

11. Só escrevo a realidade.

12. Sim

13. Alguns escritores de cordel são ótimos; outros escrevem mal e sem fundamento. Cada um tem a sua maneira de ser e de pensar.

JOSÉ TOMAZ DE LIMA

1. José Tomaz de Lima

2. Bairro D. Expedito n. 672, Sobral, CE 62100

3. Mocambo, CE 5 de março de 1943

4. Curso supletivo de educação integrada correspondente às quatro primeiras séries do primeiro grau.

5. Vivo exclusivamente do que me rendem os meus versos, quer cantados ao som da viola, quer escritos em folhetos de nossa literatura.

6. Por sentir necessário divulgar a nossa cultura, tradições, e costumes, também por amor à poesia popular.

7. Ingressei em 1967. O primeiro folheto foi um exemplo de desafio com o titulo: "Peleja de José Pereira com José Tomaz de Lima, o Gigante do Sertão".

8. 16 pelejas, quatro publicadas e 12 inéditas, um folheto de gracejos ("O Sapo no Céu"), um de crítica ("O Século de Corrução"), dois de encantos, ("A Virgem da Torre Negra" e "O Peixe Encantado e a Filha do Pescador"), dos de natureza política ("Olho d'Água em Desfile" e "Sonhos da Vitória de Cesário Barreto"). Ao todo já escrevi uns quarenta folhetos, todos bem aceitos. Os que publiquei foram bem vendidos, principalmente "O Século da Corrução" e "Sapo no Céu".

9. Mando os imprimir.

10. Vendo eu próprio, oferecendo na mão aos meus amigos íntimos e permito que parte dos quais sejam vendidos por outros colaboradores do gênero.

11. N/R

12. Sim, representam! O poeta de cordel é filósofo, encontra no regionalismo e na natureza a fonte de que lhe dará o valor merecido.

13. Convivendo com o público, observando sua maneira de viver, toma conhecimento de sua ecologia e pensa o poeta naquela imagem, e documenta em estrofes as mais diversas bases de pensamento retratando os episódios. Assim valorisa a sua posição, a sua musa cresce, e o seu papel é importante no mundo da cultura e no universal empenho do folclore.

FRANKLIN DE CERQUEIRA MACHADO

O Autor, Franklin Machado, Expedito F. da Silva, Feira de São Cristóvão, Rio, 1996

1. Franklin de Cerqueira Machado.

2. Rua Augusta, 1.524, Loja 55, São Paulo, SP.

3. Feira de Santana, Bahia, 15 de março de 1943.

4. Jornalismo e advocacia.

5. Não. Faço xilogravuras e apresentações artísticas.

6. Por uma questão de raiz cultural e por ser poeta.

7. Em 1975. Foram três folhetos publicados simultaneamente: "A Feira de Feira de Santana Já Vai Sair do Meio da Rua", "Profecias de Antônio Conselheiro (O Sertão Já Virou Mar)", "Maria Quitéria, Heroína Baiana que Foi Homem".

8. Escrevi uns 60, mas só publiquei uns 30. "O Sapo que Desgraça o Corinthians" (5000 exemplares); "Vaquejada de Sete Peões pra Derrubar uma Mineira".

9. Mando imprimir.

10. Eu mesmo, e raramente outros.

11. Uso uma linguagem e temas mais atuais. Quase sempre utilizo a xilogravura na capa.

12. Sim.

13. Continuamos uma tradição poética. Mostramos a realidade popular.

JOSÉ VICENTE DE NASCIMENTO

1. José Vicente do Nascimento (José Vicente da Paraíba).

2. Praça Agamêmnon Magalhães, 149, CEP 55490, Altinho, PE.

3. Campina Grande, PB. 07 de agosto de 1922.

4. Primário.

5. Sou violeiro repentista, canto mais que escrevo, tenho 2 LPs gravados.

6. Inspirei-me na Paixão de Cristo na Nova Jerusalém e escrevi o primeiro livro de cordel baseado no roteiro do drama. Escrito em abril de 77 e lançado em 78.

7. Em abril de 77. "Paixão de Cristo na Nova Jerusalém", Fazenda Nova, Pernambuco.

8. Um. Venda regular. Gosto mais de cantar de improviso que a renda vem na hora. Vezes por contrato e vezes na bandeja. Na base da louvação conforme o nível social e títulos dos presentes, certo?

9. N/R

10. N/R

11. N/R

12. N/R

13. N/R

JOÃO CRISPIM RAMOS

1. João Crispim Ramos.

2. Rua "C", n. 3, Cidade Nova, Feira de Santana, BA.

3. Cidade de Serrinha, Estado da Bahia. 28 de fevereiro de 1951.

4. Curso Colegial Completo e cursando o quarto período de Estudos Sociais na Universidade Estadual de Feira de Santana, BA.

5. Não. Sou graduado Faixa Preta 1º Dan (grau) de KARATE e vivo ensinando esta nobre arte marcial em três escolas do nosso estado.

6. Porque desde criança ouço e vejo poetas repentistas (meu pai e meu irmão são violeiros repentistas), sofrendo portanto influências hereditárias e de meio ambiente.

7. Em 1973, "Peleja de Dadinho com Caboquinho", 3.500 exemplares; "Pelé e a Seleção", 5.000 exemplares.

8. Pouco mais de uma dezena (vê que não vivo disso).

9. Eu mesmo os imprimo.

10. São vendidos por outros.

11. O capricho na metrificação, o emprego correto das palavras.

12. Acho que sim. As variações de atitudes são decorrentes de falta de orientação a alguns para o que a arte lhes impõe.

13. Os valores são comuns por ter todos os mesmos princípios poéticos, ou seja, criam suas poesias sem qualquer orientação teórica, sem instruções, apenas a base do som, do ouvido.

ALÍPIO BISPO DOS SANTOS

1. Alípio Bispo dos Santos.

2. Jardim Praia Grande, 278, Periperi, Salvador, Bahia.

3. Cruz das Almas, Bahia. 5/08/1938.

4. Curso ginasial.

5. Sim.

6. Porque sempre tive dom poético e desde tenra idade fui vendedor de folhetos.

7. Em 1957. "O Namoro do Matuto com a Professora".

8. 125. "O Brasil nas Copas do Mundo", 45.000 exemplares; "Um Romeiro que Viu um Anjo", 20.000 exemplares; "O Namoro do Matuto com a Professora", 20.000 exemplares; "Conselhos à Juventude", 18.000 exemplares; "A Briga de João do Morro com o Povo de uma Festa", 10.000 exemplares e outros.

9. Mando imprimir a às vezes autorizo a publicação por editores.

10. Humorismo.

11. 12. 13. Perfeitamente. Temos nomes e conceito pelo público.

APOLONIO ALVES DOS SANTOS[237]

Apolônio dos Santos, Poeta de Cordel, Feira de São Cristóvão, Rio, 1978

---

[237] Uma vez mais, conheci Apolônio bem nos anos depois desta entrevista, e, de fato, tivemos longas conversas na Feira de São Cristóvão onde ele vendia seus versos domingo de manhã e também uma entrevista calma no Centro de Pesquisa da Fundação Casa de Rui Barbosa. O principal para notar é que entre 1980 e sua morte no começo do século muitas águas rolaram: sua produção de cordel aumentou muitíssimo (fez folhetos importantes sobre a vida do "pau de arara" no grande Rio, e comentou muito o cenário político através dos anos no Brasil). Diria que, depois de José João dos Santos (Azulão), Apolônio era próximo, o poeta mais importante no Rio. Uma nota irônica e triste: ele me contou no fim dos anos 80 que queria mesmo voltar para morar no Nordeste, ou em Campina Grande ou em Guarabira onde tinha parentes, inclusive o donos da Folhetaria Pontes que imprimia os folhetos de Apolônio através os anos. Mas, a história acabou triste: Apolônio foi para o Nordeste (cumprindo o sonho de Luís Gonzaga em "Asa Branca", mas, como muitas histórias de cordel, não deu certo. Voltou para o sul e morreu lá uns anos depois (estas informações são de "segunda mão" para nós). Mas foi um de meia dúzia de poetas de cordel prediletos meus durante quase cinquenta anos de convivência no Brasil. Ele aparece na capa de um dos meus livros recentes, "A Portrait of Brazil in the Twentieth Century: the Universe of the 'Literatura de Cordel'".

1. Apolônio Alves dos Santos.

2. Beco Expedicionário, 63, C. 11, Vasco São Cristóvão, RJ 20000.

3. Guarabira, PB. 20/9/1926.

4. Primário.

5. Sim.

6. Dom da natureza. Comecei vendendo folhetos, daí nasceu a inspiração para escrever folhetos porque nasci poeta.

7. Em 1942 escrevi o meu primeiro folheto com o título de "Maria Cara de Pau". É Trancoso.

8. Entre originais e já publicados já tenho 73 folhetos. "A Briga de Lampeão com Sabino".

9. Mando imprimir. Não vendo direitos autorais.

10. Sim. Forneço alguns para outros colegas.

11. Tema cangaço ou Bravuras.

12. Sim, são artistas culturais.

13. O poeta popular de cordel é considerado o mesmo artista como um autor ou escritor de romances e novelas, etc. Pois o poeta popular também não só escreve versos como cria história imaginária, ficção.

EROTILDES MIRANDA DOS SANTOS

Erotildes Miranda dos Santos, Poeta de Cordel, Feira de Santana, Bahia, 1966

1. Erotildes Miranda dos Santos.

2. Rua 18 do forte, 84, Bairro da Rua Nova, Feira de Santana, BA.

3. Feira de Santana, 3/06/1919.

4. Nenhum, nunca tive este direito.

5. Atualmente estou vivendo só da literatura de cordel.

6. Por força do destino, pois, ninguém aprende a ser poeta, já nasce sendo.

7. Em 1953. O primeiro folheto foi "ABC da Dança".

8. Já tenho em médio 300 obras escritas, entre 8 páginas, 16 e 32. Os mais vendidos é difícil de explicar, porque graças a Deus todos são bem vendidos. As vendas variam por questão e safra entre safra.

9. Eu mando imprimir, e já vendi alguns originais.

10. Eu vendo aos revendedores e saio também para vender.

11. Estas qualidades são: bravura, humorismo e casos verídicos.

12. N/R

13. Bem, até certo ponto representa, isto é, dentro do campo da poesia o pensamento do poeta vai muito além de outros pensamentos quaisquer. O pensamento do poeta popular é conjugado com o seu repertório, um alimentando o outro. Se o repertório chegar a se esgotar, o poeta também está liquidado. Quanto aos valores, o poeta popular em si já tem este valor em comum porque ser poeta é um dom da Natureza.

JOSÉ JOÃO DOS SANTOS[238]

José João dos Santos "Azulão", Feira de São Cristóvão, 1978

1. José João dos Santos (Azulão).

2. Rua da Caixa, n. 11, Engenheiro Pedreira, Est. do Rio. CEP 26400.

---

[238] Vi, ouvi e tirei fotos de Azulão primeiro em 1966 na Feira de São Cristóvão no Rio de Janeiro. Através os anos acompanhava a carreira dele e escrevi várias linhas sobre o mestre em artigos e livros. Considero Azulão a ser o maior e melhor dos poetas de cordel na grande urbe do Rio de Janeiro, e de todo o Brasil, na época "moderna" do cordel (anos 1960 para cá em 2014). Não é possível fazer jus ao homem ou a sua obra aqui. Basta dizer que apesar de não estarmos em contato hoje em dia, ele devia ser homem de, quem sabe, 300 a 500 títulos de cordel. E o verso não é pouca coisa; Azulão é ótimo poeta popular de cordel com títulos já consagrados. E há mais: começou como cantador-repentista e chegou a ser um dos melhores do Brasil. Voltei a vê-lo em São Cristóvão em 1969, 1973, 1978, 1985 e talvez mais. Ouvi-o como cantador-repentista no Congresso Internacional de Filologia (a seção de cordel) em Niterói em 1973. Mas, importante na minha memória foi outro encontro: em 1966 ou 1967 no Largo de Machado no Rio onde o poeta participava no "elenco" de Bumba Meu Boi na praça, patrocinado pela prefeitura do Rio, mas, "brilhando" em um bar pé-sujo ao lado da praça, nos intervalos do folguedo popular, quando recitava, improvisava e os versos brotaram-lhe como flores em um belo jardim. O privilégio foi meu, antes e agora. Acho que foi reconhecido nos "100 Anos de Cordel" em São Paulo como o mestre que era e é. Só não falo mais, por uma falta de informações atuais, mas, sim, li a maior parte de suas obras de cordel, e posso só oferecer minha admiração. Espero que ele chegue a ver este livro!

3. Sapé, Paraíba. 8 de janeiro de 1932.

4. Quarto ano, primário.

5. Vivo somente de poesia. Escrevo, publico e vendo as minhas obras e também canto de viola fazendo desafio com outros colegas.

6. Porque vi que com a viola não dava para viver dessa profissão, então com a poesia escrita era mais fácil de sobreviver.

7. Em 1949 escrevi o primeiro cordel com o título "Peleja de Azulão com Francisco Camilo".

8. Já vou escrevendo 96. Os mais vendidos: "Fera da Penha", "Vida e Morte de Getúlio Vargas", "A Saia que Suspendeu", "O Trem da Madrugada", e, "Os Namorados de Hoje". (Este autor fala de quase todos eles em "Retrato do Brasil em Cordel", São Paulo, Ateliê, 2010.)

9. Eu mando fazer os meus folhetos, e, também os vendo para outros editores quando primeiro tiro algumas edições.

10. Eu mesmo os vendo, e, também entrego para revendedores.

11. São os de humorismo criticando as modas da sociedade atual.

12. N/R

13. Os poetas populares contribuem muito para o engrandecimento da nossa cultura, tanto no ponto de vista das rimas como nas imagens poéticas e filosóficas.

MANOEL CAMILO DOS SANTOS[239]

Manoel Camilo dos Santos, Poeta e Editor de Cordel, Campina Grande, Paraíba, 1966

1. Manoel Camilo dos Santos.

2. Rua Mato Grosso, 202, Monte Castelo, Campina Grande, PB.

3. Guarabira, PB. 9 de junho de 1905.

4. Primário.

5. Exclusivamente vivi da poesia 40 anos, de 1936 a 1976. Daí para cá tenha a pequena aposentadoria de CR $470.

---

[239] Manoel Camilo era informante importante no livro "A Literatura de Cordel" em 1973, contribuindo uma bela entrevista escrita ao livro. Esta vez talvez escrevesse menos, mas ainda em 1979 era poeta "ícone" do cordel. Tivemos o prazer de entrevista-lo em frente de sua casa-tipografia modesta em Campina Grande em 1966.

6. Porque desde pequeno que gostava de ler folhetos.

7. Em cordel (poesia escrita) em 1940; antes, porém, cantei ao som da viola quatro anos.

8. Até o ano de 1975 fui diplomando pela Universidade Regional do Nordeste (Sediada em Campina Grande), eu havia escrito e publicado 137 obras literapoéticas de 8 a 54 páginas, uma média de 18.000 estrofes, fazendo um total de 3.600 páginas. Mas de lá para cá já escrevi mais de 60 outras, podendo assim afirmar que sou autor de umas quase duzentas obras de cordel.

9. Até o ano de 1965, eu imprimia em minha própria oficina, pois possuía 3 máquinas impressoras. Hoje, porém, (com grande dificuldade) estou imprimindo fora.

10. Vendo-os em casa, em grosso e não a varejo.

11. Todas as qualidades que tenho feito têm sido bem aprovadas e da pronta venda.

12. Não posso frisar bem o modo de pensar de meus colegas, eu, porém, penso que o valor da classe depende dos senhores Intelectuais.

13. N/R

Nota do autor: Manoel Camilo não teve nada a provar; só há de consultar os folhetos dele no acervo em Campina Grande na Universidade Regional ou ainda na Fundação Casa de Rui Barbosa no Rio para ver a qualidade e o vasto universo de seus títulos. "Viagem a São Saruê" ainda fica o mais conhecido.

VALERIANO FELIX DOS SANTOS

1. Valeriano Felix dos Santos.

2. Cotegipe, Simões Filho, Bahia.

3. Palmares, Município de Riachão do Dantas, Estado de Sergipe.

4. Secundário.

5. Funcionário público federal, jornalismo, publicidade.

6. Por achar que fosse mais fácil divulgar minhas ideais e sentimentos.

7. 1948. "Salve o Exército Brasileiro". Eu era um soldado naquele ano.

8. Já perdi a conta. Os editados por mim são distribuídos gratuitamente e por outras editoras, muitos já estão em quarta e quinta edições. "A Mulher que Casou Dezoito Vezes", "Pistoleiros do Norte", e, "A Volta de Lampião" são os mais vendidos.

9. Mando imprimir com patrocínio publicitário e sua distribuição é gratuita.

10. As vezes colegas vendem quando lhe dou o título de colaboração.

11. São s de serem os únicos patrocinados e com distribuição gratuita, o que é feita através das firmas patrocinadoras.

12. Sim.

13. Os trovadores são apolíticos e não escrevem por paixões cruéis; como poetas, seus ideais são sublimes e elevados, olhando do alto para a Humanidade; querem o que lhe seja bom, a paz, o verdadeiro amor, a verdadeira verdade; esse valor é eterno e parece ser a inspiração de todos os trovadores do mundo; Cristo não foi trovador, mas, foi poeta; não escreveu nenhum poema, como não escreve o rouxinol que canta; Cristo não escapou a Cruz nem o rouxinol a gaiola; ambos demonstram-nos um mesmo prazer natural dos que sofrem: A LIBERDADE.

ALBERTO PORFÍRIO DA SILVA

1. Alberto Porfírio da Silva.

2. Rua Barbalha, n. 25, Bairro Demócrito Rocha, Fortaleza, CE.

3. Quixada, Ceará. 23/12/1926.

4. Curso secundário.

5. Por motivo das dificuldades atuais em relação aos trabalhos tipográficos, raramente estou escrevendo. E sou fotógrafo.

6. Preocupado com o comportamento sócio familiar resolvi escrever o meu primeiro folhetos: "Conselhos ao Filho Mal Educado".

7. Iniciei em 1953. Com o livro acima citado.

8. Escrevi 12 folhetos de 8, 16, e 32 páginas sendo os mais vendidos "Os Crimes do Mata Sete" e "A Aposentadoria dos Velhos".

9. Mando-os imprimir, e, eu mesmo faço a venda.

10. Eu mesmo faço a venda.

11. Acho ser mais própria por ser essa literatura dirigida a pessoas necessitadas de informações, a literatura cunho moral.

12. Sim. Deveriam ser eles uma classe assistida e tida como portadora da cultura, e, ao mesmo tempo, orientadora.

13. O cordelismo deve ser uma profissão orientada e coordenada a bem da expansão da cultura nos meios mais simples.

BENONI CONRADO DA SILVA

1. Benoni Conrado da Silva.

2. Rua Mons. Vicente Martins, 1295 (Bairro João XXIII) 60.000. Fortaleza, Ceará.

3. Fortaleza. 8 de dezembro de 1938.

4. Segundo grau.

5. Sou cantador-violeiro e escrevo cordel. São estas minhas fontes de renda.

6. Porque além de viola, seria uma fonte de renda e ao mesmo tempo estaria dando mais vida ao folclore de nossa terra.

7. Como cantador-violeiro iniciei em 1959.

8. 12 folhetos. "Vida e Morte do Cego Aderaldo" e "Cantador Não É Vaqueiro, pra Usar Roupa de Couro". Tenho dois discos gravados: "Violas-Desafios" e "Folclore Não Tem Idade".

9. Alguns mando imprimir, outros vendo os direitos.

10. A maioria é vendida por mim em ocasião de programas que faço.

11. Variar o tamanho dos folhetos e às vezes dois estilos num só folheto.

12. Sim.

13. Os valores são comuns porque escrevem o mesmo estilo. E a maneira de pensar, eles têm uma fantástica criatividade como os grandes cordelistas do Nordeste: Leandro Gomes de Barros, Joaquim Batista de Sena e outros.

EXPEDITO FERREIRA DA SILVA

O Autor, Franklin Machado e Expedito F. da Silva, Feira de São Cristóvão, Rio, 1996

1. Expedito Ferreira da Silva.

2. Rua 11 de Novembro, n. 29, Engenheiro Pedreira, RJ.

3. 14/08/1933 em Belo Jardim, PE.

4. 1ª. Série ginasial.

5. Não. Sou reformado pelo Ministério da Marinha.

6. Por amor a poesia popular.

7. Comecei cantando folhetos em 1948. Primeiro escrito: "O Adeus do Presidente Kennedy".

8. Já escrevi 70 e poucos folhetos. Os mais vendidos foram "O Monstruoso Crime da Graça na Bahia", "A Chegada de Roberto Carlos no Inferno", "O Casamento de Caetano Veloso", "A Moça que Foi Confessar em Minissaia", "A Cega que Partiu um Menino em Nazaré das Farinhas Bahia". Estou lançando "O Filho de Juvenal e o Dragão Vermelho". Vai ter êxito. E "A Sangrenta Luta no Seridó". "O Turismo Brasileiro n Literatura de Cordel".

9. Eu mando imprimir e vendo os direitos para outros editores credenciados.

10. Eu mesmo vendo meus folhetos em São Cristóvão aos domingos e também permuto com poetas amigos como Rodolfo C.C. e outros.

11. É o folheto romanceado de 32 páginas.

12. Sim.

13. O poeta de cordel de um modo geral é gente simples e dedicada aos acontecimentos. Há outros quase analfabetos, mas dedicados à literatura de cordel que foi a maior riqueza que Deus nos deu.

JOSÉ FERREIRA DA SILVA

1. José Ferreira da Silva.

2. Rua Dep. Petrônio de Figueiredo, n. 54, Bayeux, PB. 58305.

3. Santa Rita. 16/04/1935.

4. Nível médio (sem mestres).

5. Sou militar reformado do exército e vendedor autônomo.

6. Para criar mais um campo profissional para minha sobrevivência.

7. Em 1960. Meu primeiro livro traz por título "O Mundo da Poesia" editado no dia 28/04/78. Segundo folheto "Laurentino e Albertina".

8. Um livro de poesias diversas e um romance "Aventuras de Laurentino e Albertina em o Ego, o Eu, e a Alma". Os mesmos foram bem vendidos.

9. Embora com dificuldade, eu mesmo mando imprimir.

10. É relativo, tanto vendo como mando vender.

11. Romance, peleja de cantadores, prosas e livro popular.

12. Sim, é muito complexo.

13. No BRASIL, em cada Estado há de uma ou duas associações de Cantadores e escritores cordelistas que com política de bairrismo e regionalismo dificultam as coisas, tornando-se até desagradável a maneira de pensar e de agir. De cada um, porém, a mais certa é a ORDEM BRASILEIRA DOS POETAS DA LITERATURA DE CORDEL, de âmbito nacional. Sediada em Salvador – Bahia. Caixa Postal 916. Código: 40.000. PRESIDENTE: RODOLFO COELHO

CAVALCANTE. Porém no que me concerne, todos são valores, pois no BRASIL ainda não existe reinado e nem coroa para os poetas de cordel. São todos iguais com exceção de RODOLFO, SEVERINO PINTO DO MONTEIRO, PB, LOURIVAL BATISTA PATRIOTA, PE e mais alguns.

MANOEL CABOCLO E SILVA[240]

Manoel Caboclo e Silva, Astrólogo, Poeta e Editor de
Cordel, Juazeiro do Norte, Ceará, 1966

1. Manoel Caboclo e Silva.

2. Juazeiro do Norte, CE.

3. 2 de janeiro de 1916.

---

[240] Como mencionei antes, conheci Manoel Caboclo e Silva em Juazeiro do Norte em 1966 e entrevistei-o em sua casa humilde com gráfica ao lado. Com muita gentileza me recebeu e contou alguns detalhes da vida. Soube eu depois que tinha começado a carreira trabalhando na famosa gráfica de José Bernardo da Silva, "A Typografia São Francisco", com muitas máquinas impressoras e um estoque que incluía a obra de Leandro Gomes de Barros e João Martins de Ataíde, tudo comprado legitimamente por José Bernardo no fim dos anos 1950. Manoel, conhecido antes como autor e editor do almanaque referido, depois comprou o estoque de Joaquim Batista de Sena e reeditou muitas obras do mestre de Fortaleza.

4. Autodidata.

5. Como poeta, escritor de um almanaque "O Juízo do Ano", e editor.

6. Pelo simples fato de ter me servido da poesia para aprender a ler, valeu-me de arrimo em 1942 quando a seca assolava o Nordeste.

7. Antes já escrevia poesias em 1940 vendidas para outros dando também o nome a outro poeta de melhor qualidade e mais conhecido do povo. Com meu nome foi em 1970.

8. Uns 30 folhetos e romances. O mais vendido foi "Nossa Senhora Chorando Falou a Menina de 10 Anos". Cheguei a vender 45 milheiros, este já com meu nome foi o primeiro.

9. Vendo poemas sem imprimir, imprimo os que não vendo a outros. Mando imprimir os de mais páginas em outras gráficas.

10. Vendo os próprios, e, vendo também a revendedores (todas as vendas são apenas arrimos de vida).

11. "Juvenal e Cristina", "Chico Cobra Choca na Pega do Lubisome", "Geraldo e Madalena", "Os Valentões", "Casamento do Negrão", etc. Uns mais e outros menos, mas todos vendem bem.

12. Sim. São porta-vozes das histórias ocorridas no passado, são os continuadores dos grandes poetas CASTRO ALVES, etc.

13. Poesias com alma, sentimentos populares, amores e seus episódios, recordações, tragédias, etc. Um panorama feito com alma e coração do poeta.

MINELVINO FRANCISCO SILVA[241]

1. Minelvino Francisco Silva.

2. Rua dos Trovadores, 591, Bairro Santo Antônio, 45600 Itabuna, BA.

3. Fazenda Olhos D'Agua, 29 de novembro de 1926.

4. Zero.

5. Sim, com os livrinhos de cordel já criei a família e vivo feliz.

6. Por não ter outra profissão que desse para resolver meus problemas.

7. Em 1949 fiz o primeiro folheto intitulado "A Prisão de um Poeta em Pidoba-Assu".

8. Uns 500 e tantos.

9. Os meus folhetos eu mesmo os imprimo. Os direitos autorais. Já vendi alguns e tenho muitos para vender desde quando seja por uma quantia que me interessar.

10. Eu vendo e tenho também revendedores.

11. Para mim é o tema religioso com explicação para a vida eterna.

12. Sim. Nossos folhetos têm 3 poderes: 1 De alegrar os tristes 2 De desenvolver os menos desenvolvidos 3 De dar um bom exemplo.

---

[241] Conto Minelvino como um dos poetas mais importantes da região da Bahia nos anos 1940, 1950 e 1960. Lamento nunca ter tido a oportunidade de estar com ele. Conhecido como o "Trovador Apostólico", escrevia joias de poesia popular na Bahia, inclusive obras importantes da festa de Bom Jesus da Lapa que frequentava anualmente para pagar promessa e vender seus folhetos. A escritora Edilene de Matos já tratou de maneira admirável a obra deste poeta.

13. Verso:

Eu mesmo escrevo o livrinho.

Eu mesmo faço o clichê.

Eu mesmo faço a impressão.

Eu mesmo é quem vou vender.

E canto na praça pública.

Para todo mundo ver.

JOSÉ SOARES[242]

1. José Francisco Soares (José Soares Poeta Repórter)

2. Rua 1, n. 304, Cajoeiro Seco, Praser, Jaboatão, PE.

3. Campina Grande, PB. 4 de janeiro de 1914.

4. Estudei somente o primário.

5. Atualmente vivo só de literatura de cordel. Como fonte de renda, apenas um banca de folhetos onde vendo meu produto, isto é, folhetos.

6. Fiz a primeira tentativa mais por vaidade de que por necessidade. Acho que vem de família, pois sou sobrinho do famoso Inácio da Catingueira, tenho dois primos violeiros, um filho e uma filha que escreve folhetos.

7. Escrevi o primeiro folheto em 1929, na época com 15 anos de idade. O título: "A Descrição do Brasil por Estados", 16 pp.

8. Até aqui escrevi a publiquei 290 títulos. Tenho vendido uns 100, e, tenho uns 80 inéditos. Os mais vendidos: "A Morte do Bispo de Garanhuns", 108 mil exemplares; "A Renúncia de Jânio Quadros", 60 mil exemplares; "A Morte de Getúlio Vargas", 43 mil exemplares; "O Assassinato de Kennedy", 60 mil exemplares; "A Morte de Juscelino", 61 mil exemplares; "A Morte de Evaldo Braga", 25 mil exemplares; "A Morte do Deputado Alcides Ferreira", 51 mil exemplares; "A Perna Cabeluda", 37 mil exemplares; "A Copa do Mundo de 70", 23 mil exemplares; e outros de menos vendagem.

---

[242] Como já mencionei, não cheguei a conhecer José pessoalmente, culpa minha. Ele devia estar muitas vezes no Mercado São José quando andei por lá em 1966 e 1967. Mas, muitos de seus folhetos aparecem em meus livros, entre eles, os de reportagem e os fenômenos. Seja como for, estou, sim, em contato com o filho Marcelo quem já entrevistei em Santa Fe, Novo México, em 2009.

9. Eu mando imprimir todos meus folhetos na Gráfica Capibaribe Ltda., Av. Beberibe 1310, Arruda, Recife.

10. Eu mesmo vendo uma parte dos meus folhetos. A outra parte é vendida pelos revendedores.

11. As qualidades que acho próprias dos meus folhetos são aquelas que criei que não precisam de manchete de jornais, notícias de rádio ou televisão. São imaginários.

12. 13. Concidero os poetas como classe, porque chamamos comumente a classe dos poetas muito embora temos entidade de classe em Olinda da qual sou tesoureiro.

FRANCISCO PERES DE SOUZA

1. Francisco Peres de Souza.

2. Bairro Caixa D'Agua, 243, Piripiri, Piaui.

3. Piracuruca, Piaui. 01 de abril de 1939.

4. Autodidata.

5. Sim.

6. Por vocação e por necessidade.

7. 1955, sendo meu primeiro folheto "O Menino Sofredor".

8. 40. Sendo os mais vendidos: "As Sete Cidades Encantadas do Piaui", "O Piaui de Hoje", "O Homem que Era Ateu", "A Moda Perigosa e o Castigo Divinal", "Padre Domingos de

   Freiras e Silva Fundador de Piripiri", "As Santas Palavras do Padre Cícero do Juazeiro e o Bilhete Encontrado pela Santa Beata Mocinha sobre ao Corrupção do Mundo", "As Aventuras do Soldado Lourival pelo Amor da Princesa Elizabete".

9. Mando imprimir e vendo versos de outros autores.

10. Vendo meus próprios folhetos.

11. Na finalidade lucrativa, os da minha autoria me deixam uma maior margem de lucro.

12. Os pensamentos nunca são iguais, pois variam de gênero.

13. Em minha opinião, quando um poeta chega a transformar uma história em rimas, mesmo sendo uma história já contada por outros, existe diferença na maneira de rimar.

JOSÉ FRANCISCO DE SOUZA

1. José Francisco de Souza.

2. Rua Três, n. 85, Jardim Nove de Julho, cep 03951, São Mateus, SP.

3. Cidade Alagoa Grande, PB. 11 de abril de 1937.

4. Primário completo (sou autodidata).

5. Vivo da profissão de cantar e escrever cordel, de "shows", palestra sobre a literatura de cordel, repente e viola.

6. N/R.

7. Comecei a escrever cordel em 1958. Meu primeiro folheto teve o título "A Seca Devoradora e os Lamentos da Pobresa".

8. Sou profissional de viola há 10 anos. Sou contratado pela Gravadora Chantecler, contrato de quatro anos.

9. Eu mando imprimir, por minha conta, e costumo vender nas cantorias. Faço 2.000 em cada edição, não vendo originais a não ser que aparece bom negócio, ou, quando escrevo para outros, escrevo sobre assuntos comerciais.

10. Costumo vender meus folhetos nas cantorias que faço nas faculdades, exposições, e feiras de artesanatos.

11. Não entendi bem esta pergunta. Porém, as qualidades dos meus trabalhos são: Gosto muito de trabalhos sérios; não escrevo assuntos pornográficos nem satirismo indesejáveis. Sou espiritualista; mesmo se não fosse, não adotaria este tipo de coisa.

12. 13. O escritor da literatura de cordel por si já tem seu valor, quando é profissional e respeita o dom de POETA e quando é bom poeta. Dentre nossos poetas, temos pessoas de muito respeito, embora tenhamos vários deturpadores da arte, muitos elementos que se diz poeta sem ser. Nesse assunto precisaria que o nobre Dr. Mark ou outro pesquisador examinasse cuidadosamente para não confundir poeta com poetaço e nem repentista com simples carregador de viola. Eu estou falando muito em cantador porque temos cantadores que são também escritores da literatura de cordel.

II. Apêndice II: Informações sobre os Editores da Literatura de Cordel

Nota: Recebemos só catorze respostas de editores de cordel. Inclusive, umas das editoras mais importantes não responderam ao nosso pedido, entre elas, a Luzeiro Editora de São Paulo e a Tipografia das Filhas de José Bernardo da Silva de Juazeiro do Norte. Talvez houvesse uma dificuldade com o correio ou mesmo, uma falta de tempo ou vontade. Assim é que nossas informações poderiam ter sido mais completas se não tivéssemos estas lacunas. Outra dificuldade com esta parte do questionário foi o seguinte: existiu certa confusão entre os poetas mesmos se deviam ou não responder a esta parte do dito questionário. Hoje, como se vê, com a exceção de uns poucos poetas, mesmo os poetas que se consideram editores **mandam imprimir** os folhetos fora de casa em gráficas não necessariamente dedicadas exclusivamente à literatura de cordel. A situação era menos nublada uns anos atrás quando muitos dos poetas tinham suas próprias gráficas e máquinas impressoras, e, imprimiam suas próprias obras além das de outros poetas (como o caso de Manoel Camilo dos Santos). Esta mudança em si nos ensina muito da situação de hoje em dia. E, devem os dizer que não tivemos conhecimento dos nomes e endereços de todas as editoras atuais de cordel. Mas, acreditamos que, mesmo assim, as informações que apresentamos são valiosas e dão um bom retrato da situação de hoje em dia das editoras pequenas da literatura de cordel. Sejam verdadeiros editores, ou não, apresentamos as respostas recebidas.

A.   Propósito: Atualizar os Conhecimentos de Estudiosos Brasileiros e Estrangeiros da Situação dos Editores da Literatura de Cordel

B.   Perguntas Feitas aos Editores:

1. Nome completo:

2. Endereço atual:

3. Lugar e data de nascimento:

4. Nome da Casa Editora ou do Editor:

5. Ano em que começaram as operações da editora:

6. Número de folhetos publicados cada ano:

7. Nome dos autores cujas obras são publicadas nesta editora:

8. Como é o sistema de pagamento de direitos autorais nessa editora?

9. Como é o sistema de venda de folhetos?

10. Há uma qualidade especial ou pessoal que marca a produção de folhetos nesta casa editora?

11. O custo de imprimir e vender folhetos de cordel subiu de maneira exagerada nos últimos anos. Comente.

12. Quais são os fatores principais que explicam o aumento (ou o declínio, se for o caso) na produção de folhetos nesta editora nos últimos dez anos?

As respostam seguem.

JOSÉ MARQUES DE ANDRADE (ZÉ DUDA)

1. José Marques de Andrade (Zé Duda).

2. N. 57006 (incompleto).

3. 29/09/1915, Pernambuco.

4. GED.

5. 1940.

6. Vários.

7. Expedito F. Silva, Cícero Vieira (Mocó).

8. Cada livro é pago à editora.

9. A revendedores e nas feiras.

10. Todos são iguais.

11. Muito mais do que antes.

12. Preço de máquinas, material de papel e impressos.

ABRAÃO BATISTA

Xilógrafo, Poeta e Editor de Cordel, São Paulo, 2001

1. Abraão B. Batista.

2. Caixa Postal 104, Juazeiro do Norte, CE 63180.

3. 04/04/1935.

4. Agora ultimamente trabalho assim: a composição do folheto é feita numa gráfica, impressão noutra gráfica, dobragem, encadeamento e apronto em minha casa. A esposa e os filhos ajudam nessa tarefa.

5. N/R

6. N/R

7. Expedito Sebastião de Silva.

8. É simples: $200 (duzentos cruzeiros) por folheto de 16 páginas.

9. Variável: à vista, em consignação, crediário.

10. N/R

11. Um folheto que me custava na gráfica 0,15 por unidade (exemplar) hoje está custando 0,50! Veja: de 15 centavos para 50.

12. Sim. Agora noto a pergunta. Nesses dez anos, o primeiro me custou 10 centavos cada exemplar. Com a crise de petróleo, desandou tudo.

JOSÉ FRANCISCO BORGES

José Francisco Borges, Xilógrafo, Poeta e Editor de Cordel, São Paulo, 2001

1. José Francisco Borges.

2. Av. Capitão Eulino Mendonça, 193, Bezerros, PE 55660.

3. Sítio Poroca, Município dos Bezerros, PE. 20/12/1935.

4. Folhetaria Borges.

5. 1974.

6. 50.000 exemplares.

7. Publico dos seguintes autores: José Francisco Borges, Vicente Vitorino Melo (de Caruaru), José Costa Leite (de Condado, PE), João Vincente Emiliano (de Vitória de Santo Antão, PE), Francisco Sales Areda (de Caruaru), Caetano Cosme da Silva (de Campina Grande, PB), e Manoel Leite Filho (de Bezerros).

8. Quando alguma editora interessa comprar um original, paga com quantidade de folhetos no lugar de dinheiro e fica com direito para o resto dos tempos sem o autor perceber mais nada.

9. Os folhetos são vendidos aos agentes a um preço bem barato, e os agentes vendem aos revendedores. A gráfica ganha $ 0.30 centavos em cada em qualquer tamanho.

10. São feitos de acordo a saída e não marcam quantos são feitos durante um grande período.

11. O custo do folheto subiu porque tudo subiu, e, o papel é comprado de pouco, as retalhistas. Nenhum de nós poetas podemos comprar direto na fábrica porque nem temos **inscrições** e nem dinheiro para comprar-se muito.

12. Eu aumentei um pouco porque eu sou o gráfico, o escritor, o ilustrador. Finalmente, faço tudo, junto aos filhos pequenos inclusive a mulher que também ajuda na confecção. E, faço a gravura em tamanhos grandes que me ajuda nas despesas da família. Também não uso farras nem luxo. É somente gastos necessários. Alguns faliram porque não tinham esta maneira de trabalho.

RODOLFO COELHO CAVALCANTE[243]

Medalha de Ouro, Salvador

1. Rodolfo Coelho Cavalcante.

2. Caixa Postal 916. Salvador, BA 40.000.

3. Rio Largo, Estado de Alagoas, 12 de março de 1917.

4. "Casa do Trovador"

5. 1945. Não é editora, e, sim, eu edito os meus folhetos e de alguns companheiros quando quero ajudá-los.

6. Ultimamente um folheto mensal a dois, com tiragem de 4 milheiros.

---

[243]   É bom lembrar que ao fim da carreira Rodolfo contava 1.700 títulos de cordel publicados, ou por sua autoria ou de outros editados por ele, talvez o número maior de todo o cordel.

7. Alípio Bispo dos Santos, Berto Santos, uma vez lá por outra, mais são os meus próprios.

8. Quando publico um folheto de um colega, não compro propriedade. Apenas publico uma vez, dando-o 20 por cento. Cinco milheiros, dou mil exemplares pelo direito de publicação.

9. Vendo-os na minha agência e eu mesmo vou vendê-los nas ruas e nas feiras.

10. Eu publico folhetos engraçados, de outros autores, ou de títulos sugestivos que o povo compra.

11. Publicava há dois anos atrás a 100,00 (cem cruzeiros) o milheiro, saía a 0,10 (dez centavos cada e vendia a CR $0,40 centavos cada e os revendo a CR$ 0,60. Preço de capa até CR$ 5,00. Mas, se vende mesmo a CR$ 2,00; mais o povo não dá. Estamos prevendo outras altas, por isso vamos logo aumentando na capa o preço.

12. Caiu bastante o folheto impresso por mim devido aos folhetos bem confeccionados e ilustrados da Luzeiro Edta. Ltda. de São Paulo, que são mais vistosos e mais caros, deixando melhor lucro para os revendedores. Os nossos folhetos saem mais quando nós, os autores, os vendemos.

GILBERTO MENDES FARIAS

1. Gilberto Mendes Farias.

2. Avenida José Paulino, 413, Caixa Postal 11, Campo Maior, Piaui, 64280.

3. Groaíras, CE. 10 de maio de 1938.

4. "Gráfica Mendes".

5. Como funcionário: desde 1951; como proprietário: de 1958 a esta data.

6. Média de 10 novos e 30 reeditados.

7. José Vieira da Silva (Sobral, CE) – falecido. José Cordeiro da Silva (Piripiri, PI) – falecido. João Vicente da Silva (Campo Maior, PI), Francisco Peres de Souza (Piripiri, PI), e, muitos outros que não posso relacionar. José Cunha Neto é o poeta do momento que mais tem publicado nesta gráfica.

8. Fiado para pagar no apuro, com pagamento de parte da encomenda, restante contra entrega, e antecipado quando não temos conhecimento do mesmo.

9. A encomenda é feita direta com o grossista, geralmente o autor, que os revende aos outros colegas.

10. Sim. Quando se trata de coisa de assombração ou coisa da moda a tiragem inicial é de 5.000 a 10.000. Quando de trata de reedição fica na faixa de 2.000 a 5.000 no máximo.

11. Demais. Devido a mão de obra e a inflação. Há 5 anos fazia 1000 versos (folhetos) CR$ 200.00. Hoje custa CR$ 1.000,00 o milheiro.

12. Houve um declínio de quantidade de versos (folhetos) feitos por essa gráfica, entretanto, houve um aumento de tiragens devido os custos dos mesmos, ou seja:

O grossista manda imprimir 5 a 10 mil folhetos e paga um preço unitário de por acaso (no momento) 0,60 ou 0,45, e, para quem vai fazer apenas 1.000 exemplares, paga no momento CFR$ 1,00 a unidade. O vendedor de feira prefere compra-los do grossistal, pois compra de 100, 200, etc., embora o grossista seja um vendedor em potencial.

JOSÉ CAVALCANTI E FERREIRA (DILA)

1. José Cavalcante e Ferreira – Dila (no cordel). (Nos documentos: José Soares da Silva).

2. Rua Antônio Satu, 36, Bairro Riachão, Caruaru, PE 55100.

3. Cidade de Barbalha, CE, 17 de setembro de 1905.

4. Gráfica Sabaó (Artfolheto São José)

5. Em máquina impressora em 1957.

6. Entre meus e particulares, 30 qualidades.

7. Quase todos estes poetas são de cidades distantes e que sempre vivem se mudando. Darei endereço depois porque vou selecionar certos e mandarei de imediato.

8. Com a alta do papel fiz cinco anos que deixei de editar. Ficarei fazendo os meus em particular, mas posso dizer: em mil folhetos o autor tem 200 exemplares ou a compra de seu original.

9. (Grosso e varejo) 8 páginas – CR$ 3,00. 16 páginas – CR$ 5,00. 32 páginas até CR$ 10,00. (Isto em meio de feira). Em grosso tem grande desconto, quase o preço de impressão.

10. Há de grande interesse porque isto dá nome ao Editor ou Poeta que obedecer esta temática.

11. Não vai de acordo à mão de obra, permanece aos 20 por cento do aumento comercial, como consciência de nossa profissão.

12. Meus aumentos é o que falei do material, e, quanto vendo ou o que faço não dá para ficar sobra. Isto é prova da Cultura de maneira de vocês ajudarem nossa literatura que conhecemos e agradecemos a vocês no Sul e do Exterior. Só Deus paga o que vocês fazem pelos poetas do Nordeste. Levando o nosso nome mais distante do rincão a aonde a luz do sol clareia; é a todo vocês que devemos o crescimento do cordel.

JOAO CARNEIRO FONTENELE FILHO

1. João Carneiro Fontenele Filho.

2. Rua José Arcanjo, n. 10, Martinópole, CE.

3. Nascido a 9 de maio de 1921na cidade de Granja, Ceará.

4. Editado em várias gráficas.

5. Inícios de publicação: 1941.

6. Dez mil (10.000).

7. Folhetos de João Carneiro Fontnele Filho (o autor).

8. Pagamos de acordo com o tamanho de cada livro, ou paginário, como também de acordo com a quantidade. Pagamos a vista, e não crediário. Pois todo poeta é pobre e não tem ajuda dos homens.

9. Vendemos a vista e no crediário ao agente revendedor.

10. Está dependendo da gráfica e seu poeta que a busca, se esta tiver perseverança de acordo também com os artigos, se este tiver ou não boa aceitação pelo consumidor.

11. Devido a salários mínimos no Brasil e tamanho custo de vida e transportes caríssimos. Tudo encarece de dia a dia; sobe papel, mão de obras e outros materiais. Por isso, nos custa caro.

12. É somente o que acima indica capítulo II: é o custo de vida, papel, transportes e outras matérias, que, tudo isso dentro desta evolução faz dificultar a compra pelo consumidor ou admirador. Por esses motivos não podemos vender grandes números e, sim, quantidades resumidas; não é por falta de vontade do consumidor.

JOSÉ COSTA LEITE

José Costa Leite, Xilógrafo, Poeta e Editor de Cordel, João Pessoa 2005

1. José Costa Leite.

2. R. José Malheiros, 72, Condado, PE 55940.

3. Sapé, PB. Em 27/07/1927.

4. "A Voz da Poesia Nordestina".

5. 1950.

6. Dez ou doze.

7. Diversos com destino ignorado e alguns já faleceram.

8. (10 x 100) 10 % da tiragem.

9. Grosso e retalho (exposição).

10. Não.

11. `A medida que cresce o custo de impressão e a mão de obra, diminui a aceitação pelo povo.

12. Vários fatores, o rádio de pilha, o disco de violeiro, o TV, a revista em quadrinho, o livro de bolso, etc. etc.

CAROLINO LEOBAS

1. Carolino Leobas de França Antunes.

2. Q.N.M. 24 – Conjunto K – Lote 1 – Ceilândia Norte, Brasília, DF.

3. Dia 15 de julho de 1904 na fazenda Caruá, Município de Remanso, Estado da Bahia.

4. "Gráfica Valcy", o mesmo nome o editor.

5. 1972.

6. Varia de 2 a 3 obras por ano.

7. N/R.

8. Não tem.

9. A varejo e a grosso.

10. Não.

11. Sim.

12. O custo de vida.

FRANKLIN MACHADO

O Autor, Franklin Machado, Expedito F. Silva, Feira de São Cristóvão, 1996

1. Franklin de Cerqueira Machado (Maxado Nordestino).

2. Rua Augusta 1, 524 – Loja 55 – São Paulo – SP 01304.

3. Feira de Santana, Bahia, em 15 de março de 1943.

4. N/R.

5. 1975.

6. Média de dez.

7. Até o momento, somente publiquei obras minhas.

8. N/R.

9. Pessoalmente, na rua. Ou dando desconto para revendedores. Algumas vezes, colocando em consignação, oferecendo uma porcentagem.

10. Procuro conservar a tradição, observando o tamanho, a forma, o papel, etc. Entretanto, adoto uma linguagem mais correta e atualizada, recriando velhos temas ou falando de coisas sulistas mais próximas.

11. Não tanto. O papel e a gráfica sobem de custo, mas ainda é um quarto do preço do folheto, aproximadamente. Vendo-os aqui a CR$ 4,00 ou menos um pouco no varejo, e, eles me saem por CR$ 1,00 mais ou menos.

12. Desde que comecei, venho numa mesma tiragem regular. Nem aumento nem diminuo.

JOSÉ JOÃO DOS SANTOS

José João dos Santos, "Azulão," Rio, 1978

1. José João dos Santos (Azulão).

2. Rua da Caixa, n. 11, Engenheiro Pedreira, 25.400, RJ.

3. Sapé, Paraíba do Norte, 8 de janeiro de 1932.

4. "A Voz da Poesia".

5. 1952.

6. 10 ou 12.

7. N/R.

8. O autor recebe uma quantia no valor de um milheiro de folhetos ou então recebe mil folhetos sortidos para vender que assim dá mais resultado depois de vendido.

9. Os de 16 páginas por um preço menor do que os de 32 páginas.

10. Não há marcação, pois quando o editor adquire os direitos, pode tirar a quantia que bem quiser, conforme a saída do folheto.

11. Subiu sim, que ficou difícil para os poetas que escrevem publicar seus próprios folhetos sendo obrigados a vendê-los para os editores.

12. Os fatores principais são primeiro, o aumento do papel que só as grandes empresas têm facilidade de adquirir, segundo, os salários de alguns operários como o linotipista e gráfico que dobraram.

JOÃO VICENTE DA SILVA

1. N/R.

2. N/R.

3. N/R.

4. N/R.

5. N/R.

6. N/R.

7. N/R.

8. Imediato de acordo com o crédito ou de parcela.

9. Cantar os mesmos para chamar atenção do público nas feiras e nas praças.

10. Não, de uma vez que não tiramos menos de mil exemplares.

11. Subiu exageradamente ao ponto de não podermos mais publicar nossos folhetos. Quando eu, se tivesse condições, compraria uma impressora e sei que teria triplicado minha margem de lucro e rendas.

12. Concorrência da editora com outras fontes mais rendosas, desvalorização de nossa moeda seja a causa.

MANOEL CABOCLO E SILVA

Manoel Caboclo e Silva, Juazeiro do Norte, 1966

1. Manoel Caboclo e Silva.

2. Rua Todos os Santos, 263, Juazeiro do Norte, Ceará.

3. Juazeiro do Norte, no 2 de janeiro de 1916.

4. Manoel Caboclo e Silva, "Tipografia Exclusiva da Literatura de Cordel".

5. 1966, sendo oficializada em 1973, com Inscrição e CGC.

6. 70.000 (setenta milheiros) aproximadamente. Em outras gráficas uns 28.000 (vinte e oito milheiros) aproximadamente.

7. Muitos de minha autoria. Do poeta Joaquim Batista de Sena tenho umas 40 qualidades, embora minhas condições seja fraca para publicá-las. Somente os mais procurados são feitos, portanto, também, outros autores têm me vendido originais. Uns eu publico e outros não. Só podemos escrever versos vendáveis.

8. Não há pagamentos a não serem os do ajuste de preços com as editoras. Direito livre às vendas ou publicações NT.

9. Vendido aos agentes. Por menores preços eles distribuem a pequenos revendedores, e estes vendem ambulante pelas feiras.

10. 70 a 100 milheiros anuais.

11. Sim: teve alta estúpida, em virtude do aumento de matéria prima, operário, etc.

12. Como já antes expliquei: só podemos imprimir folhetos de melhor cultura e que sejam do gosto do povo.

MINELVINO FRANCISCO SILVA

1. Minelvino Francisco Silva.

2. Rua dos Trovadores, 591, B. Sto. Antônio, 45600 Itabuna, Bahia.

3. Na fazenda Olhos D'Agua de Belém, Município de Mundo Novo, Estado da Bahia, no 29 de novembro de 1926.

4. "Gráfica Milagre de Jesus".

5. Em 1956.

6. Quarenta mil folhetos de 8 páginas.

7. Expedito F. Silva, Paulo Nunes Batista, José Francisco de Souza (e o autor).

8. Depende de acerto do poeta com a Editora.

9. Lendo, cantando ou oferecendo às pessoas.

10. Sim, assunto de valente, amor e gracejo.

11. Carestia é uma mulher

    Bastante forte e valente

    Que desafia o Prefeito,

    O Delegado e o tenente,

    O Governo do Estado

    Até mesmo o Presidente.

12. O preço do material e da mão de obra.

III. APENDICE III: Guia aos Poetas e Editores que Responderam ao Questionário, em Ordem Alfabética, Numerados 1 a 40.

1. Manoel d'Almeida Filho
2. José Marques de Andrade
3. Teófilo de Azevedo Filho
4. Abraão Bezerra Batista
5. Otacílio Batista
6. Paulo Nunes Batista
7. José Francisco Borges
8. João Bandeira de Caldas
9. Pedro Bandeira de Caldas
10. Elias Alves Carvalho
11. Rodolfo Coelho Cavalcante
12. Antônio Ribeiro Conceição
13. José Severino Cristóvão
14. José Cunha Neto
15. José Cavalcanti e Ferreira (Dila)
16. João Carneiro Fontenele Filho
17. José Costa Leite
18. Carolino Leobas
19. Augusto de Souza Lima
20. João de Lima
21. José Tomaz de Lima
22. Franklin Cerqueira de Machado

23. José Vicente do Nascimento
24. João Crispim Ramos
25. Alípio Bispo dos Santos
26. Apolônio Alves dos Santos
27. Erotildes Miranda dos Santos
28. José João dos Santos (Azulão)
29. Manoel Camilo dos Santos
30. Valeriano Félix dos Santos
31. Alberto Porfírio da Silva
32. Benoni Conrado da Silva
33. Expedito F. da Silva
34. João Vicente da Silva
35. José Ferreira da Silva
36. José Francisco da Silva
37. Manoel Caboclo e Silva
38. Minelvino Francisco Silva
39. José Soares
40. Francisco Peres de Souza

Biografia Seleta de Obras Secundárias
Relacionadas à Literatura de Cordel

Albuquerque, Roberto C. e Vilaça, Marcos Vinícius. <u>Coronel, Coronéis</u>: Rio de Janeiro: Tempo Brasileiro, 1965.

Albuquerque, Ulysses Lins de. <u>Um Sertanejo e o Sertão: Memórias</u>. Rio de Janeiro: José Olympio, 1957.

Almeida, A. e Sobrin..ho, José Alves. <u>Dicionário Bio-Bibliográfico dos Poetas de Bancada</u>, Campina Grande, 1990.

Almeida, A. e Sobrinho, José Alves. <u>Marcos 1</u>. Romanceiro Popular Nordestino. Campina Grande: MEC, EDITEL, 1981.

Almeida, José Américo de. <u>A Bagaceira</u>. 9ª. Edição. Rio de Janeiro: José Olympio, 1967.

Almeida, Renato. <u>Manual de Coleta Folclórica</u>. Rio de Janeiro: Gráfica Olympio Editora, 1965.

Amado, Jorge. <u>Jubiabá</u>. São Paulo: Martins Edta., n.d.

Amado, Jorge. <u>Mar Morto</u>. 13ª. ed. São Paulo, Martins Editora, 1946.

Amado, Jorge. <u>Teresa Batista, Cansada de Guerra</u>. São Paulo: Editora Record, n.d.

Amâncio, Geraldo e Pereira, Vanderley. <u>De Repente Cantoria</u>. Fortaleza: LCR, 1995.

Amaral, Amadeu. <u>Tradições Populares</u>. São Paulo: Progresso Edta., n.d.

Andrade, Manuel Correia de. A Terra e o Homem do Nordeste. 2ª. Edição. São Paulo: Brasiliense, 1964.

Andrade, Mário de. (O) Baile das Quatro Artes. Vol. 2. Rio de Janeiro: Tipografia Coelho, 1922.

Andrade, Mário de. Ensaio sobre a Música Brasileira. São Paulo: Livraria Martins, 1962.

Angelo, Assis. Presença dos Cordelistas e Cantadores Repentistas em São Paulo. São Paulo: Intituição Brasileira de Difusão Cultural Ltda., 1996.

Atayde, João Martins de. O Trovador do Nordeste. Recife, 1937.

Autores de Cordel. Ed. Marlyse Meyer. São Paulo: Abril Editora, 1980.

Azevedo, Téo. Cantador Verso e Viola. 2a. ed. São Paulo: Letras e Letras, n.d.

Azevedo, Téo. Repente Folclore. Belo Horizonte: SESC, n.d.

Barros, Souza. Subdesenvolvimento, Nordeste e Nacionalismo. São Paulo: Fulgor Editora, 1964.

Barroso, Gustavo. Ao Som da Viola. Rio de Janeiro: Dep. de Imprensa Nacional, 1949.

Barroso, Gustavo. Terra do Sol. Rio de Janeiro: Livraria José Olympio, 1956.

Batista, Francisco das Chagas. Cantadores e Poetas Populares. João Pessoa: Tipografia Popular Edta., 1929.

Batista, Sebastião Nunes. Antologia da Literatura de Cordel. Natal: Fundação José Augusto, 1977.

Batista, Sebastião Nunes. Bibliografia prévia de Leandro Gomes de Barros. Rio de Janeiro: Biblioteca Nacional, 1971.

Batista, Sebastião Nunes. Poética Popular do Nordeste. Estudos, Nova Série. Rio de Janeiro: FCRB,1982.

Bradesco-Goudemand, Yvonne. O Ciclo dos Animais na Literatura Popular do Nordeste.

Estudos, Nova Série. Rio de Janeiro: FCRB, 1982.

Brasil/Brazil. n. 14, ano 8. 1995. cf. Mark J. Curran, "Grande Sertão: Veredas' e a literatura de cordel."

Caderno de Letras, Número Especial de Literatura Popular. João Pessoa: UFPB. n.3. ano2. julho/1978.

Calasans, José. Canudos na Literatura de Cordel. Ensaios 110. São Paulo: Atica, 1984.

Calasans, José. (O) Ciclo Folclórico de Bom Jesus da Lapa. Salvador. Tipografia Beneditina Ltda., 1950.

Calmon, Pedro. História do Brasil na Poesia do Povo. Rio de Janeiro: Editora a Noite, n.d.

Câmara Cascudo, Luís da. Cinco livros do povo. João Pessoa: UFPA, 1979.

Câmara Cascudo, Luís da. Cinco livros do povo. Rio: José Olympio, 1953.

Câmara Cascudo, Luís da. Dicionário do Folclore Brasileiro. 2 volumes. Rio de Janeiro.

Câmara Cascudo, Luís da. Flor dos Romances Trágicos. Rio de Janeiro: Editora do Autor, 1966.

Câmara Cascudo, Luís da. Vaqueiros e Cantadores. 2a. ed. Rio de Janeiro: Edições de Ouro, 1968.

Campos, Eduardo. Folclore do Nordeste. Rio de Janeiro: Edições O Cruzeiro, 1959.

Carneiro Campos, Renato. Ideologia dos poetas populares. Recife: MEC-IJNPS Campanha de Defesa do Folclore Brasileiro-FUNARTE, 1977.

Carneiro Campos, Renato. Ideologia dos poetas populares. Recife: MEC-INEP-Centro de Pesquisas Educacionais do Recife, 1959.

Carvalho, Rodrigues de. Cancioneiro do norte. 3rd. ed. Rio de Janeiro: MEC-INL, 1967.

Condé, José. Pensão Riso da Noite. Rio de Janeiro: Editora Civilização Brasileira, 1966.

Cordel (O) e os Desmantelos do Mundo. Antologi, Nova Série. Rio de Janeiro: FCRB, 1983.

Cordel (O) no Grande Rio. Catálogo. Rio de Janeiro: INEPAC, Divisão de Folclore, 1985.

Cordel (O) Testemunha da História do Brasil. Antologia, Nova Série. Rio de Janeiro: FCRB,1987.

Costa, Pereira da. Folclore Pernambucano. Rio de Janeiro: Imprensa Nacional, 1908.

Coutinho Filho, F. Violas e repentes. Recife: Saraiva, 1953.

Curran, Mark J. Brazil's Folk Popular Poetry – A 'Literatura de Cordel' – A Bilingual Anthologry in English and Portuguese. Bloomington: Trafford Publishing, 2011.

Curran, Mark J. Cuíca de Santo Amaro Controvérsia no Cordel. Intro. Mark J. Curran. São Paulo: Hedra, 2000.

Curran, Mark J. "Grande Sertão: Veredas na Literatura de Cordel". IN: Brasil/Brazil. Ano 8. N. 14, 1995.

Curran, Mark J. Fifty Years of Research on Brasil – a Photographic Journey. Bloomington: Trafford Publishing, 2014.

Curran, Mark J. A Literatura de Cordel. Recife: Universidade Federal de Pernambuco, 1973.

Curran, Mark J. A Portrait of Brazil in the Twentieth Century – the Universe of the 'Literatura de Cordel'. Bloomington: Trafford Publishing, 2013.

Curran, Mark J. A Presença de Rodolfo Coelho Cavalcante na Moderna Literatura de Cordel. Rio de Janeiro: Nova Fronteira-Fundação Casa de Rui Barbosa, 1987.

Curran, Mark J. Retrato do Brasil em Cordel. São Paulo: Ateliê Editorial, 2011.

Curran, Mark J. Cuíca de Santo Amaro Poeta-Repórter da Bahia. Fundação Casa de Jorge Amado, 1990.

Curran, Mark J. História do Brasil em cordel. São Paulo: EDUSP, 1998.

Curran, Mark J. Introduction and Anthology. Cuíca de Santo Amaro: Controvérsia no Cordel. São Paulo: Hedra Edta., 2000.

Curran, Mark J. Jorge Amado e a Literatura de Cordel. Salvador da Bahia: Fundação Cultural do Estado da Bahia-Fundação Casa de Rui Barbosa, 1980.

Curran, Mark J. La Literatura de Cordel Brasileña: Antología Bilingüe. Madrid: Editorial Orígenes, 1991.

Curtius, Ernst Robert. European Literature and the Latin Middle Ages. Translated by Willard R. Trask. New York and Evansville: Harper and Row, 1963.

Daus, Ronald. O Ciclo Epico dos Cangaceiros na Poesia Popular do Nordeste. Estudos, Nova Série. Rio de Janeiro: FCRB, 1982.

Diégues Júnior, Manuel. "Ciclos Temáticos na Literatura de Cordel". In: Literatura Popular em Versos: Estudos. I. Rio de Janeiro: Fundação Casa de Rui Barbosa, 1973, p. 1-150.

Diégues Júnior, Manuel. 2a. ed. Literatura de cordel. Rio de Janeiro: MEC-FUNARTE, 1975.

Facó, Rui. Cangaceiros e Fanáticos. 2ª.edição, Rio de Janeiro: Editora Civilização Brasileira, 1965.

Fausto Neto, Antônio. <u>Cordel. A Ideologia da Punição</u>. Petrópolis: Editora Vozes, 1979.

Ferreira, Jerusa Pires. <u>Armadilhas da Memória (Conto e Poesia Popular)</u>. Salvador: Fundação Casa de Jorge Amado, 1991.

Ferreira, Jerusa Pires. <u>Cavalaria em Cordel</u>. São Paulo: Hucitec, 1979.

Figueiredo Filho, Luís de. <u>O Folclore no Cariri</u>. Fortaleza: Imprensa Universitária do Ceará, 1962.

Freyre, Gilberto. <u>Vida Social no Brasil nos Meados do Século XIX</u>. Recife: IJNPS, 1964.

<u>João Martins de Atayde</u>. Intro. Mário Souto Maior. São Paulo: Hedra, 2000.

Laurentino, José. <u>Poesia do Sertão</u>. Olinda: Casa das Crianças de Olinda, 1996.

Lessa, Orígenes. <u>A Voz dos Poetas</u>. Estudos, Nova Série. Rio de Janeiro: FCRB,1984.

Lessa, Orígenes. <u>Getúlio Vargas na Literatura de Cordel</u>. 2a.ed. São Paulo. Moderna, 1982.

Lessa, Orígenes. <u>Getúlio Vargas na Literatura de Cordel</u>. Rio de Janeiro: Editora Documentário, 1973.

Lessa, Orígenes. <u>Inácio da Catingueira e Luís Gama, Dois Poetas Negros contra o Racismo dos Mestiços</u>. Estudos, Nova Série. Rio de Janeiro: FCRB, 1982.

Lima, Egídio de. <u>Folhetos de Cordel</u>. João Pessoa: UFPB, Editora Universitária, 1978.

Literatura de Cordel e Comunicação. IN: <u>Revista de Letras</u> Fortaleza: UFC. ano 1981-2. N. 2-1. V. 4-5.

<u>Literatura de Cordel</u>. Antologia. Fortaleza: Banco do Nordeste, 1982.

<u>Literatura Popular em Verso</u>. vol. 1. Antología. Rio de Janeiro: MEC-CRB, 1964.

<u>Literatura Popular em Verso</u>. vol. 1. Catálogo. Rio de Janeiro: MEC-CRB, 1961.

Literatura Popular em Verso. vol. 1. Estudos. Rio de Janeiro: MEC-FCRB, 1973.

Literatura Popular em Verso. vol. 3. Antologia. Leandro Gomes de Barros - 2. Rio de Janeiro: MEC-FCRB-UFEPB, 1977.

Literatura Popular em Verso. vol. 5. Antologia. Leandro Gomes de Barros - 3. Rio de Janeiro: MEC-FCRB-UFPB, 1980.

Literatura Popular em Verso. Vol. 2. Antologia. (Leandro Gomes de Barros - 1). Rio de Janeiro: MEC-FCRB-FUNIVERSIDADE REGIONAL DO NORTE, 1976.

Literatura Popular em Verso. Vol. 4. Antologia. Francisco das Chagas Batista. Rio de Janeiro: MEC-FCRB, 1977.

Literatura Popular Portuguesa. Lisboa: Fundação Calouste Gulbenkian, 1992.

Londres, Maria José F. Cordel do Encantamento às Histórias de Luta. São Paulo: Livraria Duas Cidades, 1983.

Lopes, Antônio. Presença do Romanceiro. Rio de Janeiro: Edta. Civilização Brasileira, 1967.

Lord, Albert E. The Singer of Tales. Cambridge: Harvard University Press, 1960.

Lunário Prognóstico Perpétuo. Jeronymo Cortez, Valenciano. Porto: Lello e Irmão, n.d. Cópia xerocada.

Lourenço Filho, M.B. Juazeiro do Padre Cícero. 3ª edição. São Paulo: Edições Melhoramentos, n.d.

Luna, Luiz. Lampião e Seus Cabras. Rio de Janeiro: Editora Leitura, 1963.

Luyten, Joseph M. A Notícia na Literatura de Cordel. São Paulo: Estação Liberdade,1992.

Luyten, Joseph M. Organizador. <u>Um Século de Literatura de Cordel, Bibliografia Especializada</u>. São Paulo: Nosso Studio Gráfico, Ltda., 2001.

Luyten, Joseph Maria. <u>A Literatura de Cordel em São PauloSaudosismo e Agressividade</u>. São Paulo: Edições Loyola, 1981.

Luyten, Joseph. <u>Bibliografia Especializada sobre Literatura Popular em Verso</u>. São Paulo: Edta. Comunicações e Artes,   1981.

Luyten, Joseph. <u>O Que E' Literatura Popular</u>. São Paulo: Editora Brasiliense, 1983.

Luyten, Josph M. "Literatura de Cordel: Tradição e Atualidade". IN: <u>Uma Questão Editorial</u>. Ano 2. N. 2. São Paulo: 27 dezembro de 1979.

Luyten, Josph M. <u>A Notícia na Literatura de Cordel</u>. São Paulo: Escola de Comunicações e Artes, tese, 1984.

<u>Manoel Caboclo</u>. Intro. Gilmar de Carvalho. São Paulo: Hedra, 2000.

Maranhão de Souza, Liedo. <u>Classificação Popular da Literatura de Cordel</u>. Petrópolis: Edta. Vozes, 1976.

Maranhão de Souza, Liedo. <u>O Folheto Popular, Sua Capa e Seus Ilustradores</u>. Recife: Fundação Joquim Nabuco-Editora Massangana, 1981.

Maranhão de Souza, Liedo. <u>O Mercado, Sua Praça e a Cultura Popular do Nordeste</u>. Recife: Prefeitura Municipal do Recife-Secretaria de Educação e Cultura, 1977.

Matos, Edilene. <u>Ele o Tal Cuíca de Santo Amaro</u>. 2a, ed. Salvador: Sec. da Cultura e Turismo do Estado da Bahia, 1998.

Matos, Edilene. <u>Notícia Biográfica do Poeta Popular Cuíca de Santo Amaro</u>. Centro de Estudos Baianoa. Salvador: UFBA, 1985. 2 copies.

Matos, Edilene. <u>O Imaginário na Literatura de Cordel</u>. Salvador: UFBA, 1986.

Maurício, Ivan; Cirano, Marcos; Almeida, Ricardo de. Arte Popular e Dominação. Recife: Editora Alternativa, 1978.

Maxado, Franklin. Cordel, Xilogravuras e Ilustrações. Rio de Janeiro: Edta. Códecri, 1984.

Maxado, Franklin. O Cordel Televivo. Rio de Janeiro: Códecri, 1984.

Maxado, Franklin. O Que E' Literatura de Cordel? Rio de Janeiro: Códecri, 1980.

Melo, Veríssimo de. Cantador de Viola. Recife: Coleção Concórdia, 1961.

Mello, M. Moreira de. Muquirama. Rio de Janeiro: O Cruzeiro, 1967.

Mendoza, Vicente T. El Romance Español y el Corrido Mexicano.México: Imprenta Universitária, 1939.

Menendez-Pelayo, Ramón. Flor Nueva de Romances Viejos. Buenos Aires – Espasa Calpe, 1950.

Morel, Edmar. Padre Cícero, o Santo de Juazeiro. 2ª Edição. Rio de Janeiro: Civilização Brasileira, n.d.

Mota, Leonardo. Cantadores. 3rd. ed. Fortaleza, Imprensa Universitária do Ceará, n.d.

Mota, Leonardo. No tempo de Lampião. Fortaleza: Imprensa Universitária do Ceará, 1967.

Mota, Leonardo. No tempo de Lampião. Rio: Edicões de Ouro, 1968.

Mota, Leonardo. Sertão alegre. Fortaleza: Imprenta Universitária do Ceará, 1965.

Mota, Leonardo. Sertão alegre. Rio, Edicões de Ouro, 1968.

Mota, Leonardo. Violeiros do norte. Fortaleza, UFCeará, n.d.

Notato, Raimuno. Memórias de um Retirante. Rio de Janeiro: Irmãos Pongetti,1957.

Patativa do Assaré. Intro.Sylvie Debs. São Paulo: Hedra, 2000.

Peregrino, Umberto. Literatura de Cordel em Discussão. Rio de Janeiro: Presença, 1984.

Pereira da Costa, Francisco Augusto. Folklore Pernambucano. Rio de Janeiro: Livraria J. Leite, 1908.

Pontes, Joel. Teatro Novo em Pernambuco. São Paulo: São Paulo Editora, 1966.

Proença, Ivan Cavalcanti. A Ideologia do Cordel. 2a. ed. Rio de Janeiro: Editora Brasília, Rio, 1977.

Proença, Manuel Cavalcanti. Augusto dos Anjos e Outros Ensaios. Rio de Janeiro: Editora José Olympio, 1966.

Proença, Manuel Cavalcanti. José de Alencar na Literatura Brasileira. Rio de Janeiro: Editora Civilização Brasileira, 1966.

Proença, Manuel Cavalcanti. Ribeira do São Francisco. Rio de Janeiro: Gráfica Laemeert, s.d.

Proença, Manuel Cavalcanti. No Têrmo de Cuiabá. Rio de Janeiro: MEC, 1958.

Rego, José Lins do Rego. Cantadores. Rio de Janeiro: José Olympio Edta., s.d.

Rego, José Lins do. Fogo Morto. 4ª Edição. Rio de Janeiro: José Olympio, Edta., 1956.

Rego, José Lins do. Pedra Bonita. Rio de Janeiro: José Olympio Edta., s.d.

Revista de Ciências Sociais. Número especial: cordel. Fortaleza: UFC. N. 1-2. V.VIII. 1977.

Revista do Departamento de Extensão de Cultura. Recife: DECA, ano IV, n. 6. 1962. ADD N.5

Revista do Departamento de Extensão de Cultura. Recife: DECA, ano VI, n.7, 1964.

Ribeiro, Lêda Tâmego. Mito e Poesia Popular. Prêmio Sílvio Romero. Rio de Janeiro:FUNARTE/Institutio Nacional do Livro, 1985.

Rodolfo Coelho Cavalcante. Intro. Eno Wanke. São Paulo: Hedra, 2000.

Rodrigues, Abelardo. Xilogravura. Recife: Departamento de Imprensa, 1965.

Romero, Sílvio. Cantos Populares do Brasil. Vol. 1,2,3. Rio de Janeiro: Edta. José Olympio, 1954.

Romero, Sílvio. Estudos sobre a Poesia Popular do Brasil. 2ª Edição, Petrópolis: Vozes, 1977.

Romero, Sílvio. Estudos sobre a Poesia Popular do Brasil. 2a. ed. Petrópolis: Edta. Vozes, 1977.

Rosa, João Guimarães. Grande Sertão: Veredas. Rio de Janeiro: José Olympio Edta., 1956.

Salles, Vicente. Repente e Cordel. Prêmio Sílvio Romero. Rio de Janeiro: FUNARTE, 1981.

Santos, Manoel Camilo dos. Autobigrafia do Poeta Manoel Camilo dos Santos. João Pessoa: Editora Universitária da UFEPB, 1979.

Saraiva, Arnaldo. Literatura Marginalizada. Porto: 1975.

Slater, Candace. A Vida no Barbante. Rio de Janeiro: Civilização Brasileira, 1984.

Slater, Candace. Stories on a String, the Brazilian 'Literatura de Cordel'. Berkeley: U. of California, 1982.

Sobrinho, José Alves. Glosário da Poesia Popular. Campina Grande: EDITEL,1982.

Souza, Arlindo Pinto de. Editando o Editor. São Paulo: EDUSP,1995.

Suassuna, Ariano. O Auto da Compadecida.

Tavares Júnior, Luíz. O Mito na Literatura de Cordel. Rio de Janeiro: Tempo Brasileiro, 1980.

Tavorás, Franklin. O Cabeleira. 3ª Edição. São Paulo Edições Melhoramentos, s.d.

Terra, Ruth Lêmos Brito. A Literatura de Folhetos nos Fundos Villa-Lobos. São Paulo: Instituto de Estudos Brasileiros da Universidade de São Paulo, 1981.

Turner, Doris J. "The Poor and Social Symbolism: na Examination of Three Novels of Jorge Amado. Ph.D. Dissertation, Saint Louis University," 1966.

Valente, Valdemar. Misticismo e Região.

Wanderley, Eustórgio. Tipos Populares do Recife Antigo. 2ª Edição. Recife: Editora Colégio Moderno, 1954.

Wanke, Eno Teodoro. Vida e Luta do Trovador Rodolfo Coelho Cavalcante. Rio de Janeiro: Folha Carioca Editora Ltda.,　　　1983.

Xilogravura (A) Popular e a Literatura de Cordel. Brochure. Rio de Janeiro: FCRB, 1985.

Zé Vicente. Intro.Vicente Salles. São Paulo: Hedra, 2000.

SOBRE O AUTOR

Mark Curran é um professor aposentado da "Arizona State University" onde lecionava de 1968 a 2011. Ensinava Espanhol e Português e suas culturas respectivas. Sua especialização de pesquisa foi a literatura folclórica-popular do Brasil, ou seja, "a literatura de cordel", e já publicou muitos artigos de pesquisa em revistas especializadas e agora doze livros sobre o cordel no Brasil, nos Estados Unidos e na Espanha. Outros livros feitos na aposentadoria são de índole autobiográfica e/ou refletem as aulas de civilização luso-brasileira, latino-americana e espanhola ensinadas na ASU. Ficam na série "Estórias que Contei aos Estudantes".

Livros Editados

A Literatura de Cordel. Brasil. 1973.

Jorge Amado e a Literatura de Cordel. Brasil. 1981

A Presença de Rodolfo Coelho Cavalcante na Moderna Literatura de Cordel. Brasil. 1987

La Literatura de Cordel – Antología Bilingüe – Español y Portugués. España. 1990

Cuíca de Santo Amaro Poeta-Repórter da Bahia. Brasil. 1991.

História do Brasil em Cordel. Brasil. 1998

Cuíca de Santo Amaro – Controvérsia no Cordel. Brasil. 2000

Brazil's Folk-Popular Poetry – "a Literatura de Cordel" – a Bilingual Anthology in English andPortuguese. USA. 2010

The Farm – Growing Up in Abilene, Kansas, in the 1940s and the 1950s. USA. 2010

Retrato do Brasil em Cordel. Brasil. 2011

Coming of Age with the Jesuits. USA. 2012

Peripécias de um Pesquisador "Gringo" no Brasil nos Anos 1960, ou, À Cata de Cordel. USA. 2012

Adventures of a 'Gringo' Researcher in Brazil in the 1960s. USA, 2012

A Trip to Colombia – Highlights of Its Spanish Colonial Heritage. USA, 2013

Travel, Research and Teaching in Guatemala and Mexico – In Quest of the Pre-Columbian Heritage,

Volume I – Guatemala,

Volume II – Mexico. USA, 2013

A Portrait of Brazil in the Twentieth Century – The Universe of the "Literatura de Cordel." USA, 2013

Fifty Years of Research on Brazil – A Photographic Journey. USA, 2013

Relembrando - A Velha Literatura de Cordel e a Voz dos Poetas. USA, 2014

Professor Curran mora em Mesa, Arizona, e passa parte do ano no Colorado. Está casado com Keah Runshang Curran e o casal tem uma filha Kathleen que mora em Albuquerque, Novo México. Seu filme documentário, "Greening the Revolution" se apresentou mais recentemente no Festival de Filmes de Sonoma na Califórnia. Katie foi nomeada "Best Female Director" no Festival de Filmes de Oaxaca no México.

O endereço eletrônico do autor é: profmark@asu.edu

O endereço de seu site profissional é: www.currancordelconnection.com